Rosa-Maria Dallapiazza, Eduard von Jan, Til S

TANGRAM

Deutsch als Fremdsprache

Kursbuch 1

Max Hueber Verlag

Beratung:
Ina Alke, Beate Blüggel, Roland Fischer, Franziska Fuchs,
Helga Heinicke-Krabbe, Dieter Maenner, Gary McAllen,
Angelika Wohlleben

Phonetische Beratung:
Evelyn Frey

Grammatische Beratung:
Andreas Tomaszewski

 Dieses Werk folgt der seit dem 1. August 1998 gültigen Rechtschreib-
reform. Ausnahmen bilden Texte, bei denen künstlerische, philologische
oder lizenzrechtliche Gründe einer Änderung entgegenstehen.

4.   3.   2.   Die letzten Ziffern
2005   2004   2003   2002   01   bezeichnen Zahl und Jahr des Druckes.
Alle Drucke dieser Auflage können, da unverändert,
nebeneinander benutzt werden.
1. Auflage
© 1998 Max Hueber Verlag, D-85737 Ismaning
Zeichnungen: ofczarek!
Verlagsredaktion: Silke Hilpert, Werner Bönzli
Lithographie: Agentur Langbein Wullenkord
Druck und Bindung: Schoder Druck, Gersthofen
Printed in Germany
ISBN 3–19–001583–X

Vorwort

 Beim Sprachenlernen stehen die Menschen im Mittelpunkt: die, die sich gemeinsam im Kurs die neue Sprache aneignen wollen, aber auch die, um deren Sprache es geht – in diesem Fall also um die Menschen zwischen Alpen und Nordsee, deren Muttersprache Deutsch ist. Nicht nur, wie sie sich ausdrücken, auch welchen gesellschaftlichen Normen sie folgen, welche Institutionen in ihr Leben eingreifen, was ihnen wichtig ist, worüber sie sich freuen oder ärgern – all das interessiert die Lernenden, weil die neue Sprache eben nur vor diesem Hintergrund Sinn macht.

Wir, die Autoren und der Verlag, hoffen, dass es uns mit dem Lehrwerk Tangram gelungen ist, den Lernenden diese Menschen in einer Form nahezubringen, die das Lernen zu einem ebenso angenehmen wie erfolgreichen Erlebnis macht – und dass wir darüber hinaus die Kursleiterinnen und Kursleiter bei der Vermittlung der deutschen Sprache so weitgehend unterstützen, wie dies durch das Medium eines Lehrwerks eben möglich ist. Über Reaktionen aus der Unterrichtspraxis würden wir uns sehr freuen.

Inhalt

Inhalt

Inhalt

Anhang

Piktogramme

Text auf Cassette und CD mit Haltepunkt
Die Transkriptionen der Hörtexte zum Kursbuch befinden sich im Lehrerbuch,
die Transkriptionen der Texte zum Arbeitsbuch in den Einlegern der Cassetten und CDs.

Schreiben

Wörterbuch

Hinweis aufs Arbeitsbuch

Regel

§ 2   Hinweis auf Grammatikanhang

Hallo! Wie geht's?

A Willkommen!

A 1
1/1

Hören und sprechen Sie.

Guten Morgen. ↘
Guten Tag. ↘

Guten Tag,→ Frau Bauer ↘
Guten Tag,→ Frau Yoshimoto. ↘
Wie geht es Ihnen? ↘
Danke,↘ gut.↘ Und Ihnen? ↗
Auch gut,↘ danke. ↘

Hallo, Nikos! ↘
Hallo, Lisa!↘ Hallo Peter! ↘
Wie geht's? ↗
Danke,↘ gut. ↘

Hören und markieren Sie.

Dialog	1 (eins)	2 (zwei)	3 (drei)
Bild			

Ergänzen Sie die Dialoge. Dann hören und vergleichen Sie.

> Danke, gut ◆ Danke, gut ◆ ~~Guten Morgen~~ ◆ Guten Tag ◆ Guten Tag ◆ Hallo ◆
> Hallo ◆ hallo ◆ Und Ihnen ◆ Wie geht es Ihnen ◆ wie geht's

1 ● _Guten Morgen_____ , Nikos!

   ■ _____ , Lisa, _____ , Peter!

   ▲ Na, _____ , Nikos?

   ■ _____ .

2 ● _____ .

  ■ _____ , Ihren Pass bitte!

3 ● _____ . Mein Name ist Yoshimoto.

  Sind Sie Frau Bauer?

  ■ Ja. Willkommen in Deutschland, Frau Yoshimoto!

  _____ ?

 ● _____ . _____ ?

 ■ Auch gut, danke.

Lesen und spielen Sie die Dialoge.

B

Und wie ist Ihr Name?

B 1

1/3

Hören und sprechen Sie.

Guten Tag. Ich bin Karin Beckmann,
von „Globe-Tours". Und wie heißen Sie?

Mein Name ist Max Weininger.

Ich heiße Veronika Winter.

Hallo, ich bin Eva.
Und wie heißt du?

Und wie ist Ihr Name?

Werner Raab.

Tobias. Und du?

Ich heiße Daniel.

B 2

Was sagen die Leute? Ordnen Sie die Fragen und Antworten.

Frau Beckmann sagt und fragt:

Guten Tag.

Ich bin Karin Beckmann, von „Globe-Tours".

Und wie heißen Sie?

_____ ?

Die Touristen antworten:

_____ .

_____ .

_____ .

Eva sagt und fragt:

Hallo, ich bin Eva .

Und wie _____ ?

Tobias antwortet und fragt:

_____ . _____ ?

Daniel antwortet:

_____ .

1/3

Hören Sie noch einmal und markieren Sie
die Akzente.

Vorname	Familienname/Nachname
Karin	Beckmann
Werner	Raab
Eva	...

ARBEITSBUCH
B 1

drei **3**

Machen Sie das Puzzle. Was passt zusammen?

1
● Hallo, ich bin Eva. Und wie heißt du?
■ Tobias. Und du?
▼ Ich heiße Daniel.

▲ Ja. Und Sie sind Herr …?
○ Mein Name ist …

▲ Entschuldigung, wie ist Ihr Name?
○ Spät ist mein Name, Udo Spät.
▲ Ah ja, Herr Spät. Jetzt sind alle da.
Kommen Sie bitte zum Check-In.

○ Entschuldigen Sie, ich suche „Globe-Tours".
■ Da sind Sie hier richtig.
Da ist Frau Beckmann von „Globe-Tours".
○ Entschuldigung, sind Sie Frau Beckmann?

Hören und vergleichen Sie.

B 4   **Ergänzen Sie.**

formell + höflich: „per Sie"

Familie, Freunde und Kinder: „per du"

● Ich heiße Beckmann. Und wie ist _____ Name?
■ Raab.
　　● Wie heißen _____ ?
　　■ Veronika Winter.
● Sind _____ Herr Weininger?
■ Nein, mein Name ist Spät.

● Ich bin Eva. Und wie heißt _____ ?
■ Tobias. Und _____ ?
▼ Ich heiße Daniel.

B 2·

B 5   **Markieren Sie die Verben „sein" und „heißen".**

Wie 〉heißen〈 Sie?　　　Mein Name　ist　Max Weininger.
Wie　ist　Ihr Name?　　　Ich　heiße　Daniel Kistler.
Wie　heißt　du?　　　　　Ich　heiße　Udo.

Die W-Frage			Die Aussage (Antwort)		
Position: 1	2	3 …	Position: 1	2	3 …
Wie	heißen Sie ?		Mein Name	ist Max Weininger.	

 W-Fragen und **Aussagen**: Das **Verb** steht auf Position _____ .

B 4·

Jetzt stellen Sie sich vor.

C

Woher kommen Sie?

C 1

Sortieren und ergänzen Sie.

<u>Nordamerika</u>	<u>Südamerika</u>	<u>Europa</u>	<u>Afrika</u>	<u>Asien</u>	<u>Australien</u>
Kanada	Brasilien	Polen	Namibia	Japan	Australien

Argentinien ◆ ~~Australien~~ ◆ ~~Brasilien~~ ◆ Chile ◆ China ◆ Indien ◆ Indonesien ◆ Italien ◆ ~~Japan~~ ◆ ~~Kanada~~ ◆ Kenia ◆ Marokko ◆ ~~Namibia~~ ◆ Neuseeland ◆ die Niederlande ◆ Österreich ◆ ~~Polen~~ ◆ die Schweiz ◆ die Türkei ◆ die USA ◆ Vietnam ◇ ...

ARBEITSBUCH
C 1

C 2

1/5

Üben Sie im Kurs.

Salih. Woher kommst du?

Ich komme aus der Türkei. – Frau Wang. Woher kommen Sie?

Ich komme aus China. Und Sie?

Aus Polen. – Und du, Ina? Woher kommst du?

Woher kommen Sie?

Ich komme ...
    aus Österreich
   aus Neuseeland
   aus ...

Aber: Ich komme ...
   aus der Türkei
   aus der Schweiz
   aus den Niederlanden
   aus den USA

Woher <u>kommen</u> Sie? ↘
  Ich komme aus ... ↘ *Und <u>Sie</u>?* ↗
Aus ... ↘

Woher <u>kommst</u> du? ↘
  Ich komme aus ... ↘ *Und <u>du</u>?* ↗
Aus ... ↘

3

Lesen Sie die Zettel. Schreiben Sie noch einen Zettel.

<u>Afrika</u>
Namibia
Windhuk
Kawena
Haufiku

<u>Asien</u>
Japan
Kyoto
Yoko
Yoshimoto

<u>Europa</u>
Deutschland
Brühl
Steffi
Graf

<u>Südamerika</u>
Brasilien
São Paulo
Vera
Barbosa

Jeder Teilnehmer hat einen Zettel.
Fragen und antworten Sie:

● *Kommen Sie aus Europa?* ↗ ■ *Ja.* ↘
● *Kommen Sie aus <u>Österreich</u>?* ↗ ■ *Nein.* ↘
● *Kommen Sie aus <u>Deutschland</u>?* ↗ ■ *Ja.* ↘
● *Sind Sie Frau <u>Graf</u>?* ↗ ■ *Ja.* ↘ *Ich heiße Stefanie <u>Graf</u>* →
    und komme aus <u>Brühl</u>. ↘

ARBEITSBUCH
C 2

Lesen Sie die Texte. Markieren Sie Namen, Länder und Städte.

1

Juan Fuentes ist Spanier.
Er ist Friseur, lebt schon
8 Jahre in Deutschland und
arbeitet seit 3 Jahren beim
Airport-Friseur.

2

Rainer Schnell ist seit 3 Jahren
Pilot eines Airbus 320 der
Lufthansa. Er ist viel unterwegs
und hat wenig Zeit für seine
Familie in Hamburg.

3

Luisa Elío kommt aus Mexiko.
Seit sie in Deutschland lebt,
arbeitet sie als Kellnerin im
Flughafen-Café.

4

Maria Jablońska (Ärztin)
kommt aus Polen, aus
Warschau. Sie lebt schon seit
1987 in Deutschland und
arbeitet heute auf dem
Frankfurter Flughafen.

5

Martina Schmittinger ist seit
6 Jahren Flugbegleiterin bei
der Lufthansa und wohnt in
der Nähe von Frankfurt.
Sie liebt ihren Beruf und fliegt
am liebsten nach Asien.

6

Antonio Manzoni kommt
aus Italien. Er arbeitet
schon seit 1979 als Fahrer
für die Flughafen AG.

Ergänzen Sie die Tabelle.

	Wie heißt sie? Wie heißt er?		Woher kommt sie? Woher kommt er?	Was ist sie von Beruf? Was ist er von Beruf?
	Vorname	(Familien-)Name	Land (Stadt)	Beruf
1	Juan		Spanien	Friseur
2				
3				
4				
5				
6				

Sprechen Sie über die Leute. Üben Sie zu zweit.

● Wie heißt sie?
■ Sie heißt Maria Jablońska.

● Woher kommt sie?
■ Sie kommt aus …

● Und was ist sie von Beruf?
■ Sie ist Ärztin.

● Wie heißt er?
■ Er heißt …

● Woher kommt …
■ Er …

● … ?
■ …

C 6

Ergänzen Sie die Berufe.

die ...-in	der ...
die Ärztin	der Arzt
	der Pilot
die Kellnerin	
	der Ingenieur
	der Friseur
die Flugbegleiterin	
	der Fahrer
die Lehrerin	

C 7

Was sind Sie von Beruf?

Was bist du von Beruf, Antonio?

Ich bin ... Moment ...

● *Ich bin Lehrerin. Und Sie?*
  Was sind Sie von Beruf?
■ *Ich bin Flugbegleiter.*
● *Wie bitte?*
■ *Flugbegleiter.*

■ *Was bist du von Beruf?*
● *Ich bin Friseur. Und du? Was ...?*
■ *...*

ARBEITSBUCH
C 3-C 6

8

Ergänzen Sie die Verben.

heiße, heißt, heißt, heißen	komme, kommst, kommt, kommen	bin, bist, ist, sind
Ich 〉 *heiße* 〈 Beckmann.	Ich 〉 〈 aus Deutschland.	Ich 〉 〈 Reiseleiterin.
Und du? Wie 〉 〈 du?	Woher 〉 〈 du?	Und was 〉 〈 du von Beruf?
Er 〉 〈 Manzoni.	Er 〉 〈 aus Italien.	Er 〉 〈 Fahrer.
Sie 〉 〈 Luisa Elío.	Sie 〉 〈 aus Mexiko.	Sie 〉 〈 Kellnerin.
Und Sie? Wie 〉 〈 Sie?	Woher 〉 〈 Sie?	Und was 〉 〈 Sie von Beruf?

C 9

Ergänzen Sie die Fragen und Antworten.

Beispiel:

Woher kommen Sie?   Aus **Italien**.

Kommen Sie aus Italien?   **Nein**, ich komme aus Spanien.

1 *Wie* ⟩ *geht* ⟨ *es Ihnen* _____ ?   Gut, danke.
   ⟩ Geht ⟨ es Ihnen gut?   _____ .

2 Was sind Sie von Beruf?   Ich bin Ärztin.
   _____ ?   Ja.

3 _____ ?   Mein Name ist Bauer.
   Sind Sie Herr Weininger?   _____ .

Markieren Sie die Verben.

C 10

Sortieren Sie die Fragen aus C 9 und ergänzen Sie die Regeln.

W-Fragen
Position: 1   2   3
Woher kommen Sie?

Ja/Nein-Fragen
Position: 1   2   3
Kommen Sie aus Italien?

1 _____
2 _____
3 _____

W-Frage:

Das Verb steht auf Position _____ .

Ja/Nein-Frage:

Das Verb steht auf Position _____ .
Die Antwort ist „_____" oder „_____".

C 7

C 11

Fragen und antworten Sie.

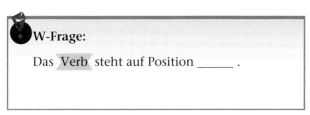

Sind Sie Taxifahrer?   Bist du Ingenieurin?   Ich heiße Eva. Und du?   Sind Sie Herr Spät?

Kommen Sie aus Japan?   Wie geht es Ihnen?   Woher kommst du?   Was sind Sie von Beruf?

8 *acht*

D

Zahlen

Hören und sprechen Sie.

D 1
1/6

10 = zehn
9 = neun
8 = acht
7 = sieben
6 = sechs
5 = fünf
4 = vier
3 = drei
2 = zwei
1 = eins
0 = null ...

...Prost Neujahr! ...Prost Neujahr! Prost Neujahr! ...Prost Neujahr! ...Prost Neujahr! ...Prost Neujahr! ...Prost Neujahr!

Was ist richtig? Hören und markieren Sie.

D 2
1/7

1 Brüssel: Flug Nummer
☐ 476 ☐ 467

2 New York: Flug Nummer
☐ 342 ☐ 432

3 Lufthansa-Information: Telefon
☐ 225226 ☐ 255266

4 Aerolineas Argentinas: Telefon
☐ 6903781 ☐ 6093481

Fragen und antworten Sie.

● *Wie ist Ihre Telefonnummer?*
☐ ...

● *Wie ist deine Telefonnummer?*
☐ ...

ARBEITSBUCH D 1

Ergänzen Sie die Zahlen.

D 3

11 = **elf**
12 = **zwölf**
13 = drei**zehn**
14 = _____zehn
15 = _____
16 = **sechzehn**
17 = **siebzehn**
18 = _____

20 = **zwanzig**
21 = **einundzwanzig**
22 = **zwei**undzwanzig
23 = _____
30 = **dreißig**
35 = _____
40 = **vierzig**
50 = **fünfzig**

56 = _____
60 = **sechzig**
67 = _____
70 = **siebzig**
80 = _____
90 = _____
98 = _____
100 = **(ein)hundert**

Hören und vergleichen Sie.

1/8

Was passt wo? Hören und markieren Sie.

1/9

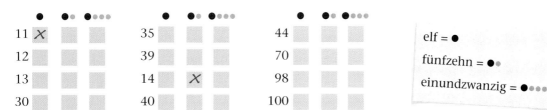

	●	●●	●●●●		●	●●	●●●●		●	●●	●●●●
11 ✗				35				44			
12				39				70			
13				14 ✗				98			
30				40				100			

elf = ●
fünfzehn = ●●
einundzwanzig = ●●●●

ARBEITSBUCH D 2–D 3

D 5 1/10

Was ist richtig? Hören und markieren Sie.

1 Die Adresse ist: Feuerbachstraße
☐ 26 ☐ 36

2 Die Frau fliegt nach Brüssel von Flugsteig
☐ A 21 ☐ A 12

3 Der Mann hat Platz
☐ D 4 ☐ D 14

4 Die Mini-Tour dauert
☐ 45 Minuten ☐ 90 Minuten

5 Der Flug nach Genf hat die Nummer
☐ 5428 ☐ 4582

Der Flugsteig hat die Nummer
☐ B 47 ☐ B 57

ARBEITS
D 4-▶

E

Zwischen den Zeilen

E 1

Was sagt man (✓), was sagt man nicht (—)? Markieren Sie bitte.

✓ Mein Name ist Beckmann.

— Mein Name ist Karin.

☐ Mein Name ist Karin Beckmann.

☐ Ich bin Karin.

☐ Ich bin Beckmann.

☐ Ich bin Frau Beckmann.

☐ Ich bin Karin Beckmann.

☐ Ich heiße Frau Beckmann.

☐ Ich heiße Beckmann.

☐ Ich heiße Karin.

☐ Ich heiße Karin Beckmann.

☐ Entschuldigung, sind Sie Frau Beckmann?

☐ Entschuldigung, sind Sie Frau Karin?

☐ Entschuldigung, sind Sie Karin Beckmann?

🎧 1/11 **Hören und vergleichen Sie.**

E 2

Ergänzen Sie bitte.

Frau Beckmann ◆ Karin *(Vorname)* ◆ Beckmann *(Familienname)* ◆ Karin Beckmann

„Mein Name ist … "   *Beckmann*   oder   *Karin Beckmann*

„Ich bin … "   _____   oder   _____   oder   _____

„Ich heiße … "   _____   oder   _____   oder   _____

„Entschuldigung, sind Sie … ?"   _____   oder   _____

E 3

Sie sind Karin Beckmann. Ergänzen Sie die Fragen und Antworten.

1 _____ Sie?   Mein Name ist *Karin Beckmann.*

2 _____ Ihr Name, bitte?   Ich heiße _____

3 _____ Frau Berger?   _____, mein Name ist _____

4 _____ du?   Ich bin _____

5 Hallo! _____ Franz. Und du?   Ich heiße _____

ARBEIT
E 1-

10   *zehn*

Der Ton macht die Musik

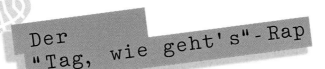

Der "Tag, wie geht's"-Rap

1 Tag.
Guten Tag!
Wie geht's?
Wie geht es Ihnen?

Auch gut, danke. Danke, gut.
Auch gut, danke. Danke, gut.
Auch gut, danke. Danke, gut.
Na ja, es geht.

Tag?
Oh, „Tag"! Guten Tag!
Wie geht's? Wie geht's?
Ah ..., „Wie geht es Ihnen?" –
Gut, danke, gut. Und Ihnen?
Wie geht es Ihnen?

Sehr gut?

2 Guten Tag!
Wie heißt du?
Wie ist Ihr Name?
Yota?

Ich heiße Miller.
Nein, Miller ist mein Name. Miller!
Nein, Miller ist mein Name. Miller!
Nein, Miller ist mein Name.
Genau!

Tag.
Heißt du?
Ah ..., ich heiße Yota.
Yota ist mein Name. Und Sie?
Wie heißen Sie?
Muller?
Meller?
Müller?
Miller?

3

Hallo!
Aus Australien.
Aus Australien! Und du?
Woher kommst denn du?
Japan?
Du kommst, du kommst ...

... aus Australien. – Du kommst,
du kommst ...

Hallo!
Woher kommst du?
Aus Aus... wie?
Ich?
Aus Japan.
Ja, Japan!
... aus Japan. – Du kommst,
du kommst ...

...

Hören und sprechen Sie mit der Cassette.
Wählen Sie eine Strophe oder den Refrain und üben Sie zu zweit.

Üben Sie zu zweit.

Arabisch ◆ Chinesisch ◆ Englisch ◆ Französisch ◆ Griechisch ◆ Indonesisch ◆
Italienisch ◆ Japanisch ◆ Polnisch ◆ Portugiesisch ◆ Suaheli ◆ Spanisch ◆
Türkisch ◆ Vietnamesisch ◆ …

● *Ich komme aus … Ich spreche … und etwas Deutsch.*
Und du? / Und Sie?
■ *…*

Ich spreche etwas Deutsch.

Fast alle Sprachen   Der Akzent ist ☐ ⠿ ☐ ⠿
enden auf _____ .

Welche Wörter kennen Sie? Unterstreichen Sie.

Algebra *(f)* ◆ Computer *(m)* ◆ Foto *(n)* ◆ Gitarre *(f)* ◆ Information *(f)* ◆ Joghurt *(n)* ◆
Judo *(n)* ◆ Kaffee *(m)* ◆ Kiosk *(m)* ◆ Pilot *(m)* ◆ Radio *(n)* ◆ Risiko *(n)* ◆
Samowar *(m)* ◆ Schokolade *(f)* ◆ Sofa *(n)* ◆ Tango *(m)* ◆ Tee *(m)* ◆ Zigarette *(f)*

Wie heißt das Wort in Ihrer Sprache?

● *„Kaffee" heißt auf Arabisch …*   ▲ *Auf Türkisch heißt es …*   ● *…*
■ *Auf Englisch heißt es …*   ▼ *Und auf Französisch …*   ■ *…*

Sortieren Sie die Wörter aus G 2.

Die Artikel:	*f* = feminin → die	*m* = maskulin → der	*n* = neutrum → das
	die Algebra	*der Computer*	*das Foto*

Lerntipp:

Diese Wörter sind **Nomen**. Nomen schreibt man im Deutschen immer groß (das Foto). Lernen Sie **Nomen** immer **mit Artikel**. Also:
Foto → **das** Foto.
Die Artikel stehen in Ihrem Wörterbuch und in der Wortliste im Anhang.

Gi·tar·re *die*, -, -n Musikinstrument mit 6 Saiten über einem Griffbrett mit Bundstegen. G. spielen, ein Lied auf / mit der G. begleiten, zur G. ein Lied singen **~begleitung,   ~musik,   ~spieler; Akustik~,   Bass~,   E-~** (=Elektro~, ~ mit eingebautem Tonabnehmer)
Gi·tar·rist *der*, -en, -en Gitarrenspieler

e **Gitarre**, -/-n chitarä; ~ *spielen* a cinta chitarä
r **Gitarrenspieler**, -s/- chitarist

Gi'tar·re *(f)* sechssaitiges Zupfinstrument mit achtförmigem Körper; Sy Klampfe, Zupfgeige [<span. *guitarra* <arab. *kittara*, grch. *kithara*; → Zither]
Gi'tar'rist *(m)* Gitarrenspieler

H

Woher und wohin?

Hören und markieren Sie.

H 1
1/13

1 Es sprechen:
- ☐ 2 Personen
- ☐ 3 Personen
- ☐ 4 Personen

2 Die Personen sind:
- ☐ Anna
- ☐ Mama
- ☐ Papa
- ☐ Kawena

3 Wo sind die Personen?
- ☐ Hamburg
- ☐ Windhuk
- ☐ München
- ☐ Frankfurt

	Namibia	Deutschland	Windhuk	Hamburg	München
Anna kommt aus	☐	☐	☐	☐	☐
und möchte nach	☐	☐	☐	☐	☐
Kawena kommt aus	☐	☐	☐	☐	☐
und möchte nach	☐	☐	☐	☐	☐

ARBEITSBUCH
H 1-H 2

Cartoon

Was sagen die Leute? Üben Sie zu zweit.

Wie ...

Woher ...

Wohin ...

Was ...

Guten Abend. ...

ARBEITSBUCH
H 3

Kurz & bündig

W-Fragen § 2a, 27

Wie ist Ihr Name?
Wie heißen Sie?
Wie heißt du?
Wie heißt sie?

Woher kommen Sie?
Woher kommst du?
Woher kommt Herr Manzoni?

Wohin möchten Sie?

Was sind Sie **von Beruf**?
Was bist du von Beruf?
Was ist Herr Manzoni von Beruf?

Antworten § 1, 27

Ich heiße Veronika Winter.
Mein Name ist Weininger.
Eva.
Sie heißt Maria Jablońska.

Ich komme **aus** Kanada.
Aus Namibia.
Er kommt **aus** Italien.

Nach Hamburg.

Ich bin Ärztin.
Friseur.
Er ist Fahrer.

§ 7a

§ 7d

§ 7a

Ja-/Nein-Fragen § 2b

Kommen Sie aus Italien? ↗
Entschuldigung, **sind Sie** Herr Spät? ↗
Sind Sie Ärztin? ↗

Antworten § 1

Ja, → ich komme aus Rom. ↘
Nein, → mein Name ist Raab. ↘
Ja. ↘

Die Zahlen 1–100

null, eins, zwei, drei, vier, fünf, sechs, sieben, acht, neun, zehn, **elf**, **zwölf**, drei**zehn**, vier**zehn**, fünf**zehn**, **sechzehn**, sieb**zehn**, … **zwanzig**, ein**undzwanzig**, … **dreißig**, … vier**zig**, achtund**vierzig**, … fünf**zig**, … **sechzig**, … **siebzig**, … acht**zig**, … drei**und**acht**zig**, … neun**zig**, … sieben**undneunzig**, … **(ein)hundert**

Die Artikel § 11, 24a

die Ärztin	**der** Arzt	**das** Foto
die Telefonnummer	**der** Kaffee	**das** Radio

Das Land   Die Sprache § 24a

Das Land	Die Sprache	
England	Eng**lisch**	auf Eng**lisch**
Italien	Italien**isch**	auf Italien**isch**
Polen	Pol**nisch**	auf Pol**nisch**

Nützliche Ausdrücke

Wie geht es Ihnen?
Auch gut, danke.
Wie geht's?

Danke, gut. Und Ihnen?

Gut, danke. / Na ja, es geht.

Woher kommen Sie?
Kommst du aus Polen?
Ich komme aus Australien.
Aus Australien.
Genau.

Aus Kanada. Und Sie?
Ja. **Und du?** Woher kommst du?
Wie bitte?
Ah …, aus Australien.

Ich spreche Englisch, Spanisch und etwas Deutsch. ↘
„Kaffee" **heißt auf Englisch** „coffee". ↘

Hallo!
Guten Morgen. (≈ 6–11 Uhr)
Guten Tag. (≈ 9–18 Uhr)
Guten Abend. (≈ 17–23 Uhr)

Tschüs!
Auf Wiedersehen!

Auf Wiedersehen!

Tschüs!

A

Leute, Leute.

1

Fragen und antworten Sie.

Wo wohnt Karin Beckmann?
  In Hamburg.
Wo ist „TransFair"?
  ... ist in ... (Stadt oder Land).
Wo arbeitet Vera Barbosa?
  Bei ... (Firma).
Wie ist die Telefonnummer von ...?
(Name / Firma)
  Ich weiß nicht.
Wie ist die Adresse von ...?
  ...

Ergänzen Sie.

100	ein**hundert**
101	ein**hundert**eins
110	
226	*zweihundertsechsundzwanzig*
354	
512	
717	
999	

ARBEITSBUCH
A 1-A 2

2

Hören Sie und ergänzen Sie die Telefonnummern.

Name	Telefon
Karin Beckmann	
Meldestelle München	

Name	Telefon
Nikos Palikaris	
Vera Barbosa	

ARBEITSBUCH
A 3

A 3
1/18

Hören Sie das Alphabet-Lied und singen Sie mit.

A – Be – Ce – De –   eL – eM – eN – O – Pe – Qu –

E – eF – Ge – Ha –   eR – eS – Te – U – Vau – We –

I – Jot – Ka – Wunderbar!   iX- Ypsilon – Zet – Das ist nett.

ARBEITS
A 4-

A 4

Buchstabieren Sie Ihren Namen.

Bei ähnlichen Buchstaben hilft Ihnen das „Telefon-Alphabet"

A wie **A**nton oder **H** wie **H**einrich   **G** wie **G**ustav oder **K** wie **K**aufmann

B wie **B**erta oder **P** wie **P**aula   **I** wie **I**da   oder **Ü** wie **Ü**bermut

C wie **C**äsar oder **Z** wie **Z**eppelin   **M** wie **M**artha oder **N** wie **N**ordpol

D wie **D**ora   oder **T** wie **T**heodor   **R** wie **R**ichard oder **L** wie **L**udwig

E wie **E**mil   oder **Ä** wie **Ä**rger   **V** wie **V**iktor oder **W** wie **W**ilhelm

> Ä, Ö, Ü = „A-Umlaut", …
> ß = „Esszet", „scharfes s"
> pp = „Doppel-p", „zweimal p"

A 5
1/19

Hören Sie und schreiben Sie die Namen.

Dialog 1 _____

Dialog 2 _____

Dialog 3 _____

ARBEIT
A 6-

A 6

Machen Sie eine Kursliste.

Telefonliste – Deutschkurs

Name   Vorname   Adresse   Telefon

> *Wie heißt du? / Wie heißen Sie?*
> *Wie ist deine / Ihre Telefonnummer?*
> *Wie ist deine / Ihre Adresse?*
> *Bitte noch einmal. / Bitte langsam.*
> *Wie bitte? Buchstabieren Sie bitte.*
> *… – wie schreibt man das?*

A 7

Spielen Sie „Auskunft".

> *Ich möchte die Nummer von Felipe Rodriguez.*
> *Felipe Rodriguez? Die Nummer ist 28 81 749.*
> *288 17 49. Vielen Dank.*

B

Ledig, keine Kinder

A

B

C

D

1

Wer ist das? Wer ist wo? Raten Sie.

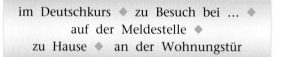

im Deutschkurs ◆ zu Besuch bei ... ◆
auf der Meldestelle ◆
zu Hause ◆ an der Wohnungstür

● *Das ist Nikos. Ich glaube, er ist zu Hause.*

▨ *Vielleicht ist er ja auch im Deutschkurs.*

▲ *Ich glaube nicht. Ich glaube, er ist ...*

Nikos Palikaris

2

1/
20-23

Wie sind die Leute? Hören und markieren Sie.

3

1/
20-23

Hören Sie noch einmal und ergänzen Sie die Tabelle.

Dialog	Wer?	Wo?
1	*Nikos Palikaris, Frau Fröhlich*	*an der Wohnungstür*
2		
3		
4		

4

Sprechen Sie über die Leute.

Kawena Haufiku ◆ Nikos Palikaris ◆ Yoko Yoshimoto ◆ Frau Fröhlich ◆ Herr Sauer ◆
die Nachbarin ◆ der Nachbar ◆ die Angestellte ◆ der Angestellte

ist an der Wohnungstür   ist auf der Meldestelle   begrüßt den Nachbarn / die Nachbarin

schreibt den Namen / die Adresse von ...   heißt ...

lädt ... zum Kaffeetrinken ein   hilft ... mit dem Formular   überprüft den Pass von ...

● *Nikos Palikaris ist an der Wohnungstür und begrüßt die Nachbarin.*

▨ *Die Nachbarin heißt Fröhlich.*

▲ *Sie lädt Nikos zum ...*

Hören Sie Dialog 4 noch einmal und ergänzen Sie das Formular.

~~Kawena~~ ◆ ~~Haufiku~~ ◆ Schleißheimer Straße 297 ◆ 80809 ◆ Windhuk ◆
Namibia ◆ britisch ◆ 21. 03. 1969 ◆ namibisch

ANMELDUNG	Ausfertigung für die	Meldebehörde

einer
☐ einzigen Wohnung oder Hauptwohnung
☐ Nebenwohnung

☐ Abmeldung lag vor   ☐ Beiblatt ist beigefügt
☐ Einzelmeldeschein   ☐ Meldescheine für ___ Personen

Tagesstempel der Meldebehörde   Lfd.-Nr.

für den/die Anmeldende(n) Nr. ____   Nr. ____ für den Ehegatten
für das Kind/ die Kinder Nr. ____   Nr. ____ für ____

Bitte deutlich schreiben und fest aufdrücken – Sie benötigen kein Kohlepapier
Stark umrandete Felder werden von der Meldebehörde ausgefüllt

1 Angaben zur Person

1.1 Familienname: *Haufiku*   1.3 Geburtsname

1.2 Vornamen (gebräuchlichen Vornamen bitte unterstreichen): *Kawena*

1.4 Geburtsdatum   Tag Monat Jahr   1.5 Geburtsort (wenn Ausland, bitte auch Staat angeben)

1.6 Geschlecht ☐ männlich ☐ weiblich   1.7 Familienstand ☐ ledig ☐ verheiratet ☐ verwitwet ☐ geschieden seit

1.8 Anzahl der Kinder: 1.9 Staatsangehörigkeit(en)

Schlüssel

PLZ, Gemeinde, ggf. Ortsteile

Straße, Hausnummer, Adressierungszusätze

	die Wohnung war bisher	wird die Wohnung - soll sein - soll bleiben	die Wohnung beibehalten?	◄ HW = Hauptwohnung NW = Nebenwohnung
	HW NW nein ja	HW NW		Gemeindeschlüssel

2 Neue Wohnung   Einzug am   Tag Monat Jahr   München

3 Bisherige Wohnung Zuzug von bisheriger oder weiter bestehender Hauptwohnung (falls Zuzug aus dem Ausland, genügt Angabe des Staates)   **X**

4 Weitere Wohnungen im Inland

5 Ausweise   Ausstellungsbehörde   ausgestellt am Tag Monat Jahr   gültig bis Tag Monat Jahr

5.1 Personalausweis

5.2 Art der Pässe   Nr.   Nr.

6 Lohnsteuermerkmale   6.1 erwerbstätig ☐ nein ☐ ja   6.2 Vom Ehegatten dauernd getrennt lebend ☐ nein ☐ ja

6.3 Person unter Nr. 1 Lohnsteuerkartenempfänger ☐ nein ☐ ja Steuerklasse   6.4 Zahl der beantragten weiteren LStK (StKl VI)

Ich bin verheiratet.

1.5 Geburtsort (wenn Ausland, bitte auch Staat angeben)
1.7 Familienstand ☐ ledig ☒ verheiratet ☐ verwitwet
1.9 Staatsangehörigkeit(en)

Ich bin nicht verheiratet.

1.5 Geburtsort (wenn Ausland, bitte auch Staat angeben)
1.7 Familienstand ☒ ledig ☐ verheiratet ☐ verwitwet
1.9 Staatsangehörigkeit(en)

Ergänzen Sie die Fragen und Antworten.

1 _____ Herr Haufiku?   Aus Namibia.

2 Wann und wo ist er geboren?   *1969 in* _____

3 Welche Staatsangehörigkeit(en) hat er?   _____

4 Wie alt ist er?   _____

5 _____   Nein, er ist ledig.

6 Hat er Kinder?   _____

7 Wie lange ist er schon in Deutschland?   *Ein Jahr.* _____

8 Spricht er Englisch?   _____

9 _____   In München.

Er ist **nicht verheiratet.**
Er hat **keine Kinder.**

man schreibt	man sagt
1848	achtzehn**hundert**achtundvierzig
1969	neunzehn**hundert**neunundsechzig
2001	zweitausendeins

ARBE
E

B 7

Fragen und antworten Sie und bilden Sie Gruppen.

Haben Sie Kinder?
Ich auch nicht.   *Nein.*   *Aber ich. Ich habe*
drei Kinder.

Ich spreche ein bisschen Englisch.

Und ich habe
zwei Kinder.

Ich nicht. Aber ich spreche
gut Französisch.

Wie alt bist du?   *Ich bin schon 42.*
Ich bin erst 18.

Kinder? ◆ verheiratet / ledig / ...? ◆ Land? ◆ Sprache(n)? ◆ Wohnung? ◆
Geburtsjahr / Geburtsort? ◆ Alter? ◆ Wie lange in ... ? ◆ ...

● *Sind Sie verheiratet?*
▨ *...*

Ich habe 2 <u>Kinder</u>.	Ich <u>auch</u>	Ich <u>nicht</u>.
Ich habe <u>keine</u> Kinder.	Ich <u>auch</u> nicht.	Aber <u>ich</u>! Ich habe ...

Ich habe ...   Ich bin ...
Hast du ...?   Bist du ...?
Er / sie hat ...   Er / sie ist ...
Wir haben ...   Wir sind ...
Habt ihr ...?   Seid ihr ...?
Haben Sie ...?   Sind Sie ...?

Raten Sie und berichten Sie.

Seid ihr alle verheiratet?

Sprecht ihr alle
Englisch?

Habt ihr alle Kinder?   *Nein!*
Ja!

Ich bin nicht verheiratet, habe keine Kinder
und spreche kein Englisch. Und ich bin schon
über 40 Jahre alt.

Ich auch. Ich bin 42.

ARBEITSBUCH
B 2-B 4

C 1 Hören Sie und markieren Sie: richtig oder falsch?

		richtig	falsch
1	Vera hat eine neue Wohnung.	X	
2	Vera ist bei Petra und Andrea zu Besuch.		
3	Andrea trinkt Tee.		
4	Vera, Petra und Andrea sind „per du".		
5	Vera lernt Deutsch.		

C 2 ## Lesen Sie den Text und markieren Sie die Verben.

Vera <u>ist</u> jetzt drei Monate in Deutschland. Sie <u>wohnt</u> in Köln und arbeitet bei TransFair. TransFair ist eine internationale Spedition. Andrea und Petra arbeiten auch bei TransFair, sie sind Kolleginnen von Vera. Heute Nachmittag besuchen sie Vera zu Hause – sie kommen „zum Kaffeetrinken".

C 3 ## Hören Sie den Dialog noch einmal und ergänzen Sie die Sätze.

~~Ich nehme~~ ◆ wohnst du ◆ Ich gehe ◆ lernst du ◆ kommt ◆ Wir trinken ◆ Ich trinke ◆ ~~Kennen Sie~~ ◆ Kennt ihr ◆ Nehmt ihr ◆ Ich nehme ◆ Wir gehen ◆ Ich mache

Es klingelt an der Wohnungstür. Vera öffnet die Tür.

Vera Hallo! Da seid ihr ja.

Petra Hallo, Vera.

Andrea Tag, Vera.

Vera Hier entlang. _____ ins Wohnzimmer. *Ich nehme* die Mäntel.

Andrea Die Wohnung ist wirklich hübsch. Wie lange _____ schon hier?

Vera Zwei Monate. _____ jetzt Kaffee ... ist das o.k.?

Petra Ah, Kaffee!

Andrea Hast du vielleicht auch Tee? _____ nämlich keinen Kaffee.

Vera Natürlich. Einen Moment ...

Petra Was sind das für Zettel? Hier ... und da, überall.

Andrea Ich weiß nicht. Hier steht: „der Couchtisch".

Petra Und hier an der Lampe: „die Stehlampe".

Andrea Und am Fernseher ...

Vera So. Der Tee _____ gleich.

Petra Sag mal, Vera, _____ so Deutsch?

Vera Ah, die Zettel. Das ist eine gute Methode. *Kennen Sie* die nicht?

Petra Vera! Wir sind doch per du!

Vera Per du ... ja, richtig: _____ die Methode nicht? _____ jede Woche zum Deutschkurs, aber ... _____ immer Fehler! Du, Sie, ihr, Ihnen, ... _____ Zucker und Milch?

Petra Ja, gerne.

Andrea _____ nur Zucker. ... Also diese Zettel, die finde ich gut. Ich kenne nur Vokabelhefte, da lernt man nicht viel.

C 4

Ergänzen Sie die Verb-Endungen.

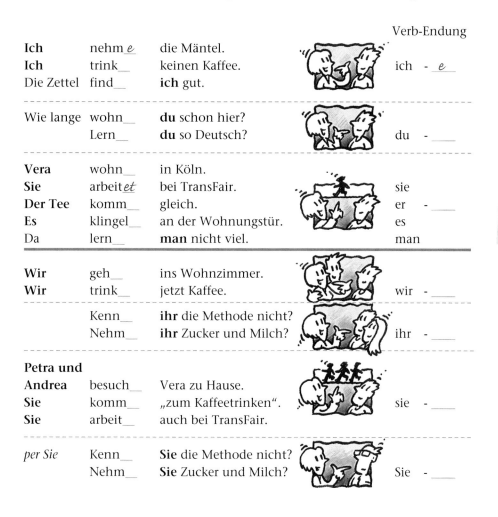

Verb-Endung

Ich	nehm _e_	die Mäntel.		
Ich	trink__	keinen Kaffee.	ich -	_e_
Die Zettel	find__	**ich** gut.		

| Wie lange | wohn__ | **du** schon hier? | | |
| | Lern__ | **du** so Deutsch? | du - | ___ |

Vera	wohn__	in Köln.		
Sie	arbeit _et_	bei TransFair.	sie	
Der Tee	komm__	gleich.	er -	___
Es	klingel__	an der Wohnungstür.	es	
Da	lern__	**man** nicht viel.	man	

| Wir | geh__ | ins Wohnzimmer. | | |
| Wir | trink__ | jetzt Kaffee. | wir - | ___ |

| | Kenn__ | **ihr** die Methode nicht? | | |
| | Nehm__ | **ihr** Zucker und Milch? | ihr - | ___ |

Petra und				
Andrea	besuch__	Vera zu Hause.		
Sie	komm__	„zum Kaffeetrinken".	sie -	___
Sie	arbeit__	auch bei TransFair.		

| *per Sie* | Kenn__ | **Sie** die Methode nicht? | | |
| | Nehm__ | **Sie** Zucker und Milch? | Sie - | ___ |

Verb mit Vokalwechsel e → i

nehmen

du	nimmst
er	
sie	nimmt
es	

Subjekt	Verb		Verb	Subjekt	
Wir	trink en	jetzt Kaffee.	Nehm t	ihr	Zucker und Milch?
	Verb-Endung		Verb-Endung		

---

1 Das _____ bestimmt die Verb-Endung.

2 Es steht ☐ ← links vom Verb. ☐ → rechts vom Verb. ☐ ← → links oder rechts vom Verb.

3 Die Verb-Endungen im Präsens sind gleich bei _er_ und _____ .
   bei _wir_ und _____ .

4 Ein Buchstabe fehlt.
   Du arbeit ☐ st
   Er / sie find ☐ t
   Ihr find ☐ t

ARBEITSBUCH C 1-C 5

C 5

Wählen Sie eine Situation aus und spielen Sie den Dialog.

1 Sie besuchen Freunde. / Freunde besuchen Sie.
2 Sie sind neu im Haus und begrüßen die Nachbarn.
3 Sie haben eine neue Wohnung und sind auf der Meldestelle.

D 1

Was ist das? Raten Sie zu dritt und ergänzen Sie.

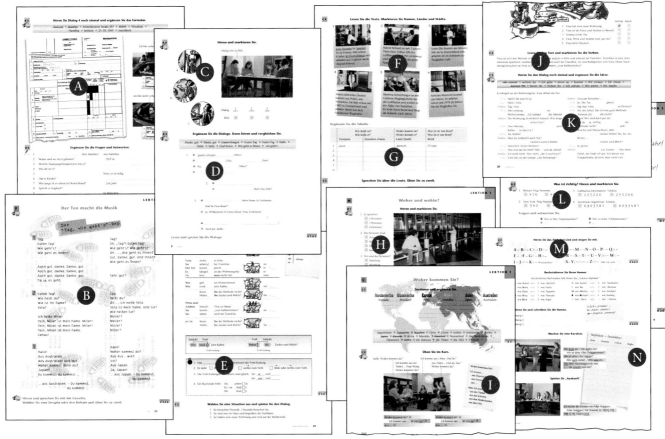

● *Ich glaube, G ist ein Lesetext.*
▦ *Das ist doch kein Lesetext.*
Ich glaube, das ist ein Formular.
▲ *Vielleicht ist das ja auch eine Tabelle.*

● *F sind vielleicht Bilder.*
▦ *Ja, das sind Bilder und Lesetexte.*
▲ *...*

ein Formular	*A,*	Bilder	*F,*
eine Infobox	*I,*	Zahlen	
ein Lesetext		Dialoge	
ein Bild		Lesetexte	*F,*

Singular	Plural
1 Lesetext / Dialog	2, 3, ... Lesetexte / Dialoge
1 Bild	2, 3, ... Bilder
1 Zahl	2, 3, ... Zahlen

D 2

Was passt wo? Sortieren Sie nach Wortakzenten.

~~Bild~~ *(n)* ◆ ~~Bilder~~ *(Plural)* ◆ ~~Dialog~~ *(m)* ◆ Regel *(f)* ◆ Formular *(n)* ◆ Rap *(m)* ◆ Infobox *(f)* ◆
Kursliste *(f)* ◆ Lesetext *(m)* ◆ Lied *(n)* ◆ Liste *(f)* ◆ Tabelle *(f)* ◆ Zahlen *(Plural)*

● _Bild_
●● _Bilder_
●●●
●●●
●●● _Dialog_

Jetzt hören und vergleichen Sie.
1/25

D 3 **Was ist wo? Suchen Sie in Lektion 1 und 2 und vergleichen Sie mit den Bildern auf Seite 22.**

● *G ist die Tabelle auf Seite 6.*   ▲ *A ist das Formular auf Seite ____ .*

▼ *F sind die Bilder und Lesetexte auf Seite 6.*   ▨ *Und M ist das Alphabet-Lied auf Seite ____ .*

D 4 **Ergänzen Sie die Tabelle und die Regeln.**

Beispiele	Liste (f)	Lesetext (m)	Formular (n)	Bilder (Plural)
der bestimmte Artikel		*der*		
der unbestimmte Artikel (+)				—
der negative Artikel (−)	*keine*		*kein*	

1 Der unbestimmte Artikel ist gleich bei _____ und _____ .

2 Der negative Artikel ist gleich | bei _____ und _____ .

| bei _____ und _____ .

3 Der bestimmte Artikel ist gleich | bei _____ und _____ .

ARBEITSBUCH
D 1–D 3

5 **Was ist wo? Fragen und antworten Sie.**

● *Was ist auf Seite … oben?*

▨ *Da sind Bilder und eine Übung. Und was ist auf Seite … in der Mitte?*

▲ *Ein Bild und ein Lesetext. Und was ist … ?*

● *Wo ist ein Lesetext?*

▨ *Zum Beispiel hier, auf Seite … unten. Und wo ist eine Regel?*

▲ *…*

● *Was ist das hier, auf Seite …?*

▨ *Ich glaube, das ist / sind …*

Zwischen den Zeilen

Ergänzen Sie die Antworten: „Ich glaube, …" / „Vielleicht …" / „Ich weiß nicht." / …

Wo ist Yoko?

Ich glaube, sie ist zu Hause.

Sie ist zu Hause.   **+ ?**   *Vielleicht ist sie zu Hause.*

+   **? ?**   *Ich weiß nicht.*

—

1   Wo wohnt Nikos Palikaris?
    + Frankfurt   *Er wohnt in Frankfurt.*

2   Was ist er von Beruf?
    + ? Student

3   Wie alt ist er?
    —

4   Wo arbeitet Andrea?
    + bei TransFair

5   Wo wohnt Petra?
    ?? Köln

6   Woher kommt Vera?
    —

Fragen und antworten Sie.

Karin Beckmann   ◆   Herr Haufiku   ◆   Maria Jablońska   ◆   Frau Yoshimoto   ◆   Vera   ◆
Rainer Schnell   ◆   Nikos   ◆   …

Beruf   ◆   Wohnung   ◆   Alter   ◆   Geburtsort   ◆   verheiratet / ledig   ◆   Kinder   ◆
Land   ◆   Englisch   ◆   in Deutschland   ◆   Vorname / Nachname

● *Wer ist Karin Beckmann?*   ● *Ist Herr Haufiku verheiratet?*
▣ *Die Reiseleiterin aus Lektion 1.*   ▣ *Nein, er ist ledig.*
● *Wo wohnt sie?*   ● *Spricht er Englisch?*
▣ *Ich glaube, in Hamburg.*   ▣ *…*
● *Wie alt ist sie?*
▣ *Ich weiß nicht.*
● *…*

F   Was darf's denn sein?

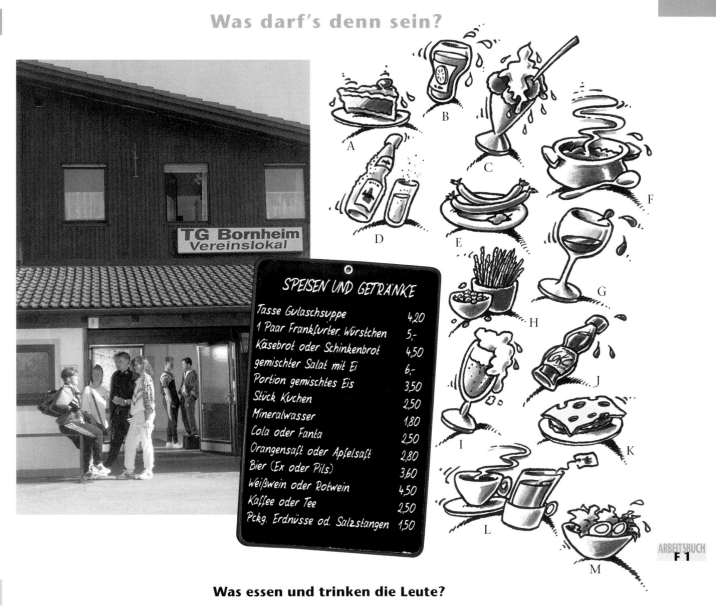

SPEISEN UND GETRÄNKE

Tasse Gulaschsuppe	4,20
1 Paar Frankfurter Würstchen	5,-
Käsebrot oder Schinkenbrot	4,50
gemischter Salat mit Ei	6,-
Portion gemischtes Eis	3,50
Stück Kuchen	2,50
Mineralwasser	1,80
Cola oder Fanta	2,50
Orangensaft oder Apfelsaft	2,80
Bier (Ex oder Pils)	3,60
Weißwein oder Rotwein	4,50
Kaffee oder Tee	2,50
Pckg. Erdnüsse od. Salzstangen	1,50

ARBEITSBUCH
F 1

F 1   **Was essen und trinken die Leute?**

1/26   **Hören und markieren Sie.**

☐ Würstchen	☐ Bier
1 Suppe	☐ Tee
☐ Salat	☐ Salzstangen
☐ Eis	

● *Bei Nummer 1 isst jemand eine Suppe.*
▨ *Und bei Nummer 2 trinkt jemand ...*
▲ *...*

Verben mit Vokalwechsel e → i

essen	du	isst
	sie / er / man	isst
helfen	du	hilfst
	sie / er / man	hilft
sprechen	du	sprichst
	sie / er / man	spricht

2   **Sprechen Sie über die Bilder und die Karte.**

Was trinken / essen Sie gern?
Was trinken / essen Sie nicht so gern?

fünfundzwanzig   **25**

Hören und markieren Sie.

F 3

Das ist Vera.

	Richtig	Falsch
1 Vera kommt aus Brasilien.	X	
2 Vera macht Gymnastik.		
3 Andrea bestellt einen Salat mit Ei und ein Mineralwasser.		
4 Vera bestellt ein Käsebrot.		
5 Es gibt keinen Apfelsaft mehr. Vera nimmt einen Kaffee.		
6 Vera ist jetzt drei Monate in Deutschland.		
7 Vera ist als Touristin in Deutschland.		
8 Roman möchte noch ein Cola.		

nehmen / möchten / trinken / haben / bestellen

f   (k)eine Suppe
m   (k)ein**en** Kaffee
n   (k)ein Bier

ARBEITS
F 2-

F 4

Spielen Sie Dialoge in kleinen Gruppen.

● *Guten Tag / Hallo!*

▪ *Das ist ... (Name).*
  Ich heiße ... und das ist ... (Name).

● *Wie geht's / Wie geht es Ihnen?*

Was möchten Sie?
Was darf's denn sein? / Ja, bitte?
▲ *Ich nehme / möchte ...*

Und was trinken Sie?
▲ *Ich nehme / möchte / trinke ...*

Tut mir Leid, wir haben k... mehr.
Möchten Sie vielleicht ... ?
▲ *Ja. / Nein, dann nehme ich ...*

▪ *Guten Appetit!*
  Prost!

● *Bist du / Sind Sie schon lange hier in ... ?*
  Spielen Sie / Spielt ihr / Spielst du auch gerne ... ?
  ... ?

ein Mineralwasser
einen Orangensaft
einen Apfelsaft
ein Cola
ein Fanta
einen Kaffee
einen Tee

ein Bier
einen Weißwein
einen Rotwein

ein Käsebrot
ein Schinkenbrot
ein Paar Frankfurter Würstchen
einen Salat mit Ei
eine Gulaschsuppe

ein Eis
ein Stück Kuchen

eine Packung Erdnüsse
eine Packung Salzstangen

Der Ton macht die Musik

Also los: Name?
Buchstabieren Sie bitte.
C wie Cäsar oder Z wie Zeppelin?
Der Vorname?
Einreisedatum?
Familienstand?
Geburtsort?
Halt, bitte langsam!
Internationaler Führerschein?
Ja oder nein?
Kinder?
Laut und deutlich, bitte!
Muttersprache?

Noch einmal, bitte!
O.K. Ausweis?
Papiere?
Quatsch – wo ist Ihr Pass?
Religion?
Staatsangehörigkeit?
Telefonnummer?
Und wo?
Vorwahl?
Wiederholen Sie bitte.
…
X-mal jeden Tag, mit S**y**stem, im
Zentrum Europas.

G 1 **Finden Sie die passenden Wörter im Text „Das deutsche Alphabet".**

Papier für das Auto	*Internationaler Führerschein*
Die Telefonnummer von einer Stadt	
Christentum, Islam, Buddhismus, …	
verheiratet, ledig, geschieden, …	
Ihre Sprache / die Sprache Nummer 1	
Pass, Personalausweis, Führerschein, …	
Französisch, Chinesisch, Türkisch, …	
1. Tag in Deutschland	

G 2 **Ergänzen Sie die Antworten und spielen Sie den Dialog.**

● *Also los: Name?*
▨ *Waclawczyk.*
● *Buchstabieren Sie bitte.*
▨ *W-A-C-….*
● *C wie Cäsar oder Z wie Zeppelin?*
▨ *C wie Cäsar .*

● *Der Vorname?*
▨ *…*
● *Einreisedatum?*
▨ *0–1–0–4 neunzehnhundert…*
● *Familienstand?*
▨ *…*

ARBEITSBUCH
G 1-G 3

H

ARBEITSBUCH
H 1-H 2

Kurz & bündig

W-Fragen § 2a

Wer ist das?	Ich glaube, das ist Kawena Haufiku.
Wo wohnt Herr Haufiku?	**In** München.
Wo arbeitet Frau Barbosa?	**Bei** TransFair.
Wie ist die Adresse von Herrn Palikaris?	Ludwig-Landmann-Str. 252.
Wie ist die Telefonnummer von Frau Beckmann?	Ich weiß nicht.
Wie alt bist du?	23.
Wie lange sind Sie **schon** in Deutschland?	Erst / schon **3 Monate**.
Wann und **wo** sind Sie geboren?	**1969, in** Windhuk.
Was möchten Sie trinken?	Einen Apfelsaft … Nein, ein Cola, bitte.

Buchstabieren

Wie ist Ihr Name?	Yoshimoto .
Wie bitte? Buchstabieren Sie bitte.	Y-O-S-H-I-M-…
M wie Martha oder N wie Nordpol?	M wie Martha-O-T-O. Yoshimoto.

Das Präsens § 8a

Ich wohne in der Wohnung nebenan.	**Wir** wohnen jetzt schon 20 Jahre hier.
Lern**st du** so Deutsch?	Das ist eine gute Methode. Kenn**t Ihr** die nicht?
Vera Barbosa arbeitet bei TransFair.	**Petra** und **Andrea** arbeiten auch bei TransFair.
Welche Staatsangehörigkeit **haben Sie**?	Namibisch und britisch.
Seid ihr verheiratet? **Habt ihr** Kinder?	Nein, **wir sind** ledig und **haben** keine Kinder.

Unbestimmter Artikel (Nominativ)

Das ist **eine** Tabelle.
Nein, das ist **keine** Tabelle. Das ist **eine** Liste.
Und das hier ist **ein** Dialog.
Das ist doch **kein** Dialog. Das ist **ein** Lesetext.
Ich glaube, das ist **ein** Formular.
Das sind Texte und Bild**er**.

Bestimmter Artikel (Nominativ) § 11a

Genau. Das ist **die** Liste auf Seite 16.

Das ist **der** Rap auf Seite 11.
Richtig. Das ist **das** Formular auf Seite 18.
Ja. Das sind **die** Bilder und Texte auf Seite 6.

Bestellungen: unbestimmter Artikel (Akkusativ) § 7b, 13

Ja, bitte? ↗	Ich möchte **eine** Suppe→und **einen** Apfelsaft. ↘
Tut mir Leid. ↘ Wir haben **keinen** Apfelsaft. ↘	Dann nehme ich **ein** Cola. ↘
Und Sie? ↗	**Einen** Salat mit Ei→und **ein** Wasser, bitte. ↘
Möchten Sie noch etwas? ↗	Ja,→einen Kaffee, bitte. ↘
	Noch **ein** Mineralwasser, bitte. ↘

Nützliche Ausdrücke

Ich heiße Steinfeldt-Reichenbacher. ↘	**Bitte noch einmal.** ↘ / **Bitte langsam.** ↘	
Ich heiße Waclawczyk. ↘	Waclawczyk →– **wie schreibt man das?** ↘	
Ich glaube,→Nikos ist zu Hause. ↘	**Vielleicht** ist er **ja auch** im Deutschkurs? ↘	
Kommen Sie doch am Samstag **mal vorbei,** ↘ nachmittags,→**zum Kaffeetrinken.** ↘		
Nehmt ihr Zucker und Milch? ↗	Ja, gerne. ↘ / Nein, danke. ↘	
Ich spreche Englisch. ↘	Ich **auch.** ↘	Ich **nicht.** ↘
Ich habe **keine** Kinder. ↘	Ich **auch nicht.** ↘	Aber ich! ↘
Ich bin **nicht** verheiratet. ↘	Ich **auch nicht.** ↘	Aber ich! ↘

Guten Tag, ich suche ...

A

Schilling, Franken, Mark ...

A 1

Welche Währungen kennen Sie? Diskutieren Sie zu dritt.

● *Was ist das?* ↗

■ *Ich glaube,* → *das ist österreichisches Geld.* ↘

◆ *Nein,* → *das sind Franken.* ↘ *So heißt das Geld in der Schweiz.* ↘

● *Und das hier sind vielleicht …*

ARBEITSBUCH
A 1

A 2

2/1

Hören Sie die Dialoge und markieren Sie.

Die Kunden möchten Geld wechseln.

1 Die Kundin bekommt
    a) 48 000 Peseten
    b) 84 000 Peseten

2 Der Kunde bekommt
  für 1 000 US-Dollar
    a) 1 615 Mark
    b) 1 560 Mark

3 Die Kundin wechselt
    a) 510 000 Lire
    b) 1 510 Lire

4 Die Kundin bekommt
    a) 35 000 Schilling
    b) 3 500 Schilling

1 000 = (ein)tausend
2 300 = zweitausenddreihundert
12 110 = zwölftausendeinhundertzehn
100 000 = (ein)hunderttausend
253 000 = zweihundertdreiundfünfzigtausend
1 000 000 = eine **Million**
6 500 000 = sechs **Millionen** fünfhunderttausend
1000 Millionen = eine **Milliarde**

A 3

Üben Sie zu zweit.

	UMRECHNUNGSTABELLE				
		1	2	5	10
Deutschland	DM (Deutsche Mark)	1	2	34,75	69,50
Österreich ↓	öS (Schilling)	6,95	13,90		
Italien	Lire	1000	2000	5000	10000
Deutschland ↓	DM (Deutsche Mark)	1,06	2,12	5,31	10,63
Schweiz	sfr (Franken)	1	2	5	10
Spanien ↓	Ptas. (Peseten)	95	189	474	947

● *Wie viel Mark bekomme ich für hunderttausend Lire?* ↘

■ *Einen Moment.* ↘ *Hunderttausend Lire,* → *das sind hundertsechs Mark.* ↘

ARBEITSBUCH
A 2-A 3

A 4

Lesen Sie den Text und beantworten Sie die Fragen.

1 Was ist IKEA?
2 Was verkauft IKEA?
3 Wie hoch ist der Jahresumsatz?

4 Wo gibt es IKEA?
5 Wie viele Leute arbeiten bei IKEA?

6 Wie viele Leute besuchen IKEA?
7 Gibt es IKEA in Ihrem Land?
8 Haben Sie Möbel von IKEA?

1958 eröffnet Ingvar Kamprad das erste IKEA-Möbelhaus in Älmhult/Schweden. Die Idee: einfache, schöne und praktische Möbel zu günstigen Preisen.

Heute ist IKEA ein internationales Unternehmen mit einem Umsatz von etwa 10 Milliarden Mark pro Jahr und mit fast 35 000 Mitarbeiterinnen und Mitarbeitern. 1996 gibt es 134 IKEA-Möbelhäuser in 28 Ländern in Europa, Amerika, Asien und Australien. Über 125 Millionen Besucher kommen pro Jahr zu IKEA – und jeder soll etwas kaufen: Deshalb gibt es nicht nur

Möbel, sondern auch Lampen, Teppiche, Geschirr und Haushaltswaren aller Art – insgesamt mehr als 12 000 Artikel.

Das wichtigste Werbemittel ist der IKEA-Katalog mit über 4000 Fotos und allen wichtigen Produkt-Informationen. Überall auf der Welt kann man die gleichen Möbel kaufen, und überall haben die Möbel die gleichen Namen – nur die Preise sind in verschiedenen Währungen.

A 5

Was kosten diese Sachen? Diskutieren Sie zu dritt und ergänzen Sie die Tabelle.

Hier sehen Sie IKEA-Produkte aus fünf IKEA-Katalogen: aus Deutschland, aus Österreich, aus der Schweiz, aus Italien und aus Spanien.

DM	1	5
öS	6,95	34,75
sfr	0,85	4,25
Lire	943	4715
Ptas.	80,75	403,75

A **9.300.-**

D **695**

C **39.-**

B **498.-**

E **25 000**

● *Ich glaube , → das Sofa kostet neuntausenddreihundert Mark. ↘*
■ *Neuntausenddreihundert Mark? ↗ Nein, → das ist zu viel für ein Sofa. ↘*
  Ich glaube, → das Sofa kostet neuntausenddreihundert Schilling. ↘
◆ *Vielleicht sind das ja auch Peseten? ↘*
● *Neuntausenddreihundert Peseten? → Das ist zu wenig für ein Sofa. ↘*
▨ *Schauen wir doch mal in die Wechselkurstabelle. ↘*
...

F **69 000**

Katalog	Möbel	Preis	Währung
A *Österreich*	Sofa: Karlshamn	*9.300*	*Schilling*
B	Sessel: Ikea PS		
C	Lampe: Kryolit		
D	Tasse: Raljans		
E	Couchtisch: Lack		
F	Stuhl: Alrik		

ARBEIT
A

 Jetzt hören und vergleichen Sie.

B

Im Möbelhaus

MöbelFun

Moderne Möbel für junge Leute

Viel Design für wenig Geld

1598,-
komplette Einbauküche

794,-
modernes Doppelbett im Futon-Stil

flottes Ledersofa in aktuellen Farben **1498,-**

dazu passend: bequemer Fernsehsessel **899,-**

solides Bücherregal **390,-**

999,-
praktischer Kombischrank

bildschöner Designer-Tisch & 4 Stühle **1089,-**

3fach verstellbarer Bürostuhl **299,-**

farbenfroher Wollteppich **159,-**

schicke Stehlampe **99,-**

Hanauer Landstr. 424

Kein Geld? – Kein Problem!
Sofortkredit zum Möbelkauf
12 Monate Laufzeit: nur 2,9% effektiver Jahreszins!

Jetzt aber los!
Tel. (069) 2 84 75 69

---

1   **Lesen Sie die Werbung und suchen Sie diese Möbel.**

Teppich ◆ ~~Küche~~ ◆ Tisch ◆ Bett ◆ Stuhl ◆ Regal ◆ Schrank ◆ Sessel ◆ Sofa ◆ Lampe

komplett**e** Einbau**küche**	→ die Küche
verstellbare**r** Büro**stuhl**	→ der Stuhl
flotte**s** Leder**sofa**	→ das Sofa

2   **Sortieren Sie die Möbel.**

f die	*m* der	*n* das
die Küche	der Stuhl	das Sofa

ARBEITSBUCH
B 1-B 2

Hören Sie das Gespräch und ergänzen Sie die Adjektive.

bequem ◆ praktisch ◆ super ◆ ~~ganz hübsch~~ ◆ ganz schön ◆ toll ◆ interessant ◆ langweilig ◆ nicht billig ◆ nicht schlecht ◆ nicht schön ◆ sehr günstig ◆ sehr schick ◆ zu groß ◆ ~~zu teuer~~

	Die Frau findet ...	Der Mann findet ...
das Sofa	*bequem*	*ganz hübsch, zu teuer*
die Stehlampe		
die Stühle		
den Tisch		
den Teppich		

B 4

Sortieren Sie die Adjektive.

sehr gut   *nicht gut*

super	*bequem* *ganz hübsch*	*zu teuer*

B 3-

B 5

Wie finden Sie die Möbel? Fragen und antworten Sie.

● *Wie findest du die Küche von Möbel-Fun?* ↗
■ *Die finde ich ganz schön.* ↘ *Und sehr günstig.* ↘

● *Den Teppich von Helberger finde ich toll.* ↘
■ *Ich auch.* ↘ *Aber der ist zu teuer.* ↘

Artikel + Nomen	Artikel ohne Nomen = Pronomen
Wie findest du **den Teppich**?	**Den** ~~Teppich~~ finde ich langweilig.

B 6

Was passt wo? Ergänzen Sie bitte.

| Den ◆ den Teppich ◆ den Verkäufer ◆ eine Stehlampe ◆ einen Teppich ◆ ~~kein Sofa~~ ◆ keine Sonderangebote ◆ keine Stühle ◆ Qualitätsware ◆ Teppiche |

Wie findest du das Sofa?	Ich kaufe doch _kein Sofa_ für 2 500 Mark!
Wir brauchen _____ .	
Wie findest du denn die da vorne?	Die ist ja auch nicht billig.
Wo sind denn die Teppiche?	Warum fragst du nicht _____ ?
Wir suchen die Teppichabteilung.	_____ finden Sie ganz da hinten.
Schau mal, die Stühle da.	Aber wir brauchen doch _____ .
Und der Tisch hier, der ist doch toll!	_____ finde ich nicht schön.
Wie findest du _____ hier?	Den finde ich langweilig.
Wir suchen _____ .	
Haben Sie _____ ?	Sie finden bei uns nur _____ .

2/3 Hören Sie noch einmal und vergleichen Sie.

B 7

Lesen Sie die Regeln, ergänzen Sie Beispiele aus B6 und markieren Sie den Akkusativ.

In vielen Sätzen gibt es Akkusativ-Ergänzungen .

1 Akkusativ-Ergänzungen stehen   Beispiele
 • rechts von Verb und Subjekt   _Wie findest du das Sofa ?_

 • links von Verb und Subjekt

2 Akkusativ-Ergänzungen sind
 • Nomen ohne Artikel   _Teppiche finden sie ganz da hinten ._
 • Artikel + Nomen
 • Artikel ohne Nomen (= Pronomen)

3 Verben mit Akkusativ-Ergänzung   ohne Akkusativ-Ergänzung
    kosten,

B 8

Lesen Sie die Sätze aus B 6 und B 7 und ergänzen Sie.

	f	*m*	*n*	*Plural*
Nominativ	___ Lampe	___ Teppich	___ Sofa	___ Stühle
	eine Lampe	_ein_ Teppich	_ein_ Sofa	— Stühle
	keine Lampe	___ Teppich	_kein_ Sofa	_keine_ Stühle
Akkusativ	___ Lampe	___ Teppich	___ Sofa	_die_ Stühle
	___ Lampe	___ Teppich	___ Sofa	— Stühle
	keine Lampe	___ Teppich	___ Sofa	___ Stühle

   Im Nominativ und im Akkusativ ist der Artikel **nicht** gleich _____ .

Spielen Sie „Im Möbelhaus" und sprechen Sie über die Möbel.

49,–

Schau mal, die Stühle da. Die sind doch …
Wir brauchen …
Wie findest du … hier?

Ich weiß nicht.
Super!
Die finde ich langweilig.
Wir brauchen doch kein …

548,–

Ja, die finde ich auch …
Nein, die finde ich nicht …
Die sind doch …

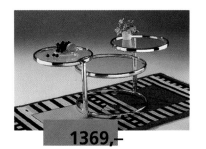

1369,–

Was kosten die denn?
  Die kosten … Mark.

Das ist günstig.
  Das geht.
    Das ist teuer.
      Nein, das ist zu teuer.

2998,–

Ich suche …
Wo sind denn die … ?
  … finden Sie | *gleich hier vorne.*
        | *ganz da hinten*
  Tut mir Leid, wir haben keine …

1800,–

Haben Sie keine Sonderangebote?
  Sie finden bei uns nur Qualitätsware.

890,–

298,–

Tisch **248,–**

Stuhl **149,–**

498,–

B 9-

C Haushaltsgeräte

C 1 Lesen Sie die Statistik und ergänzen Sie den Text.

Gerät	Prozent
Staubsauger	100%
Fotoapparat	98%
Waschmaschine	98%
Telefon	98%
Fahrrad	98%
Farbfernseher	97%
PKW	96%
Kühlschrank	79%
Nähmaschine	78%
Stereoanlage	71%
Mikrowelle	53%
Computer	41%
CD-Player	32%
Wohnwagen	5%

Auto und Fernseher sind Standard – Computer im Vormarsch

In Deutschland gibt es in jedem Haushalt einen Staubsauger und in fast jedem Haushalt ein Telefon (98%). Ebenfalls 98 von 100 Haushalten haben eine Waschmaschine, einen Fotoapparat und ein Fahrrad. Etwa genauso viele besitzen ein Auto (____%) und einen Fernseher (____%). Eine Stereoanlage findet man dagegen nur in ____ von 100 Haushalten, und erst ein Drittel der Deutschen (____%) hat einen CD-Player. ____% der Deutschen in Ost und West besitzen inzwischen einen Kühlschrank, fast genauso viele eine elektrische Nähmaschine (____%), und über die Hälfte der Haushalte (____%) haben inzwischen eine Mikrowelle. Computer sind nach wie vor der Verkaufshit: schon in ____ von 100 Haushalten gibt es einen Heimcomputer. Aber nur wenige besitzen einen Wohnwagen: nur ____ von 100 Haushalten.

Ein Teil +	der	+ Plural
Ein Drittel	der	Deutschen ...
Über die Hälfte	der	Haushalte ...

ARBEITSBUCH
C 1-C 2

2 Fragen und antworten Sie.

● *Wie ist das in Frankreich?* ↘ *Wie viele Leute haben dort ein Telefon?* ↘

■ *Ich glaube,* → *fast alle.* ↘

● *Und wie ist das in ... ?* ↗

▲ *Ich weiß nicht.* → *Vielleicht ... Prozent.* ↘

▼ *Nicht so viele.* → *Etwa ... Prozent.* ↘

■ *Und in ... ?* ↗ *Wie viele Haushalte haben dort ... ?* ↘

ARBEITSBUCH
C 3

3 Wer hat was? Spielen Sie zu viert und raten Sie.

Hat Alida einen Wohnwagen? ↗

　　Ich glaube, → *sie hat einen.* ↘

　　　　　Ich glaube, → *sie hat keinen.* ↘

　　　　　　　Doch, → *ich habe einen.* ↘

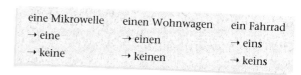

eine Mikrowelle	einen Wohnwagen	ein Fahrrad
→ eine	→ einen	→ eins
→ keine	→ keinen	→ keins

● *Hat Tom ein Fahrrad?* ↗

■ *Ja ...* → *Ich glaube,* → *er hat eins.* ↘

▲ *Ich glaube,* → *er hat keins.* ↘

▼ *Stimmt,* → *ich habe keins,* ↘ *aber ich brauche eins.* ↘

Berichten Sie.

■ *Ich habe kein Fahrrad, aber Mirjana, Ina und Salih haben ...*

▲ *Mirjana und ich haben ..., aber Tom und Ina haben ...*

▼ *Wir alle haben ...*

ARBEITSBUCH
C 4

D 1

Was ist wo? Ergänzen Sie den Plan.

Haushaltswaren ◆ Möbel ◆ Computer ◆ Fahrräder ◆ Herrenbekleidung

4. Stock

Teppiche
Lampen	Bilder

3. Stock

Foto		Musik
TV & Video	Elektronik	

2. Stock

Sportbekleidung
Sportgeräte

1. Stock

Textilien
Damenbekleidung

Erdgeschoss

Information	Bücher	Kosmetik
Lederwaren	Zeitungen	
Schreibwaren	Zeitschriften	

Untergeschoss

Haushaltsgeräte

 Jetzt hören und vergleichen Sie.

 D 2

Was passt zusammen? Hören Sie noch einmal und markieren Sie.

1	Ich suche einen Topf.	*d*	a	Die Elektronikabteilung ist im dritten Stock.
2	Haben Sie hier keine Fahrräder?		b	Da hinten haben wir ein paar Sonderangebote.
3	Ich suche eine Waschmaschine.		c	Doch, natürlich. Was für eins suchen Sie denn?
4	Entschuldigung, wo finde ich Betten?		d	<u>Töpfe</u> finden Sie im Untergeschoss.
5	Haben Sie noch andere Sofas?		e	Die Waschmaschinen sind gleich hier vorne. Was für eine möchten Sie denn?
6	Gibt es hier Jogginganzüge?		f	Ja, natürlich. Mäntel sind da hinten.
7	Haben Sie auch einen passenden Mantel?		g	Die Möbelabteilung ist im vierten Stock.
8	Entschuldigung, wo gibt es denn hier Computer?		h	Nein, die kommen erst nächste Woche wieder rein.

Ich suche	**eine** Waschmaschine.	**Was für**	**eine**	suchen Sie denn?	Ich weiß nicht genau.
	einen Teppich.		**einen**		Einen Wollteppich.
	ein Fahrrad.		**eins**		Ein Sportrad.

Markieren Sie die Pluralformen.

Ergänzen Sie die Artikel und die Pluralformen.

Schrank *der; -(e)s, Schränke; ein großes kastenförmiges Möbelstück mit Türen, in dem man Kleider oder Gegenstände aufbewahrt. Küchen-, Wohnzimmer-; Akten-, Besen-, Bücher-, Geschirr-, Kleider-: Holz-, Stahl-; Panzer- (für Geld, Schmuck u. ä.)*

Schrank *(m), -e größeres Möbel zum Aufbewahren von Kleidern, Hausrat und anderen Gegenständen (Akten~, Bücher~, Kleider~, Küchen~, Werkzeug~ u. a.). Im Wohnzimmer auch als breite, mehrteilige ~wand.*

_____	Auto	die _____	
das	Bett	die *Betten*	
_____	Bild	die _____	
_____	Buch	die _____	
der	Computer	die *Computer*	
das	Fahrrad	die *Fahrräder*	
_____	Fernseher	die _____	
_____	Fotoapparat	die _____	
_____	Glas	die _____	
_____	Mantel	die _____	
_____	Schal	die _____	
_____	Sessel	die _____	
_____	Sofa	die _____	
_____	Staubsauger	die _____	
_____	Stehlampe	die _____	
_____	Stereoanlage	die _____	

_____	Stuhl	die _____	
_____	Teppich	die _____	
der	Topf	die *Töpfe*	
die	Waschmaschine	die *Waschmaschinen*	
_____	Wohnwagen	die _____	
_____	Zeitung	die _____	

Lerntipp:

Für den Plural gibt es oft keine Regel. Lernen Sie Nomen deshalb immer **mit Artikel** und **mit Plural**, also: „**der** Stuhl, Stühle" → der Stuhl, -e

Unterstreichen Sie die Pluralendungen und ergänzen Sie.

Nomen bilden den Plural mit den Endungen	Beispiele
-e	*Töpfe,*
-(e)n	*Waschmaschinen,*
-er	*Fahrräder,*
-s	*Sofas,*
ohne Plural-Endung	*Computer,*

Ein a, o und u im Singular wird im Plural oft zu ____ , ____ und ____ .

Die **bestimmten** Artikel im Nominativ Singular heißen *die* , ____ , ____ ; im Plural heißt der bestimmte Artikel immer ____ .

1. Wörter auf **-e** (Lampe, Waschmaschine, …) bilden den Plural (fast) immer mit ____ und haben (fast) alle im Singular den Artikel ____ .
2. Wörter auf **-er** (Fernseher, Computer, …) haben im Plural meistens die gleiche Form wie im Singular und haben im Singular meistens den Artikel ____ .

Lesen Sie noch einmal Regel 1 und finden Sie weitere Wörter auf „-e".

Adresse, Liste, …

Spielen Sie „Information" und üben Sie zu zweit.

● ➠ mit Wortliste von **D 3**　　　■ ➠ mit Kaufhausplan von **D 1**

Entschuldigung, → ich suche einen Topf. ↘

Töpfe finden Sie im Untergeschoss. ↘

Haben Sie hier keine … ? ↗

Nein, → leider nicht. ↘ *Tut mir Leid.* ↘

Entschuldigung, → wo finde ich … ? ↘

Ich glaube, → im … Stock.. ↘ *Fragen Sie doch bitte dort eine Verkäuferin.* ↘

Wo gibt es denn hier …? ↘

…

Wer sagt was? Markieren Sie.

V = Verkäuferin/Verkäufer; K = Kundin/Kunde

1　_V_　Kann ich Ihnen helfen?

　_K_　Ja, bitte.

　___　Entschuldigung, wo gibt es denn hier … ?

　___　Haben Sie hier keine … ?

　___　Da sind Sie hier falsch.

　___　… finden Sie im …

　___　Ich suche …

　___　Kommen Sie bitte mit.

　___　Wo finde ich … ?

　___　… sind gleich | hier vorne

　　　　　　　　　　　　 | da hinten.

___　Was kostet … denn?

___　… Mark.

___　Ja, das geht.

___　Oh, das ist zu teuer.

___　Gut, … nehme ich.

___　Die Kasse ist …

___　Vielen Dank.

___　Danke. Auf Wiedersehen.

___　Haben Sie auch einfache … ,
　　　so für … bis … Mark?

___　Haben Sie noch andere?

___　Ja, hier haben wir ein paar Sonderangebote.

___　Nein, leider nicht. Tut mir Leid.

___　Was für … suchen Sie denn?

___　Ein… , für …

___　Ich weiß auch nicht genau …

___　Wir haben Komfortmodelle
　　　zwischen … und … Mark und
　　　einfache Modelle für … bis … Mark.

___　… hier finde ich | schön.
　　　　　　　　　　　　 | …

ARBEIT
D

Was kommt zuerst? Sortieren Sie.

Schreiben und spielen Sie einen Dialog.

● *Guten Tag. Kann ich Ihnen helfen?*

■ *Ja, bitte. Ich suche …*

▲ *…*

E

Der Ton macht die Musik

1 **Lesen Sie den Dialog und ergänzen Sie die Adjektive.**

> bequem ◆ cool ◆ ganz egal ◆ ganz nett ◆ krank ◆ nicht schlecht ◆ gar nicht teuer ◆
> schick ◆ ~~sehr günstig~~ ◆ toll ◆ ~~Viel zu klein~~

Der Einkaufsbummel-Rap   SONDERPREIS

1 Schau mal hier, das Doppelbett.   Ja, das find' ich auch _____ .
  Die Lampe da – die ist _____ .   Ja, die geht, da hast du Recht.
  Wie findest du den Stuhl?   Der ist wirklich _____ .
  Der ist auch _*sehr günstig*_ , Mann!   Na klar, das ist doch Möbel-Fun.

Refrain Wie findest du ...?   Na ja, es geht.
  Der ist doch super!   Ja, ganz nett.
  Mann, den find' ich wirklich stark!   Der kostet hundertachtzig Mark!

2 Ist der Tisch nicht wundervoll?   Nee, den find' ich nicht so _____ .
  Und die Couch? Das ist Design!   Für unsre Wohnung? – _*Viel zu klein*_ .
  Der Teppich hier, ist der nich _____ ?   Du hast wirklich einen Tick!
  Die Küche find' ich ... Was meinst du?   Ach geh, jetzt lass' mich doch in Ruh'!

Refrain Wie findest du ...?   Na ja, es geht.
  Die ist doch super!   Ja, ganz nett.
  Mann, die find' ich wirklich stark!   Die kostet zwanzigtausend Mark.

3 Schau mal! Praktisch, dieser Schrank!   Der da? Sag' mal, bist du _____ ?
  Wieso? Der ist doch _____ .   Nicht teuer? – Fünfzehnhundert Eier!
  Und was kostet das Regal?   Ist doch wirklich _____ .
  Das Sofa ist bestimmt _____ .   Komm', ich möcht' jetzt wirklich geh'n.

Refrain Wie findest du ...?   Na ja, es geht.
  Das ist doch super!   Ja, ganz nett.
  Mann, das find' ich wirklich stark!   Das kostet über tausend Mark!

DM

2/5 **Hören und vergleichen Sie.**

2 **Wählen Sie eine Strophe (und den Refrain) und üben Sie zu zweit.**

ARBEITSBUCH
E 1-E 7

F 1

Lesen Sie die Anzeigen. Was sucht die Frau?

Nr. 16/97 · Freitag   18.4.1997 - 20.4.1997   14. Jahrgang   DM 3,80

He.-Fahrrad 5-Gang, 1991, Np 600,–, VB 150,–. Tel. 73 35 98 22

Zu verkaufen: Damen-City-Bike, 28", Sachs-Super 7-Nabenschaltung, Standrücklicht, reflekt. Lack, wenig gefahren, VB 500,–. Tel. 42 53 79 14

486 DX4-100, 4 MB Ram, 420 MB Festplatte, 14"-Monitor neu, 1500,– DM. 0 60 12 / 46 05 35

Computer 486, SX2-66 Mhz, 8 MB Ram, Bigtower, 256 Cache, 560 MB FP, ISA Board, 3,5 Zoll Laufwerk, VGA 14" Farbmonitor, Tastatur, Maus, m. Software MS DOS 6.22, Windows 3.11, Microsoft Word 6.0, f. 1700,– DM VB. 0 69 / 65 26 68

Waschmaschine, sehr guter Zustand, mit allen Energie- und Sparprogrammen, 550,– DM. 0 69 / 96 31 74

Waschmaschine AEG Lavamat 2000, (90 Grad-Programm defekt), 50,– DM. 0 60 05 / 281 42

Waschmaschine, techn. sehr guter Zustand, 290,– DM VB. 0 61 30 / 2 77 40

Spülmasch., B 60 cm, H 82-85 cm, gut. Zustand, 250,– DM. 0 69 / 49 19 06

Geschirrspülmaschine Constructa, 1 Jahr alt, ca. 6 mal benützt, 650,– DM. 0 69 / 59 29 46

Gebrauchter Kühlschrank, sehr günstig zu verkaufen, Tel. 78 91 23 46

Kühlschrank zu verk., Tel. 88 99 65 04

F 2

Hören Sie das Telefongespräch und machen Sie Notizen.

	78 91 23 46	88 99 65 04
Preis	150,–	
Alter	5 Jahre !!!!!	
Name		
Adresse		

F 3

Sortieren Sie den Dialog.

☐ *Oh,→ das ist aber günstig. ↘ Funktioniert der auch? ↗*

☐ *Ja,→ aber kommen Sie gleich. ↘ Ich bin nur noch eine Stunde zu Hause. ↘*

☐ *Wiederhören. ↘*

☐ *Wo wohnen Sie denn? ↘*

☐ *120 Mark. ↘*

☐ *Ja,→ natürlich! ↘ Der Kühlschrank ist erst ein Jahr alt. ↘*

2 *Guten Tag,→ mein Name ist Bäcker.↘ Sie verkaufen einen Kühlschrank? ↗*

☐ *Aha. ↘ Haben Sie jetzt vielleicht Zeit? ↗*

☐ *Schillerstr. 37. ↘ Schneider ist mein Name. ↘*

☐ *Schillerstr. 37,→ gut,→ bis gleich. ↘ Auf Wiederhören, Herr Schneider. ↘*

1 *Schneider. ↘*

☐ *Wie viel kostet der denn? ↘*

☐ *Ja. →*

  Hören Sie noch einmal und vergleichen Sie. Dann üben Sie zu zweit.

4

Lesen Sie noch einmal die Anzeigen bei F1 und spielen Sie Dialoge.

Sie brauchen eine Waschmaschine/ ein Fahrrad/ einen Computer.

Dialog A:
Tag ⟶ Tag
Fahrrad? ⟵ Ja
Wie viel? ⟵ 80 Mark
Günstig! Funktioniert das? ⟵ Ja
Alter? ⟵ 3 oder 4 Jahre
Wo? ⟵ Adresse, Name
Bis gleich ⟵ Wiederhören

Alt ... teuer ...

5 Jahre ..., 100 Mark, ... ja oder nein?

8 Jahre, 150 Mark: Nein!

Zu alt ... zu teuer ...

Dialog B:
Tag ⟶ Tag
Waschmaschine? ⟵ Ja
Wie viel? ⟵ 500 Mark
Zu teuer! ⟵ erst 1 Jahr alt → 450 Mark
Nein, vielen Dank. ⟵ ...

**ARBEITSBUCH
F 3-F 4**

G

Zwischen den Zeilen.

Fragen und antworten Sie.

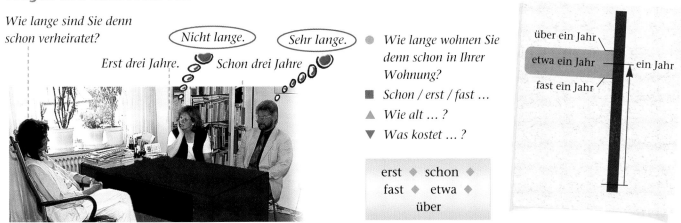

Wie lange sind Sie denn schon verheiratet?

Nicht lange. *Sehr lange.*

Erst drei Jahre. *Schon drei Jahre*

● *Wie lange wohnen Sie denn schon in Ihrer Wohnung?*
■ *Schon / erst / fast ...*
▲ *Wie alt ... ?*
▼ *Was kostet ... ?*

über ein Jahr
etwa ein Jahr ⟶ ein Jahr
fast ein Jahr

erst ◆ schon ◆
fast ◆ etwa ◆
über

Deutsch lernen ◆ in Ihrer Wohnung wohnen ◆ bei ... arbeiten ◆ Gitarre/... spielen ◆ Fahrrad ◆
Radio ◆ Computer ◆ Einbauküche ◆ Kühlschrank ◆ Waschmaschine ...

**ARBEITSBUCH
G 1-G 3**

H

Schreiben Sie einen Dialog.

**ARBEITSBUCH
H 1-H 2**

Kurz & bündig

Die Akkusativ-Ergänzung § 7b, 13a

unbestimmter Artikel

Wir suchen **einen Tisch**.
Ich suche **ein Fahrrad**.
Ich suche **eine Lampe**.
Wo gibt es **Teppiche**?

Tische finden Sie im ersten Stock.
Fahrräder finden Sie in der Sportabteilung.
Tut mir Leid, wir haben **keine Lampen**.
Teppiche finden Sie ganz da hinten.

Pronomen § 16b

Hat Mirjana **eine Stereoanlage**?
Haben Sie **einen Wohnwagen**?
Hast du **ein Fahrrad**?

Ja, sie hat **eine**.
Nein, ich habe **keinen**.
Ja, ich habe **eins**.

Bestimmter Artikel

Wie finden Sie **den Tisch** hier?
Wie findest du **die Küche**?
Wie findest du **das Sofa**?
Und **die Stühle** hier?

Pronomen § 7f, 16b

Den finde ich langweilig.
Die finde ich praktisch. Und sehr günstig.
Das finde ich schick. Aber zu teuer.
Die finde ich nicht schön.

Zahlenangaben § 18, 21

In Deutschland gibt es in **98 von 100** Haushalten ein Telefon.
79% (= Prozent) der Deutschen haben einen Kühlschrank.
Über die Hälfte der Haushalte haben inzwischen eine Mikrowelle.
Fast ein Drittel der Deutschen hat einen CD-Player.
Etwa drei Viertel der Haushalte besitzen eine Nähmaschine.
Nur wenige haben einen Wohnwagen.

Der Singular

Der Plural § 12

Ich suche einen Sessel.
Ich suche einen Computer.
Ich möchte einen Topf.
Ich suche eine Waschmaschine.
Hast du ein Fahrrad?
Das Sofa ist zu teuer.

Bitte, die Sessel sind hier.
Computer? Wir haben keine Computer.
Ich habe da ein Angebot: 6 Töpfe für 99 DM.
Wir haben viele Waschmaschinen. Wie viel möchten Sie denn ausgeben?
Eins? Ich habe drei Fahrräder.
Haben Sie noch andere Sofas?

Nützliche Ausdrücke

Was ist das?
Wie viel Mark bekomme ich für 100 000 Lire?

Das sind Schilling. Das ist österreichisches Geld.
Einen Moment. 100 000 Lire, das sind 106 Mark.

Kann ich Ihnen helfen? ↗
Nein, → **leider nicht**. ↘ **Tut mir Leid.** ↘
Doch, → **natürlich**. ↘ Kommen Sie bitte **mit**. ↘
Was für eins suchen Sie denn? ↘
Hier haben wir ein **Sonderangebot**: → 359 Mark. ↘

Ja, → **bitte**. ↘ Haben Sie hier keine **Sofas**? ↗

Ich weiß auch nicht genau ... →.
Ja, → **das geht**. ↘ Gut, → **das nehme ich**. ↘

Funktioniert der Kühlschrank? ↗
Haben Sie jetzt Zeit? ↗
Gut, → **bis gleich**. ↘ **Auf Wiederhören**. ↘

Ja, → **natürlich**. ↘
Ja, → **aber** kommen Sie gleich. ↘
Wiederhören. ↘

Wie lange wohnst du denn **schon** hier? ↘

Schon 10 Jahre. ↘/ **Erst** 6 Monate. ↘/ **Fast** 2 Jahre. ↘/
Über 5 Jahre. ↘/ **Etwa** 3 Jahre. ↘

Im Supermarkt

A Papa, kaufst du mir ein Eis?

Bonbon *das, -s*

Luftballon *der, -s*

Gummibärchen *das, -*

Kaugummi *der, -s*

Lolli *der, -s*

Zigarette *die, -n*

Feuerzeug *das, -e*

Fernsehzeitschrift *die, -en*

Spielzeugauto *das, -s*

Schokoriegel *der, -*

Eis *das, nur Sg.*

Überraschungsei *das, -er*

> **Lerntipp:**
>
> Notieren Sie Nomen
> immer mit Artikel,
> Plural und
> Wortakzent, also:
> die Zigarette, -n
> (= kurzer Vokal)
> das Spielzeugauto, -s
> (= langer Vokal)
> Spielen Sie mit den
> neuen Wörtern:
> Summen Sie die
> Wörter, sprechen
> Sie die Wörter laut
> und leise, langsam
> und schnell …

A 1

Was sagen die Kinder? Was antwortet der Vater?

● *Ich möchte einen Lolli.* ↘
  ■ *Nein,* → *heute bekommst du keinen.* ↘
● *Papa,* → *schau mal:* → *Gummibärchen!* →
  ■ *Nein,* → *heute gibt es keine Gummibärchen.* ↘
  …

A 2

2/7

Wer möchte was? Hören Sie und markieren Sie.

	der Vater	die Kinder		der Vater	die Kinder
Eis		X	Zigaretten		
Luftballon			Feuerzeug		
Kaugummi			Lolli		
Spielzeugauto			Überraschungsei		
Fernsehzeitschrift			Gummibärchen		

Markieren Sie: Wer ist „uns", „euch" …?

	Merle	Chris	Vater
Merle: Papa, kaufst du **uns** ein Eis?	X	X	
Vater: Nein, ich kaufe **euch** heute kein Eis.			
Merle: Kaufst du **mir** einen (Luftballon)?			
Vater: Nein, Merle, ich kaufe **dir** heute auch keinen Luftballon.			
Chris: Schenkst du **mir** das (Auto) zum Geburtstag?			
Vater: Gebt ihr **mir** mal eine Schachtel Zigaretten?			
Merle: Ich gebe **ihm** das Feuerzeug!			
Vater: Chris! Du gibst **ihr** jetzt sofort das Feuerzeug zurück!			
Merle: Kaufst du **uns** Überraschungseier?			
Der Vater kauft **ihnen** keine Süßigkeiten.			

Was ist richtig? Markieren Sie bitte.

geben	
	ich gebe
	du gibst
	sie, er, es gibt
	wir geben
	ihr gebt
	sie geben

1 Die Dativ-Ergänzung ist fast immer ☐ eine Person. ☐ eine Sache.

2 Die Dativ-Ergänzung steht meistens ☐ links von der Akkusativ-Ergänzung. ☐ rechts von der Akkusativ-Ergänzung.

Markieren Sie das Verb und die Akkusativ-Ergänzung.

1 〉Kaufst〈 du uns | ein Eis | ?

2 Ich 〉möchte〈 auch | ein Eis | !

3 Nein, ich kaufe euch heute kein Eis .

4 Gebt ihr mir mal eine Schachtel Zigaretten ?

5 Ich gebe ihm das Feuerzeug !

6 Schenkst du mir das (Auto) zum Geburtstag?

7 Kaufst du uns Überraschungseier ?

8 Wir haben doch noch Überraschungseier zu Hause.

9 Heute bekommst du keine Zigaretten !

Schreiben Sie die Sätze aus A 4.

	…	Verb	…	Dativ-Ergänzung	…	Akkusativ-Ergänzung	…
1		Kaufst	du	uns		ein Eis?	
2	Ich	möchte			auch	ein Eis!	
3							
4							
5							
6							
7							
8							
9							

Welche Verben haben eine Akkusativ-Ergänzung **und** eine Dativ-Ergänzung?

Verb + Dativ-Ergänzung / Akkusativ-Ergänzung   *kaufen,* _____

Welche Verben haben **nur** eine Akkusativ-Ergänzung?

Verb + Akkusativ-Ergänzung   *möchten,* _____

A 6   **Spielen Sie in Gruppen: Gibst du mir ... ? Dann geb' ich dir ...**

Sie möchten ...

Gruppe 1   eine Weltreise machen.   Gruppe 3   einen gebrauchten Kühlschrank kaufen.
Gruppe 2   gemütlich fernsehen.   Gruppe 4   ein Toastbrot machen.

Sie haben ...

1 Weltreise	2 Fernsehen	3 Kühlschrank	4 Toastbrot
Telefon	Pass	Sessel	Anzeigenzeitung
Käse und Schinken	Geld	Messer	Tickets
Koffer	Toaster	Zettel und Kuli	Brot
Wasser oder Bier	Fernseher	Reiseschecks	Erdnüsse

Schreiben Sie die Zettel für Ihre Gruppe.

Diskutieren Sie:

Welche vier Sachen sind wirklich wichtig für unser „Projekt"?
Was haben wir schon?
Was brauchen wir noch?
Wer hat das?

Jetzt tauschen Sie.

Habt ihr ... ?   *Braucht ihr ... ?*   *Gebt ihr uns ... ? Dann geben wir euch ...*
Hast du ... ?   *Brauchst du ... ?*   *Gibst du mir ... ? Dann gebe ich dir ...*

B   Beim neunten **Nein** kommen die Tränen   ARBEITSBUCH
B 1-B 2

B 1   **Sprechen Sie über das Bild und erzählen Sie eine Geschichte.**

die Mutter ◆ das Kind ◆ die Leute
die Kassiererin ◆ die Kasse ◆ ...

möchten ◆ sein ◆ haben ◆ warten
weinen ◆ lachen ◆ kaufen ◆ geben ◆
nicht funktionieren ◆ ...

an der Kasse ◆ im Supermarkt ◆
keine Zeit ◆ kein Geld
(keine) Süßigkeiten ◆ ...

(zu) teuer ◆ traurig ◆ fröhlich
nervös ◆ sauer ◆ ...

● *Die Leute sind im Supermarkt. Sie warten an der Kasse.*
Die Kasse funktioniert nicht. ...

▼ *Das Kind weint. Es möchte ...*

„weinen" – „lächeln" – „lachen"
„traurig"   –   „fröhlich"

Lesen Sie den Text und markieren Sie.

1 Tanja und ihre Mutter
- ✗ warten an der Kasse.
- ☐ kaufen Süßigkeiten.

2 Frau Meier
- ☐ ist die Kassiererin.
- ☐ ist eine Nachbarin.

3 Tanja möchte
- ☐ nach Hause.
- ☐ Gummibärchen.

4 Tanja
- ☐ schreit.
- ☐ weint.

5 Das Kind heißt
- ☐ Tanja Jünger.
- ☐ Tanja Meier.

6 Der Text ist
- ☐ eine Werbung für Süßigkeiten.
- ☐ eine Geschichte aus dem Supermarkt.

leise flüstern

sprechen

laut schreien

Beim neunten Nein kommen die Tränen

Ich warte wieder einmal an der Kasse im Supermarkt. Von drei Kassen ist nur eine geöffnet. Ich beobachte meine Tochter Tanja. Sie steht vor den Süßigkeiten: links Kaugummis, rechts Schokoriegel, oben Gummibärchen, unten Überraschungseier. Und schon geht es los: „Mama? Kaufst du mir… ?" „Nein." „Nur eins, bitte!" „Nein!" „Bitte, bitte!" Die Leute schauen zu uns herüber, aber ich bleibe hart:
5 „Nein, Tanja, nicht vor dem Essen." – „…"
Da höre ich eine freundliche Stimme: „Ach, Frau Jünger! Guten Tag. Wie geht es Ihnen?" „Danke, gut.", antworte ich. „Und Ihnen, Frau Meier?" Frau Meier ist unsere Nachbarin. Tanja weiß: Frau Meier ist ihre Chance! „Mama, schau mal, Gummibärchen." „Nein." „Bitte, bitte!" „Nein, heute nicht!"
Beim neunten Nein kommen die Tränen. Alle Leute schauen zu Tanja. Tanja gibt ihnen heute eine
10 „Extra-Vorstellung". Meine Tochter schreit nicht, sie sagt kein Wort. Sie steht einfach nur da und weint … und weint … und weint … Niemand sagt ein Wort, auch Frau Meier ist ganz still. Sogar die Kassiererin flüstert: „Vierzehn Mark einunddreißig, bitte." Tanja weint ein bisschen lauter. Jetzt schauen alle Leute zu mir. Was mache ich nur? Kaufe ich ihr jetzt Gummibärchen, oder kaufe ich ihr keine?

Diskutieren Sie zu dritt oder zu viert: Was machen Sie in dieser Situation?

+ Ich kaufe ihr Gummibärchen.

Ich möchte keinen Streit im Supermarkt.
Gummibärchen sind nicht teuer.
Sie weint doch!
Und die Leute? Das ist mir peinlich.
…

— Ich kaufe ihr keine Gummibärchen.

Kinder möchten immer alles haben. Das geht nicht.
Zu viele Süßigkeiten sind nicht gut für Kinder.
Na und? Sie hört auch wieder auf.
Das ist mir egal. Kinder brauchen manchmal ein „Nein".
…

● *Ich glaube, ich kaufe ihr die Gummibärchen.*

■ *Das finde ich nicht richtig. Ich kaufe ihr keine Gummibärchen!*

▲ *…*

B 4

Lesen Sie weiter und markieren Sie.

	richtig	falsch
1 Frau Jünger kauft Tanja eine Tüte Gummibärchen.		
2 Tanja weint nicht mehr.		
3 Alle Leute sagen „Danke" zu Frau Jünger.		
4 Der Supermarkt verkauft viele Süßigkeiten an der Kasse.		

Ohne ein Wort nehme ich eine Tüte. Jetzt lächelt Tanja wieder. Ich mache die Tüte auf und gebe ihr ein

rotes Gummibärchen. Rot ist Tanjas Lieblingsfarbe. Tanja ist zufrieden. Sie sagt nicht „Danke", aber der

ganze Supermarkt sagt *„Danke".*

Es geht um viel Geld. Süßigkeiten an der Kasse verkaufen sich 14mal besser als im Regal. Aber es geht

auch um unsere Kinder.

Deshalb:
Keine Süßigkeiten und keine Spielsachen an der Kasse!

V. i. S. d. P.: Renate Jünger, Verbraucherschutzzentrale Nordrhein-Westfalen

„Keine Süßigkeiten und keine Spielsachen an der Kasse!" – Was meinen Sie?

B 5

**Lesen Sie den Text noch einmal, markieren Sie die Personalpronomen
und ergänzen Sie die Tabelle.**

Das Personalpronomen steht für Name / Person:

Ich beobachte meine Tochter **Tanja**. **Sie** steht vor den Süßigkeiten. Und schon geht es los:
„Mama? kauft *du* **mir** … ?"

Nom.:	ich	du	sie	er	wir	ihr	sie	Sie
Dativ:		*dir*		*ihm*		*euch*		

B 6

Ergänzen Sie die passenden Personalpronomen.

Herr Krause und sein Sohn Patrick sind im Supermarkt, _sie_ warten an der Kasse. Patrick möchte Süßigkeiten: „Papa, kaufst _____ _____ Gummibärchen? Bitte!"

Herr Krause denkt: „Immer Süßigkeiten! Das ist nicht gut für Patrick." _____ sagt: „Nein, Patrick, heute kaufe
_____ keine Gummibärchen. Außerdem haben _____ noch Süßigkeiten zu Hause."
Jetzt weint Patrick. _____ denkt: „Papa ist gemein. Gut, dann weine _____ halt. Dann schauen alle Leute zu
_____ . Das gefällt _____ nicht. Vielleicht kauft _____ ja dann Gummibärchen." Patrick weint ein
bisschen lauter.

Herr Krause ist nervös: Alle Leute schauen zu _____ . Aber _____ bleibt hart: „Nein, heute nicht! Hör auf zu
weinen! Alle Leute schauen schon zu _____ ."

Die Kassiererin denkt: „So ein Theater! Warum kauft _____ _____ nicht endlich die Gummibärchen? Die
sind doch nicht teuer!" Aber _____ sagt nur: „Das macht 35 Mark 60."
Herr Krause gibt _____ einen Hundertmarkschein und sagt: „Immer Tränen an der Kasse – das gefällt _____
doch sicher auch nicht. Warum stellen _____ die Süßigkeiten nicht ins Regal?"

ARBEITSBUCH
B 3

siebenundvierzig **47**

2/8

Lesen Sie die Sonderangebote, hören Sie die Durchsagen und ergänzen Sie die Preise.

C 1–C

französischer
Camembert
100g
1.49

Kinderschokolade
Packung m. 8 Riegeln

4.85

Nordsee-Fisch
Schollenfilets 450g

Odenwälder
Hefezopf
3

Berchtesgadener Land
Bergbauern
BUTTER

Butter 250 g
1.89

Ristorante
SALAMI

deutsche
Salatkartoffeln
5 kg
5

Chris
TOMATEN TOMATOES

1 Dose
Tomaten
geschält
–.99

Pizza Salami
ofenfertig
1

Weißer Riese

Wolfra
Orangensaft

Mirdir Pils
Kasten (20 x 0,5 l)
1

neuseeländ.
Lammkeule
kg
1

Marken-
Waschmittel
3 kg
11.48

1 l Fl.
Orangensaft
1.89

100 Gramm Camembert	_1,49_ DM	eine Packung Schokolade	_____ DM
Tiefkühl-Pizza	_____ DM	fünf Kilo Kartoffeln	_____ DM
ein Kilo Lammfleisch	_____ DM	ein Kasten Bier	_____ DM
3-Kilo-Paket Waschmittel	_____ DM	ein halbes Pfund Butter	_____ DM
Odenwälder Hefezopf	_____ DM	1-Liter-Flasche Orangensaft	_____ DM
eine Dose Tomaten	_____ DM		
tiefgekühlte Fischfilets	_____ DM		

man schreibt
3,48 DM
1,– DM
0, 99 DM

man sagt
drei Mark achtundvierzig
eine Mark
neunundneunzig Pfennig

Fragen und antworten Sie.

● *Wie viel kostet der Camembert ?*
■ *100 Gramm kosten … Mark …*

▲ *Was kosten die Kartoffeln?*
▼ *…*

ARBEITS
C 3–

C 2

Sprechen Sie über das Bild: Wo findet man …?

Wo findet man Fisch? ↘　　　　*Fisch?* ↗ *Vielleicht bei der Tiefkühlkost.* ↘
Und Waschmittel? ↗　　　　*Ich glaube,* → *bei den Haushaltswaren.* ↘
Und wo … ?　　　　　　　　　*Bei …*

Wo?	*f*	*m*	*n*
Singular:	**bei der** Tiefkühlkost	**beim** Käse	**beim** Gemüse / Obst
Plural:	**bei den** Getränken / Gewürzen / Haushaltswaren / Milchprodukten / Spezialitäten …		

ARBEITSBUCH
C 5-C 6

C 3

2/9

Wer möchte was? Wer sucht was? Hören und markieren Sie.

Die Kundin/der Kunde möchte

Dialog

◻ einen Salat machen.

1 einen Kuchen backen.

◻ leere Flaschen zurückgeben.

Die Kundin/der Kunde sucht

Dialog

◻ Quark.

◻ Hefe.

◻ Sardellen.

◻ die Leergut-Annahme.

◻ die Kasse.

C 4

Wer sagt das? Markieren Sie.

K die Kundin / der Kunde　　　　*A* die Angestellte / der Angestellte

K Entschuldigung …　　　◻ Vielen Dank.　　　　　◻ Entschuldigen Sie bitte …

◻ Können Sie mir helfen?　◻ Keine Ursache.　　　　◻ Ich suche …

◻ Was suchen Sie denn?　　◻ Kann ich Ihnen helfen?　◻ Danke.

◻ Wo finde ich denn … ?　◻ Nichts zu danken.　　　◻ Bitte, bitte.

Entschuldigen Sie **bitte**, …
(So beginnt man oft ein Gespräch.)
Kann ich Ihnen helfen? *(ein Angebot)*
Hefe finden Sie bei den Milchprodukten.
Vielen Dank. *(am Ende)*

Ja, bitte. *(„Ich helfe Ihnen gern. Was möchten Sie?")*
Ja, bitte. *(Antwort auf ein Angebot: „Ja, bitte helfen Sie mir.")*
Wie bitte? *(„Ich verstehe nicht. Bitte noch einmal.")*
Bitte. / Bitte, bitte. / Bitte sehr. *(Antwort auf „danke")*

Hören Sie noch einmal und vergleichen Sie.

ARBEITSBUCH
C 7-C 8

Arbeiten Sie zu zweit und spielen Sie „Supermarkt".

Partner A:
Das ist Ihr Supermarkt. Wo steht was?
Ergänzen Sie.

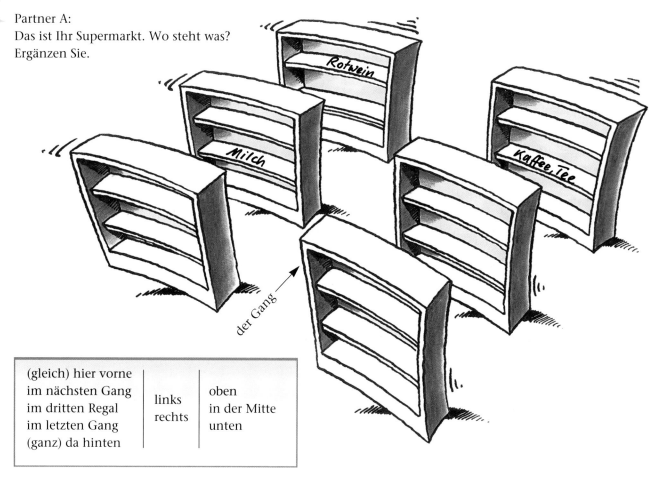

(gleich) hier vorne		
im nächsten Gang		oben
im dritten Regal	links	in der Mitte
im letzten Gang	rechts	unten
(ganz) da hinten		

Partner B:
Was brauchen Sie? Schreiben Sie einen Einkaufszettel.

2 Milch
Butter
...

Brot ◆	Butter ◆	Curry ◆	Eier ◆	Eis ◆	Erdnüsse ◆	Fisch ◆
Gulasch ◆	Joghurt ◆	Kaffee ◆	Kartoffeln ◆	Käse ◆		
Kaugummis ◆	Kuchen ◆	Mehl ◆	Milch ◆	Mineralwasser ◆		
Pfeffer ◆	Pizza ◆	Putzmittel ◆	Reis ◆	Salat ◆	Schinken ◆	
Schokolade ◆	Tee ◆	Tomaten ◆	Waschmittel ◆	Wein ◆		
Würstchen ◆	Zeitungen ◆	Zigaretten ◆	Zucker ◆	...		

**Jetzt fragen und antworten Sie. Partner A schreibt dabei den Einkaufszettel von Partner B,
Partner B ergänzt den Plan im Buch.**

◉ *Entschuldigen Sie,→ wo finde ich Milch?* ↘
　■ *Milch?* ↗ *Gleich hier vorne links.* ↘

◉ *Entschuldigung,→ wo gibt es … ?* ↘
　■ *Im nächsten Gang rechts.* ↘ *Das steht unten,→ bei …* ↘

◉ *Können Sie mir helfen?* ↗ *Ich suche Tee.* ↘
　■ *Tee?* ↗ *Ich glaube,→ da hinten rechts.* ↘
　Tut mir Leid,→ das weiß ich auch nicht. ↘

Vergleichen Sie die Pläne und die Einkaufszettel.

D

Der Ton macht die Musik

Hören Sie und singen Sie mit.

D 1

2/10

Bruder Jakob
im Supermarkt

1 Oh, Verzeihung ...
Oh, Verzeihung ...

2 Bitte sehr?
Bitte sehr?

3 Können Sie mir helfen?
Können Sie mir helfen?

4 Kein Problem.
Kein Problem.

2

Jetzt schreiben Sie ein paar Strophen.

1 Wo gibt's hier denn ... ?
Ich brauch' auch noch ...
Und wo ist | die | ... ?
　　　　　　 | der |
　　　　　　 | das |

2
Erdbeereis	◆	Weizenbier	Dosenmilch
Kopfsalat	◆	Buttermilch	Hammelfleisch
Klopapier	◆	Camembert	Apfelsaft
Magerquark	◆	frische(n) Fisch	Erdnussöl

3 Die | ist ganz da hinten.
Der | ist gleich hier vorne.
Das |
Nächster Gang links oben.
In der Tiefkühltruhe.
Weiß ich leider auch nicht.

... ? | Die | gibt's nicht.
　　　 | Den |
　　　 | Das |
Letzter Gang rechts unten.
Kommt erst nächste Woche.

4 Vielen Dank!
Danke sehr!
Danke schön!
So ein Mist!
Dann halt nicht!

ARBEITSBUCH
D 1-D 6

E

Im Feinkostladen

FEINKOST HOLLWECK ITAL. SP

1

Was gibt es im Feinkostladen? Raten Sie mal!

Gibt es hier Waschmittel? ↗
Gibt es hier Gewürze? ↗

−
?
+

Nein. ↘ *Das ist doch ein Feinkostgeschäft.* ↘
Ich glaube nicht. ↘
Ich weiß nicht. ↘
Vielleicht. →
Ich glaube, ja. ↘
Ja, natürlich. ↘

Was kauft die Kundin? Hören und markieren Sie.

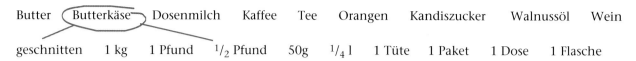

Butter (Butterkäse) Dosenmilch Kaffee Tee Orangen Kandiszucker Walnussöl Wein

geschnitten 1 kg 1 Pfund $\frac{1}{2}$ Pfund 50g $\frac{1}{4}$ l 1 Tüte 1 Paket 1 Dose 1 Flasche

Wer sagt was? Markieren Sie bitte.

K = Kundin   *V = Verkäufer*

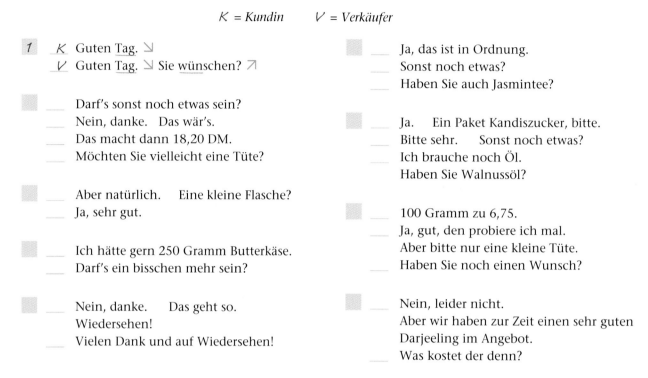

1 K Guten Tag. ↘
   V Guten Tag. ↘ Sie wünschen? ↗

___ Darf's sonst noch etwas sein?
___ Nein, danke. Das wär's.
___ Das macht dann 18,20 DM.
___ Möchten Sie vielleicht eine Tüte?

___ Aber natürlich. Eine kleine Flasche?
___ Ja, sehr gut.

___ Ich hätte gern 250 Gramm Butterkäse.
___ Darf's ein bisschen mehr sein?

___ Nein, danke. Das geht so.
     Wiedersehen!
___ Vielen Dank und auf Wiedersehen!

___ Ja, das ist in Ordnung.
___ Sonst noch etwas?
___ Haben Sie auch Jasmintee?

___ Ja. Ein Paket Kandiszucker, bitte.
___ Bitte sehr. Sonst noch etwas?
___ Ich brauche noch Öl.
     Haben Sie Walnussöl?

___ 100 Gramm zu 6,75.
___ Ja, gut, den probiere ich mal.
     Aber bitte nur eine kleine Tüte.
___ Haben Sie noch einen Wunsch?

___ Nein, leider nicht.
     Aber wir haben zur Zeit einen sehr guten
     Darjeeling im Angebot.
___ Was kostet der denn?

Was kommt zuerst? Sortieren Sie den Dialog. Dann hören und vergleichen Sie.

Markieren Sie den Satzakzent (___) und die Satzmelodie (↗, → oder ↘).
Dann hören Sie den Dialog noch einmal, vergleichen Sie und sprechen Sie nach.

Schreiben Sie einen Einkaufszettel und spielen Sie „Einkaufen".

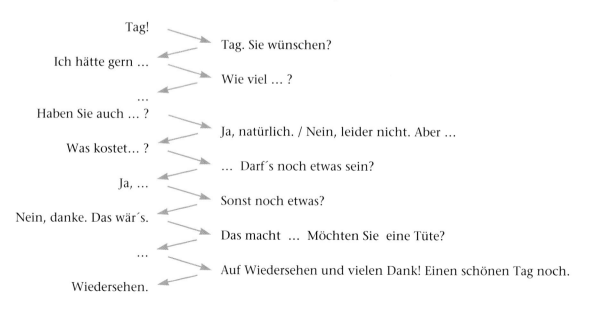

Tag!
Ich hätte gern …
…
Haben Sie auch … ?
Was kostet… ?
Ja, …
Nein, danke. Das wär's.
…
Wiedersehen.

Tag. Sie wünschen?
Wie viel … ?
Ja, natürlich. / Nein, leider nicht. Aber …
… Darf's noch etwas sein?
Sonst noch etwas?
Das macht … Möchten Sie eine Tüte?
Auf Wiedersehen und vielen Dank! Einen schönen Tag noch.

F Zwischen den Zeilen

F 1

2/12

Wie sind die Dialoge? Hören und markieren Sie.

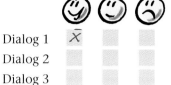

	😄	🙂	🙁
Dialog 1	X		
Dialog 2			
Dialog 3			

Was macht den Dialog freundlich? Diskutieren Sie.

schnell/langsam sprechen ◆ Entschuldigung, … ◆
Tut mir Leid, … ◆ viel / wenig Information ◆
Satzmelodie nach oben (↗) ◆ Satzmelodie nach unten (↘)

F 2   „Tut mir Leid" oder „Entschuldigung" / „Verzeihung" / „Entschuldigen Sie"

1 *Entschuldigen Sie* , wo gibt es hier Hefe?
Ich weiß auch nicht genau. Schauen Sie doch mal bei den Milchprodukten, ganz da hinten links.

2 _____ , können Sie mir helfen? Wo finde ich frischen Fisch?
_____ , wir haben keinen frischen Fisch. Fisch gibt es nur bei der Tiefkühlkost.

3 _____ , ich suche Erdnussöl.
_____ , das haben wir nicht mehr. Das bekommen wir erst nächste Woche wieder .

4 _____ , wo ist denn hier die Leergut-Annahme?
_____ , das weiß ich auch nicht.

5 _____ , was kosten denn die Sardellen hier?
_____ , das weiß ich auch nicht. Ich bin kein Verkäufer. Fragen Sie doch mal an der Kasse.

2/13

Hören und vergleichen Sie. Dann ergänzen Sie die Regel.

> „Entschuldigung, …" und „Tut mir Leid, …" sind „Höflich-Macher".
> Sie machen einen Dialog höflich und freundlich.
> Mit _____ beginnt man oft ein Gespräch.
> _____ steht oft vor Sätzen mit „nicht" oder „kein".

Üben Sie zu zweit: zuerst ohne „Höflich-Macher", dann mit „Höflich-Machern".

ARBEITSBUCH
F 1-F 3

G Gib mir doch mal einen Tipp!

1

2/
14-17

**Was passt zusammen? Wie viele Personen sprechen? Wo sind die Leute?
Hören und ergänzen Sie.**

im Deutschkurs ◆ in der Kneipe ◆ im Büro

Dialog	Bild	Personen	Ort
1	B	3	*im Deutschkurs*
2			
3			
4			

A   B   C   D

G 2

Was passt zusammen? Lesen und markieren Sie.

1 Was heißt denn „Lieblingsfarbe"? _c, j_

2 Ich möchte den Kindern eine Kleinigkeit
mitbringen. Hast du eine Idee? _____

3 Nach dem Volleyball habe ich immer
Hunger. _____

4 Du kennst doch die Kneipe hier. Gib mir mal
einen Tipp. _____

5 Herr Ober! Ich möchte eine Kleinigkeit essen.
Geben Sie mir doch mal einen Tipp. _____

6 Wir möchten mehr Deutsch sprechen und
mehr Kontakt mit Deutschen haben. _____

a) Macht doch einen Kurs bei der Volkshochschule!

b) Dann iss doch etwas!

c) Schau doch ins Wörterbuch!

d) Bestell doch eine Gulaschsuppe oder ein Paar
Würstchen.

e) Kauf ihnen doch ein paar Süßigkeiten!

f) Nehmen Sie eine Gulaschsuppe. Die ist heute sehr gut.

g) Kauf ihnen Bilderbücher – das passt immer.

h) Nimm doch einen Salat! Der ist wirklich gut hier.

i) Geht in einen Verein!

j) Frag doch die Lehrerin!

 2/ 14-17 Hören Sie noch einmal und vergleichen Sie. Dann üben Sie zu zweit.

G 3

Der Imperativ: Vergleichen Sie die Sätze und ergänzen Sie.

	Fragesatz	Imperativsatz (Ratschlag, Bitte)
du	**Kaufst du** ihnen ein paar Süßigkeiten? ↗	**Kauf** ihnen *doch* ein paar Süßigkeiten. ↘
	Gibst du mir einen Tipp? ↗	**Gib** mir *mal* einen Tipp. ↘
ihr	**Macht ihr** einen Kurs? ↗	**Macht** einen Kurs! ↘
	Geht ihr in einen Verein? ↗	**Geht** in einen Verein! ↘
Sie	**Geben Sie** mir einen Tipp? ↗	**Geben Sie** mir *doch mal* einen Tipp! ↘
	Nehmen Sie eine Gulaschsuppe? ↗	**Nehmen Sie** eine Gulaschsuppe. ↘

Am Ende ◆ am Anfang ◆ „doch" und „mal" ◆ „du" und „ihr"
Im Imperativsatz steht das Verb _____ .
Es gibt kein _____ und keine „-st"-Endung.
_____ steht oft ein Ausrufezeichen („!").
Die Wörter _____ machen den Ratschlag oder die Bitte freundlich und höflich.

G 4

Spielen Sie zu zweit oder zu dritt.

Ein wirklich netter Besuch

hereinkommen ◆ Platz nehmen ◆ noch ein Stück Kuchen essen ◆ noch eine Tasse Kaffee trinken ◆ noch
etwas bleiben ◆ einen Likör nehmen ◆ zum Abendessen bleiben ◆ noch ein Bier trinken ◆ *noch* ein Bier
trinken ◆ ein Taxi nehmen ◆ bald wieder mal zu Besuch kommen ◆ gut nach Hause kommen

Zu zweit:
Komm doch herein.   Kommen Sie doch herein.
Nimm Platz.   Nehmen Sie ...
...

Zu dritt:
Kommt ...   Kommen Sie ...

Ein paar Antworten:
Vielen Dank.
Ja, gerne.
Nein, danke.
Na gut.
Das ist eine gute Idee.
Ach nein.
Lieber nicht.
Gern, danke.
Oh, es ist schon spät!

G 1-

G 5

Schreiben Sie ein Problem auf einen Zettel.

Ein paar Probleme:

… hat Geburtstag. Sie möchten ein Geschenk kaufen.
Sie sind im Kaufhaus. Es gibt ein Sonderangebot, aber Sie haben zu
    wenig Geld dabei.
Sie sind unterwegs und haben Hunger oder Durst.
Sie brauchen einen Teppich, aber Sie haben nicht viel Geld.
Die Kinder möchten immer fernsehen – Sie möchten das nicht.
Sie brauchen die Telefonnummer von …
Sie möchten besser Deutsch lernen.

Meine Kollegin hat nächste Woche Geburtstag. Ich möchte ihr etwas schenken. Habt ihr eine Idee?

Arbeiten Sie zu dritt oder zu viert. Bitten Sie um Rat und geben Sie Ratschläge.

Helft mir doch mal! ◆ Habt ihr eine Idee? ◆ Gebt mir doch mal einen Tipp.

Ein paar Tipps:

Frag doch die anderen Kollegen!
Verkauf doch den Fernseher!
Geh doch zu … – da gibt es günstige Sonderangebote.
Kauf dir doch …
Schau doch mal ins …
…

Ein paar Antworten:

Ich weiß nicht.
Das finde ich nicht so gut.
Habt ihr noch andere Ideen?
Das ist eine gute Idee.
Genau! …
Stimmt! …

ARBEITSBUCH
G 4

H

Eine Bildgeschichte

Kurz & bündig

Der Dativ § 7c, 16a

Mama, kaufst du **mir** einen Lolli? Nein, ich kaufe **dir** keinen Lolli.
Papa, kaufst du **uns** ein Eis? Nein, ich kaufe **euch** heute kein Eis.
Ich gebe **ihm** das Feuerzeug! Du gibst **ihr** jetzt sofort das Feuerzeug zurück!
Der Vater kauft **ihnen** keine Süßigkeiten.

Ortsangaben § 19a, 20a

Kaffee? **Im nächsten Gang rechts oben.** Pizza? **Bei der Tiefkühlkost.**
Joghurt? **Bei den Milchprodukten.** Süßigkeiten? Die finden Sie **an der Kasse.**
Die sind **im ersten, zweiten, nächsten, dritten, … letzten** Gang/Regal.

Verpackungen, Maße und Preise

Ich hätte gern **ein halbes Pfund** Butterkäse. **Am Stück** oder **geschnitten?**
Geschnitten. Und **einen Kasten** Bier, bitte. „Mirdir" ist im Sonderangebot: nur **16 (Mark) 95.**
Dann möchte ich noch eine Tiefkühl-Pizza. Die **400-Gramm-Packung?**
Ja, bitte. Und **zwei Dosen** Tomaten. Wir haben nur frische Tomaten. **Ein Pfund?**
Ja, gut. Was kosten die Überraschungseier? **95 Pfennig** das Stück.
Eins, bitte. Und **einen Liter** Milch. **Eine Tüte** oder **eine Flasche?**
Eine Flasche. Und **ein Paket** Waschpulver. Das **3 Kilo-Paket** oder das **5 Kilo-Paket?**
3 Kilo. Und **ein Viertel (Pfund)** Wurst, bitte. **125 Gramm** Wurst. Noch etwas?
Eine Schachtel Marlboro. Das wär's dann. Das macht zusammen **27 (Mark) 50.**

Der Imperativ § 3, 8b

Was heißt denn „Lieblingsfarbe?" **Schau** *doch mal* ins Wörterbuch. ↘ Oder **frag** die Lehrerin. ↘
Wir möchten eine Kleinigkeit essen. **Nehmt** *doch* eine Gulaschsuppe. ↘
Sprechen Sie über das Bild und **erzählen Sie** eine Geschichte. ↘

Nützliche Ausdrücke

Entschuldigung,→ können Sie mir helfen? ↗ Ja, bitte. ↘ Was suchen Sie denn? ↘
Wo finde ich Walnussöl? ↘ Tut mir Leid,→das weiß ich nicht. ↘
Gibt es hier auch Sardellen? ↗ Ja, natürlich. ↘ Bei den Spezialitäten. ↘
Vielen Dank. ↘ Bitte (,bitte). ↘

Ich hätte gern ein Pfund Lammfleisch. ↘ Darf's ein bisschen mehr sein? ↗
Ja,→ das ist in Ordnung. ↘
Haben Sie auch Jasmintee? ↗ Nein,→leider nicht. ↘ Aber wir haben einen
 sehr guten Darjeeling im Angebot. ↘
Ja,→gut. ↘ Den probiere ich mal. ↘ Haben Sie noch einen Wunsch? ↗
Eine Dose Tomaten,→ bitte. ↘ Sonst noch etwas? ↗
Nein,→ danke. ↘ Das wär's. ↘ Das macht 18 (Mark) 65. ↘

Ich möchte ihr etwas schenken. ↘ Habt ihr eine Idee? ↗ Kauf ihr doch ein Buch ↘ – das passt immer. ↘
Stimmt! ↘ Das ist eine gute Idee. ↘

Kommt herein und nehmt Platz. ↘ Vielen Dank. ↘ … Oh, es ist schon spät. ↘
Bleibt doch noch etwas und trinkt noch ein Bier. ↘ Lieber nicht. ↘ … Na gut. ↘
Kommt gut nach Hause. ↘

Arbeit und Freizeit

Traumberufe: Berufsanfänger besuchen Profis.

A 1

Was sind die Leute von Beruf? Ergänzen Sie.

A   Nina Ruge

B   Jim Rakete

C   Jochen Senf

D   Ricarda Reichart

E   Jürgen Klinsmann

F   Claudia Schiffer

G   Andi Weidl

H   Martina Schmittinger
Flugbegleiterin

Ärztin ◆ ~~Flugbegleiterin~~ ◆ Fotograf ◆ Fotomodell ◆ Fußballspieler ◆
Journalistin ◆ Schauspieler ◆ Lokführer

⬤ *Ich glaube, Nina Ruge ist Journalistin.*

◼ *Vielleicht ist sie ja auch Fotomodell.*

▲ *...*

2

Was passt zu welchen Berufen? Sprechen Sie über die Berufe.

Stress haben ◆ wenig Zeit für die Familie haben ◆ den Menschen helfen ◆
wenig Freizeit haben ◆ lange Arbeitszeiten haben ◆ alleine arbeiten ◆
keine festen Arbeitszeiten haben ◆ nachts arbeiten ◆ im Team arbeiten ◆
mit vielen Leuten arbeiten ◆ viel unterwegs sein ◆ viel reisen ◆ viele Fans haben ◆
viel Geld verdienen ◆ ein festes Einkommen haben ◆ freiberuflich arbeiten ◆ ...

⬤ *Den Beruf Fotomodell finde ich interessant.* ↘

◼ *Ein Fotomodell reist viel*→ *und verdient viel Geld.* ↘

▲ *Ja,*→ *aber ein Fotomodell hat auch viel Stress.* ↘ *Das finde ich nicht so gut.* ↘

▼ *...*

⬤ *Den Beruf Fußballspieler finde ich ...*

A 3

Hören Sie die Dialoge und ergänzen Sie.

Dialog	Bild	Beruf	Name
1	G		
2			
3			
4			

A 4

Lesen Sie die Notizen zu den Interviews. Wer sagt was?

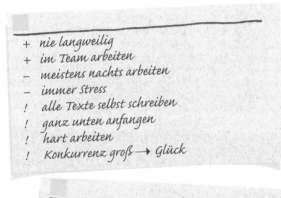

+ nie langweilig
+ im Team arbeiten
− meistens nachts arbeiten
− immer Stress
! alle Texte selbst schreiben
! ganz unten anfangen
! hart arbeiten
! Konkurrenz groß → Glück

+ interessant
+ den Menschen helfen
! viel Erfahrung
! ruhige Hand, gute Augen
! immer schnell und genau arbeiten
− oft rund um die Uhr arbeiten
− wenig Zeit für die Familie

+ Traumberuf
! Interesse an der Technik
! Geduld: Ausbildung dauert 5 Jahre
+ abwechslungsreich, interessant
+ allein arbeiten („mein eigener Chef")
− manchmal nachts arbeiten (→ freie Tage)
− wenig Zeit für Familie (→ kein Problem: ledig)
! flexibel bei der Arbeitszeit sein

4   Jim Rakete

+ viel reisen

Hören Sie noch einmal, vergleichen Sie und ergänzen Sie die Notizen zu Dialog 4.

A 5

Wie finden die Leute ihre Berufe? Welche Vorteile und Nachteile gibt es?
Was ist wichtig? Arbeiten Sie zu dritt.

neutral	+ (=Vorteile)	− (=Nachteile)	! (=wichtig)
	„Ich arbeite **gerne** allein." ↓	„Ich arbeite **nicht gerne** allein." ↓	
Ich arbeite allein.	Ich **kann** allein arbeiten.	Ich **muss** allein arbeiten.	Man **muss** flexibel sein.

● *Frau Reichart sagt, ihr Beruf ist sehr interessant.*
   Sie kann den Menschen helfen.

   ■ *Aber sie muss oft rund um die Uhr arbeiten*
      und sie hat wenig Zeit für die Familie.

   ▲ *Sie sagt, ein Chirurg muss viel Erfahrung haben.*
      Er muss eine ruhige Hand und gute Augen haben und …

+ …ist interessant
sie kann …

! Ein Chirurg muss …

− sie muss …
sie hat wenig Zeit.

Welche Berufe finden Sie interessant? Warum? Diskutieren Sie.

A 6

Wer arbeitet wo? Machen Sie eine Liste.

Journalisten ◆ Schauspieler ◆ Ärzte ◆ Lehrerinnen ◆ Kellner ◆ Verkäufer ◆ Sekretärinnen ◆ …
bei der Zeitung ◆ bei der Deutschen Bahn ◆ bei der Volkshochschule ◆ beim Fernsehen ◆ beim Film ◆
beim Theater ◆ in der eigenen Praxis ◆ in der Schule ◆ im Büro ◆ im Café ◆ im Kaufhaus ◆
im Krankenhaus ◆ im Restaurant ◆ im Supermarkt ◆ im Hotel ◆ zu Hause

Wo?	*f*	*m*	*n*
		bei dem	**bei** dem
bei (+ Dativ)	bei der Zeitung	**beim** Film	**beim** Fernsehen
		in dem	**in** dem
in (+ Dativ)	in der Schule	**im** Supermarkt	**im** Büro

Journalisten:
bei der Zeitung,
beim Fernsehen,
zu Hause

Arbeiten Sie zu zweit oder zu dritt und vergleichen Sie.

● *Journalisten arbeiten bei der Zeitung.* ↘
■ *Und beim Fernsehen.* ↘
▲ *Oder freiberuflich.* ↘ *Dann arbeiten Sie zu Hause.* ↘
▼ …

Und wo arbeiten Sie? Machen Sie eine Kursliste.

A 7

Lesen Sie die Sätze.

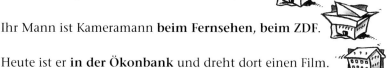

Silke Koch lebt **in Mainz**.

Sie arbeitet **im Büro**.

Sie ist Sekretärin **bei Becker & Co**.

Ihre Tochter Julia arbeitet **bei der Ökonbank**.

Ihr Mann ist Kameramann **beim Fernsehen, beim ZDF**.

Heute ist er **in der Ökonbank** und dreht dort einen Film.

Ihr Sohn Patrick studiert **in Italien**.

Er möchte Schauspieler **beim Theater** werden.

Er ist oft **im Theater**: Er besucht alle Vorstellungen.

Ergänzen Sie die Regel.

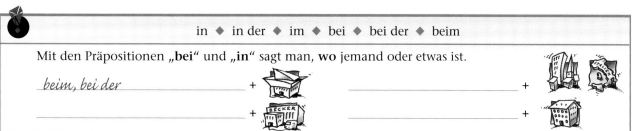

in ◆ in der ◆ im ◆ bei ◆ bei der ◆ beim

Mit den Präpositionen „**bei**" und „**in**" sagt man, **wo** jemand oder etwas ist.

beim, bei der _____ + _____ +

_____ + _____ +

Ratespiel: Was bin ich von Beruf?

Arbeitest du im Team? ↗   *Nein.* ↘   …
Arbeitest du im Büro? ↗   *Nein.* ↘   *Sind Sie viel unterwegs?* ↗   *Ja.* ↘
Musst du auch nachts arbeiten? ↗   *Ja.* ↘   *Fliegen Sie oft?* ↗   *Nein.* ↘
Hast du ein festes Einkommen? ↗   *Nein.* ↘   *Brauchen Sie ein Auto?* ↗   *Ja.* ↘
…   *Sind Sie Taxifahrerin?* ↗   *Ja.* ↘

Wochenende – und jetzt?

Welche Tipps finden Sie interessant?

> tanzen / essen / spazieren gehen ◆
> in den Zoo gehen ◆
> einen Einkaufsbummel / Ausflug machen ◆
> in die Oper / Disko / Stadt gehen ◆
> Musik hören ◆
> ins Kino / Theater / Konzert / Museum gehen ◆
> zur Fotobörse gehen ◆ zum Flohmarkt gehen ◆
> zum Fußball / Eishockey / Pferderennen gehen

Ich finde die Film-Tipps interessant. ↘
Ich gehe auch gern ins Kino. ↘
Ich gehe nicht gern ins Kino. ↘ *Ich gehe gern tanzen.* ↘
Ich finde …

Journal Frankfurt
Das Programm vom
28.07. bis 24.08.

Veranstaltungstipps
Film 52
Musik 68
Party 72
Theater 73
Kunst 74
Sport 75
Restaurant 76
Ausflugstipps 78
Specials 78

Veranstaltungskalender
Die Vorschau 79
Tageskalender 80

→▶ **Wohin?**	f	m	n
			in das ↘↗
in (+ Akkusativ)	in die Disko	in den Park	**ins** Kino
	zu der ↘↗	zu dem ↘↗	zu dem ↘↗
zu (+ Dativ)	**zur** Fotobörse	**zum** Flohmarkt	**zum** Fußballspiel

Was macht man in Ihrem Land am Wochenende?

In … besuchen die Leute am Wochenende oft Freunde, oder sie …
Bei uns geht man am Wochenende …

Hören Sie die Film-Tipps und notieren Sie die Uhrzeiten.

man schreibt	man sagt
17.30 Uhr	siebzehn **Uhr** dreißig
20.15 Uhr	zwanzig **Uhr** fünfzehn

Cinema: *Echte Kerle:* um _15.15_ Uhr, _17.30_ Uhr und _____ Uhr

Eden: *Nicht schuldig:* um _18_ Uhr und _____ Uhr, am Samstag auch um _____ Uhr

Eldorado: *Leon – der Profi:* um _____ Uhr und _____ Uhr, am Samstag auch um _____ Uhr

Elite: *Der Schutzengel:* um _____ Uhr, _____ Uhr und _____ Uhr,

am Samstag auch um _____ Uhr

Esplanade: *Birdcage:* um _____ Uhr, _____ Uhr, _____ Uhr und _____ Uhr

Europa: *Zwielicht:* um _____ Uhr, _____ Uhr, _____ Uhr und _____ Uhr

Wie sagen die Leute die Uhrzeiten? Hören und ergänzen Sie.

Der Kinodienst sagt: Die Leute sagen:

Dialog 1   um siebzehn Uhr dreißig   *um halb sechs* _____

Dialog 2   um fünfzehn Uhr fünfzehn   _____

Dialog 3   um siebzehn Uhr fünfundvierzig   _____

Dialog 4   um zwanzig Uhr dreißig   _____

um dreiundzwanzig Uhr

Viertel vor — Viertel nach — halb

ARBEITSBUCH B 3

Wie spät ist es? Üben Sie zu zweit.

1 ● *Entschuldigung, wie spät ist es, bitte?*
  ■ *Es ist neunzehn Uhr fünfunddreißig.*
  ● *Danke.*

2 ● *Verzeihung, wie viel Uhr ist es, bitte?*
  ■ *Fünf nach halb acht.*
  ● *Vielen Dank.*

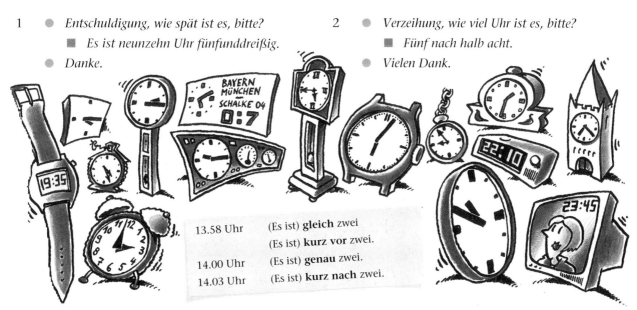

13.58 Uhr	(Es ist) **gleich** zwei
	(Es ist) **kurz vor** zwei.
14.00 Uhr	(Es ist) **genau** zwei.
14.03 Uhr	(Es ist) **kurz nach** zwei.

Was möchten Sie am Samstag machen?

Notieren Sie eine Veranstaltung aus dem Veranstaltungskalender.

am Vormittag	am Mittag	am Nachmittag	am Abend
9–12 Uhr	11–14 Uhr	13–18 Uhr	17–22 Uhr

Samstag, 12. August

Musik

Rock / Pop / Folk
im Al Andalus
   20.15 Flamenco-Musik
im Irish Pub
   21.30 Mr. Nelly
Mixed Music in der Festhalle
   20.00 Die Toten Hosen (Punk)
im Unterhaus (Mainz)
   19.30 Peter Horton & Slava Kantcheff
   (Gitarren-Musik)

Jazz
im Jazzkeller
   21.00 Abbey Lincoln
in der Alten Oper
   20.30 Maceo Parker, 34,–

Party / Disko
im Bürgerhaus Bornheim
   22.00 Salsa Disko
im Ka Eins
   21.00 Tango Café, 8,-
im Jazzkeller
   22.00 Swingin Latin Funky Disko

TONIGHT
Fisch sucht Fahrrad – die Party
mit der Nummer
Sommer-Spezial
im Bürgerhaus Goldstein

im Park Café
   21.15 Karaoke mit Michael
im Lindenbaum
   21.00 Oldie Abend, frei

Theater
im Schauspielhaus
   20.00 Die letzten Tage der
   Menschheit, von Karl Kraus
im Musical Theater (Offenbach)
   20.30 Tommy, Broadway Musical

Querbeet
**Frisches Obst & Gemüse
aus biologischem Anbau**
frei Haus in Frankfurt am Main und OF
Tel. / Fax 06035 / 920075

in der Burg (Friedberg)
   19.30 Romeo und Julia,
   von William Shakespeare

Varieté
im Tigerpalast
   20.00, 23.00 internationale
   Varieté-Revue
im Neuen Theater Höchst
   16.00, 20.00 Varieté am Samstag

Programmkino
im Filmforum Höchst
   18.00 Eine Couch in New York
   20.30 Paris, Texas, von Wim Wenders
im Kommunalen Kino
   16.00 Mord und Totschlag, von Volker
   Schlöndorff
   18.00 Funny Bones (OmU)
   20.30 Portrait: Buster Keaton

Sport

Eishockey
in der Eissporthalle
   19.30 Frankfurt Lions – EHC Eisbären

Fußball
im Waldstadion
   15.30 Eintracht Frankfurt – FC St. Pauli

Pferderennen
in Niederrad
   13.00 Großer Preis von Hessen

Kunst
im Museum für Moderne Kunst
   15.00 Andy Warhol & Joseph Beuys;
   Führung mit Dr. H. Beck
in der Jahrhunderthalle Höchst
   11.00 Otto Mueller, Gemälde &
   Lithographien, Ausstellungseröffnung

Wohnkultur aus bestem Hause
art life
wohnstudio
61440 Oberursel
Oberhöchstädter Str. 8

Specials
Am Sachsenhäuser Mainufer
   9.00 Flohmarkt (bis 16 Uhr)
im Bürgerhaus Bornheim
ab 11.00 Film- und Fotobörse
   Ankauf-Verkauf-Tausch (bis 17 Uhr)
in der Hugenotten-Halle (Neu-Isenburg)
ab 10.30 Überraschungseier-Börse (bis 16 Uhr)

Sonntag, 13. August

Musik

Rock / Pop / Folk
im Kurpark (Wiesbaden)
ab 16.00 Badesalz
im Sinkkasten
   21.30 Wahre Schule, HipHop

Suchen Sie eine Partnerin / einen Partner für Ihre Veranstaltung.

● *Möchten Sie **am** Samstagabend mit mir ins Theater gehen?* ↗ *In der Burg Friedberg gibt es „Romeo und Julia".* ↘

■ *Ja,→ gerne.* ↘ *Und wann?* ↗

● ***Um** halb acht.* ↘

■ *Ja,→ gut.* ↘ *Bis dann.* ↘

● *Gehst du am Samstagabend mit mir tanzen?* ↗
   Im Ka Eins gibt es „Tango Café." ↘

■ *Nein,→ da habe ich keine Zeit.* ↘
   Da gehe ich (mit …) ins Kino. ↘

▲ *Gehst du am Samstagmittag mit mir zum Flohmarkt?* ↗

▼ *Wann denn?* ↘

▲ *So um zwölf oder eins.* ↘

▼ *Tut mir Leid,→ da kann ich nicht.* ↘
   Da gehe ich zur Fotobörse. ↘

Wann?	
	am + Tag (Samstag, Sonntag, …)
	um + Uhrzeit

C

Ich möchte ins Konzert gehen, aber ich muss lernen.

1

2/
24-26

Hören Sie die Dialoge und ergänzen Sie.

~~essen gehen~~ ◆ für die Mathearbeit lernen ◆ in die Disko gehen ◆ ins Konzert gehen ◆ mitkommen
tanzen gehen ◆ ins Varieté gehen ◆ lesen und fernsehen ◆ zu Hause bleiben und packen

1   Ulrike möchte _____ . Klaus möchte _____ ,
    er möchte nicht _____ .

    ↖ Ulrike und Klaus   *gehen essen* _____ .

2   Herr Wingert möchte mit Frau Sander _____ .
    Frau Sander kann am Wochenende nicht, sie muss _____ .

3   Miriam möchte _____ . Jan möchte _____ ,
    aber er muss _____ .

    ↖ Samstag: Jan und Miriam _____ .
    ↖ Sonntag: Jan und Miriam _____ .

2

Was passt zusammen? Lesen Sie die Sätze und sortieren Sie.

Dialog 1

1   Was machst du denn heute Abend? *d*
2   Das kannst du doch immer machen. Ich
    will heute in die Disko gehen. ____
3   Wollen wir zusammen essen gehen? ____
4   Soll ich dich abholen? ____

a) Ja, das ist eine gute Idee.
b) Ach nein, dazu habe ich keine Lust. Ich möchte
    heute nicht tanzen gehen.
c) Ja. Du kannst ja unten klingeln.
d) Ich will ein bisschen lesen und fernsehen.

Dialog 2

1   Ist der Chef schon da? ____
2   Ich habe für Samstag zwei Karten für den
    Tigerpalast. Möchten Sie mitkommen? ____
3   Wir können auch erst um elf gehen. Da gibt es
    noch eine Spätvorstellung. ____
4   Darf ich Sie denn wieder einmal fragen? ____

a) Am Samstag kann ich nicht. Ich muss am
    Wochenende zu Hause bleiben und packen.
b) Klar. Fragen kostet nichts.
c) Nein, nein, vielen Dank, das ist mir einfach zu viel.
    Am Samstagabend möchte ich nicht ausgehen.
d) Nein, der kommt heute erst um elf. Soll ich ihm
    etwas ausrichten?

Dialog 3

1   Ich will Karten für das Konzert am Samstag
    kaufen. Willst du mitkommen? ____
2   Ich will am Samstag mit Miriam ins Konzert
    gehen. ____
3   Mist, ich darf nicht mitkommen. Ich muss für
    die Mathearbeit lernen. ____
4   Ich kann doch auch am Sonntag noch für die
    Mathearbeit lernen. ____
5   Miriam, ich darf doch mitkommen. ____

a) Du kannst doch auch am Sonntag lernen.
b) Na klar. Ich muss aber erst noch meine Eltern fragen.
c) Na gut, dann geh halt. Aber spätestens um 11 bist du
    wieder zu Hause!
d) Nein, das geht nicht. Du musst am Wochenende
    lernen! Ihr könnt ja ein anderes Mal ins Konzert
    gehen.
e) Super! Dann gehe ich gleich los. Soll ich dir auch
    eine Karte besorgen?

2/
24-26

Hören Sie noch einmal und vergleichen Sie.

Was passt wo? Suchen Sie für jede Gruppe zwei Sätze aus C 2 und markieren Sie die Modalverben.

Wunsch
Modalverben
wollen,
möchten

Ich **will** mit Miriam ins
Konzert gehen

Ich **muss** für die
Mathearbeit lernen.

Notwendigkeit
Modalverb
müssen

Ich **kann** doch auch am
Sonntag lernen.

Möglichkeit
Modalverb
können

Miriam,
ich **darf** mitkommen.

Miriam, ich **darf nicht**
mitkommen.

Erlaubnis
Modalverb
dürfen

Verbot
Modalverb
nicht dürfen

Jan **will** mit mir ins
Konzert gehen. Ich kann
ihm eine Karte kaufen.
Will er das?

Soll ich dir auch eine
Karte besorgen?

**Angebot/
Vorschlag**
Modalverb
sollen

C 4

Ergänzen Sie Sätze aus C 2.

	Verb 1 (Modalverb)			Verb 2 (Infinitiv)
1	Ich	möchte	heute	nicht	tanzen.
2		Wollen	wir zusammen		essen gehen?
3					
4					
5					
6					
7					
8					

Jetzt ergänzen Sie die Regel.

Position 1 ◆ am Ende ◆ Position 2 ◆ zwei

Sätze mit Modalverben haben fast immer _____ Verben *.

Das Modalverb steht auf _____ oder auf _____ ,

das Verb im Infinitiv** steht _____ .

(* Ausnahmen: Ich möchte ein Bier. Am Samstag kann ich nicht.)
(** Infinitiv: Diese Verbform steht immer im Wörterbuch.)

ARBEI
C 1

5 **Arbeiten Sie zu zweit, wählen Sie eine Situation und spielen Sie den Dialog.**

1 Sie möchten mit einem Freund ins Theater gehen. Aber Ihr Freund möchte essen gehen.

2 Sie möchten mit einer Freundin in die Disko gehen. Sie sagt, sie muss Deutsch lernen.

3 Sie möchten zu Hause bleiben und lesen. Eine Freundin ruft an und möchte mit Ihnen Tennis spielen.

4 Sie möchten mit einem Freund zum Fußballspiel gehen. Aber er muss am Wochenende arbeiten.

5 Ein Freund möchte mit Ihnen zum Eishockeyspiel gehen. Sie haben Zeit, aber Sie finden Eishockey langweilig.

6 Ihr Sohn möchte in die Disko gehen. Sie meinen: Er muss für die Englischarbeit lernen.

D

Zwischen den Zeilen

1 **Was passt wo? Ergänzen Sie.**

~~immer~~ ◆ manchmal ◆ meistens ◆ ~~nie~~ ◆ oft ◆ selten ◆ ~~nicht oft~~ ◆ ~~fast immer~~ ◆ fast nie ◆ ~~sehr oft~~

immer _____ _____ _____ _____ nie

fast immer _____

sehr oft _____ nicht oft

2 **Was machen Sie wie oft? Machen Sie Notizen.**

am Wochenende arbeiten ◆
nachts arbeiten ◆ Stress haben ◆
ins Kino / Museum / ... gehen ◆
Musik hören ◆ in die Disko / ... gehen ◆
zum Flohmarkt / Fußball / ... gehen ◆
lesen ◆ tanzen / essen / ... gehen ◆
Gitarre / ... spielen ◆ ...

Ich

Was? | *Wie oft?*
am Wochenende arbeiten | *fast nie*
Stress

Interviewen Sie Ihre Partnerin oder Ihren Partner und machen Sie Notizen.

● *Musst du manchmal am Wochenende arbeiten?* ↗

■ *Ich bin Hausfrau,*→ *da muss ich immer arbeiten.* ↘

● *Gehst du oft essen?* ↗

■ *Nein,*→ *nur selten,*→ *vielleicht dreimal oder viermal im Jahr.* ↘ *Meistens essen wir zu Hause.* ↘

● *...*

Meine Partnerin

Was? | *Wie oft?*
am Wochenende arbeiten | *immer (Hausfrau)*
essen gehen | *nur selten (meistens zu Hause)*

einmal am Tag
zweimal in der Woche
dreimal im Monat
viermal im Jahr

Berichten Sie über Ihre Partnerin oder Ihren Partner.

ARBEITSBUCH
D 1-D 3

Termine, Termine!

Ergänzen Sie die fehlenden Monate.

April ◆ August ◆ Februar ◆ Juli ◆ November ◆ Oktober

der Frühling
März _____

Mai _____

der Sommer
Juni _____

In Deutschland beginnt das neue Jahr am 1. Januar.

der Winter
Dezember _____

Januar _____

der Herbst
September _____

Wann ist wo Sommer, ... ? Wann beginnt das neue Jahr?

● *In Chile ist im Dezember,→ Januar → und Februar Sommer. ↘*
Das neue Jahr beginnt im Januar↘ – wie in Deutschland. ↘

■ *...*

Wann haben Sie Geburtstag? Machen Sie eine „Monatsschlange".

● *Ich habe im Januar Geburtstag.*

■ *Und ich im März.*

● *Dann komme ich nach dir.*
Ich habe im Juni Geburtstag.

▲ *Ich habe im August Geburtstag.*

▼ *Dann kommst du vor mir.*
Ich habe erst im September Geburtstag.

Machen Sie eine Geburtstagsliste für den Kurs.

● *Wann hast du Geburtstag? ↘*

■ *Am siebten Juli. ↘ Und du? ↗*

▲ *Wann haben Sie Geburtstag? ↘*

▼ *Am fünfzehnten August. ↘ Und Sie? ↗*

Geburtstagsliste

Salih   7. Juli
Ina   15. August

Die Ordinalzahlen

1. der **erste**	7. der **siebte**	19. der **neunzehnte**
2. der **zweite**	8. der **achte**	20. der **zwanzigste**
3. der **dritte**	9. der **neunte**	22. der **zweiundzwanzigste**
4. der **vierte**	10. der **zehnte**	31. der **einunddreißigste**

man schreibt:
geb. 7.7. 1976

man sagt:
Er hat **am siebten** Juli Geburtstag.
Er ist **am siebten** Juli
(neunzehnhundert)sechsundsiebzig
geboren.

E 4

Sprechen Sie zu zweit über die Kalender.

Zeitangaben

Sie hat **im Juli** Urlaub.	`⌐←→¬` **im** + Monat
Am 5. August hat sie ein Interview.	• **am** + Datum
Sie ist **ab 24. August** in Graz.	•——→ **ab** + Datum
Sie ist **bis (zum) 31. August** in Graz.	——→• **bis (zum)** + Datum
Sie ist **vom 24.-31. August** in Graz.	•←—→• **vom ... bis (zum)** ...+ Daten
Sie hat **von Montag bis Mittwoch** Proben.	•←—→• **von ... bis** + Tage
Der Termin beim ZDF ist **von 10 bis 12 Uhr.**	•←—→• **von ... bis** + Uhrzeiten

E 5

Welcher Kalender passt zu welchem Dialog?

2/ 27-28

Hören Sie, markieren Sie und ergänzen Sie die Berufe.

Dialog	Kalender	Beruf
1		
2		

6

Hören Sie noch einmal und ergänzen Sie die Zeitangaben.

2/ 27-28

1 Praxis Dr. Stefanidis

◉ Praxis Dr. Stefanidis, guten Tag.

◼ Guten Tag. Hier ist Schneider. Ich möchte gern einen Termin für *nächste Woche* .

◉ Wann können Sie denn kommen?

◼ Am *elften* oder _____ , möglichst am Vormittag.

◉ Am _____ um _____ Uhr?

◼ Geht es vielleicht etwas später? Um _____ kann ich nicht.

◉ Sie können auch um _____ Uhr kommen.

◼ Ja, das passt gut. Also dann am nächsten Dienstag um _____ , vielen Dank.

◉ Bitte, auf Wiederhören.

◼ Wiederhören.

◉ Praxis Dr. Stefanidis, guten Tag.

▲ Guten Tag, mein Name ist Kreindl. Ich brauche dringend einen Termin.

◉ Moment. Geht es am _____ um _____ Uhr?

▲ Das sind ja noch _____ . Nein, so lange kann ich nicht warten. Ich muss unbedingt _____ noch vorbeikommen, ich habe große Schmerzen.

◉ Ja, ... möchten Sie jetzt gleich kommen? Aber Sie müssen bestimmt etwas warten, wir haben viel Betrieb. Oder sie kommen _____ .

▲ Nein, ich komme _____ . Vielen Dank. Wiederhören.

◉ Auf Wiederhören.

2 Der Umzug

- Wir haben endlich eine neue Wohnung.

- Und wann könnt ihr einziehen?

- Am *1. September* . Aber wir können schon
  Ende _____ renovieren. Es ist nicht
  viel Arbeit, wir müssen nur die Zimmer
  streichen. Sag mal, kannst du uns vielleicht beim
  Streichen helfen?

- Natürlich. Wann wollt ihr renovieren?

- Etwa ab _____ .

- Oh, das ist aber dumm. Da bin ich ja gar nicht in
  Frankfurt. Vom _____ bis _____
  bin ich in Graz.

- Schade, aber da kann man nichts machen. Und
  wie sieht's Anfang _____ aus?
  Kannst du uns vielleicht beim Umzug helfen?

- Wann denn?

- Am _____ , das ist ein _____ .

- Ja, da habe ich Zeit.
  Wann soll ich denn kommen?

- So um _____ ? ... Ja, ja, ich weiß: Du willst
  immer gerne ausschlafen. Du kannst natürlich
  auch später kommen.

- Ja, ich habe am _____
  Vorstellung, ich komme so um _____ .

- Das ist lieb, danke. Du, ich muss jetzt Schluss
  machen. Peter ist da, wir wollen noch mal in die
  neue Wohnung gehen ...

Lesen Sie die Dialoge noch einmal und unterstreichen Sie alle Modalverben.

E 7

Ergänzen Sie die Tabelle und die Regeln.

Modalverben

	können	müssen	wollen	sollen	dürfen	möchten
ich			*will*			
du		*musst*		*sollst*		
er / sie / es, man		*muss*	*will*		*darf*	*möchte*
wir					*dürfen*	
ihr		*müsst*			*dürft*	*möchtet*
sie	*können*		*wollen*	*sollen*		
Sie						

1 Modalverben mit Vokalwechsel:

Singular	Plural
kann,	
muss, musst	*müssen, müsst*

2 Modalverben sind gleich bei

_____ und _____ (Singular)

_____ und _____ (Plural)

3 Modalverben haben keine Verb-Endung
bei „ich" und „er / sie / es". **Ausnahme:**

_____

ARBEIT E 4

E 8

Arbeiten Sie zu zweit und machen Sie Dialoge.

ein Termin ...	beim Arzt	◆	beim Friseur	◆	mit dem Chef	◆	...
Hilfe ...	beim Umzug	◆	beim Renovieren	◆	beim Lernen	◆	...
eine Verabredung ...	zum Tennis	◆	zur Disko	◆	zum Einkaufsbummel	◆	...

Der Ton macht die Musik

Freizeitstomp

Es ist vier Uhr.   Und du willst nur
noch eines: raus!   Du willst nach Haus.
Die Arbeit ist vorbei,   jetzt hast du endlich frei.
Du willst nach Haus.

Es ist soweit.   Jetzt hast du Zeit.
Da klingelt schon   das Telefon:
„Ich möchte gern mit dir ...“   „Willst du heut' mit mir ...“
Die Freizeit ruft.

Du kannst ins Kino, ins Theater, in die Disko gehen.
Du kannst lesen, joggen und mit Freunden essen gehen.
Du kannst Tennis spielen, schwimmen und zum Fußballspiel mit Franz.
Mit Klaus und Inge Karten spielen, ins Konzert mit Hans.
Jetzt darfst du alles tun, da kannst du doch nicht ruh'n.
Die Freizeit, die Freizeit ist schön.

Der Wecker klingelt,   du musst raus,
um sieben gehst du   aus dem Haus.
Die Arbeit ruft,   du bist kaputt,
der Freizeit-Stress   tut dir nicht gut,
der Tag ist lang,   und dann ...

Es ist vier Uhr.   Und du willst nur
noch eines: raus!   Du willst nach Haus.
Die Arbeit ist vorbei,   jetzt hast du endlich frei.
Du willst nach Haus.

ARBEITSBUCH
F 1-F 4

G

CaRtooN

ARBEITSBUCH
G 1-G 3

Orts- und Zeitangaben   § 7e, 19a + b, 20c

Wo?	Wo wohnen Sie?	**In** Köln.
	Wo studiert Ihre Tochter?	**In** Frankreich.
	Und wo arbeiten Sie?	Ich arbeite **bei** Müller & Co.
	Journalisten arbeiten **bei der** Zeitung.	Oder **beim** Fernsehen.
	Ärzte arbeiten **im** Krankenhaus.	Oder **in der** eigenen Praxis.
Wohin?	Gehst du am Samstag mit mir **ins** Kino?	Nein, da gehe ich **zum** Fußball.
	Gehen wir morgen **zur** Fotobörse?	O.K. Und abends gehen wir **in die** Disko.
Wann?	Wann hast du Geburtstag?	**Am 15. August.**
	Wann sind Sie geboren?	**Am 28. Juni 1972.**
	Wann machen Sie Urlaub?	**Im Juli.**
	Wann sind Sie in Graz?	**Vom 24. bis zum 31. August.**
	Wann ist das Interview?	**Am Dienstagvormittag.**
	Um wie viel Uhr?	**Um 11 Uhr.**
	Wann haben Sie Deutschunterricht?	Jeden Tag **von 9 bis 12 Uhr.**
Wie oft?	Ich gehe **oft** ins Kino, aber **fast nie** ins Theater.	Ich gehe nur **selten** ins Kino.
	Am Wochenende besuche ich **immer** Freunde.	Da muss ich **fast immer** arbeiten.
	Wir gehen **manchmal** essen, aber **meistens** essen wir zu Hause.	

Die Uhrzeit   § 18a

(genau) sieben (Uhr), **kurz nach** sieben, **fünf nach** sieben, **zehn nach** sieben, **Viertel nach** sieben, **zwanzig nach** sieben / **zehn vor halb** acht, **fünf vor halb** acht, **kurz vor halb** acht / **gleich halb** acht, **halb** acht, **kurz nach halb** acht, **fünf nach halb** acht, **zehn nach halb** acht / **zwanzig vor** acht, **Viertel vor** acht, **zehn vor** acht, **fünf vor** acht, **kurz vor** acht / **gleich** acht, (genau) acht (Uhr)

Die Ordinalzahlen   § 18b

der **erste**, der zweite, der **dritte**, der vierte, der **siebte**, der achte, der neunte, der zehnte, der zwanzig**ste**, der dreißig**ste** … Oktober
Heute ist **der** fünfzehn**te** August.   Ich habe **am** fünfzehn**ten** August Geburtstag.

Die Modalverben (Präsens)   § 4, 10

Eine Ärztin **kann** den Menschen helfen.	Aber sie **muss** oft rund um die Uhr arbeiten.
Ich **will** am Samstag ins Konzert gehen.	Nein, das geht nicht. Du **musst** lernen.
Ich **darf** nicht mitkommen. Ich **muss** lernen.	Du **kannst** doch auch am Sonntag lernen.
Wollen wir zusammen essen gehen?	Ja. **Soll** ich dich abholen?
Ich **möchte** einen Termin für nächste Woche.	Wann **können** Sie denn kommen?

Nützliche Ausdrücke

Wie viel <u>Uhr</u> ist es, bitte? ↘	**Kurz vor** halb <u>fünf</u>. ↘ / **Gleich** halb <u>fünf</u>. ↘
Entschuldigung, **wie** <u>spät</u> ist es? ↘	Genau 16 Uhr <u>28</u>. ↘
Was <u>machst</u> du denn heute Abend? ↘	Nichts Bes<u>on</u>deres. ↘ Vielleicht <u>lesen</u>. ↘
Gehst du mit <u>mir</u> in die <u>Disko</u>? ↗	Ja, gerne. → Und **wann**? ↗
So um <u>acht</u>? ↗	Ja, <u>gut</u>. ↘ **Bis dann.** ↘
Ich **möchte** einen <u>Termin</u> für nächste Woche. ↘	Am 11. <u>März</u> um 10 Uhr <u>45</u>? ↗
Nein, **da** <u>kann</u> ich nicht. ↘	
Geht es vielleicht etwas <u>später</u>? ↗	Ja,→ um 11 Uhr <u>30</u>. ↘
Ja, **das passt gut.** ↘ Vielen <u>Dank</u>. ↘	**Auf** <u>Wiederhören</u>. ↘

Sie brauchen vier Spielfiguren und einen Würfel.

Spielen Sie zu viert.

A

Das Wiederholungsspiel

Spielregeln:

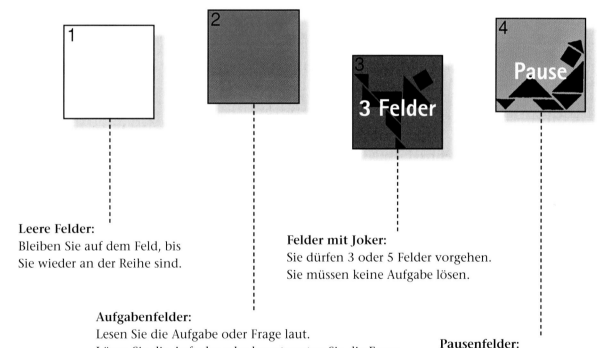

1

2

3
3 Felder

4
Pause

Leere Felder:
Bleiben Sie auf dem Feld, bis
Sie wieder an der Reihe sind.

Felder mit Joker:
Sie dürfen 3 oder 5 Felder vorgehen.
Sie müssen keine Aufgabe lösen.

Aufgabenfelder:
Lesen Sie die Aufgabe oder Frage laut.
Lösen Sie die Aufgabe oder beantworten Sie die Frage.

– Richtige Lösung:
Gehen Sie auf das nächste leere Feld vor.

– Keine oder falsche Lösung: Gehen Sie auf das
nächste leere Feld zurück.

Pausenfelder:
Sie müssen einmal Pause machen.

START

13

14 Nennen Sie zwei Haushaltsgeräte.

27 Was heißt das?

28 Kaufen Sie die Stehlampe?
898,–

1

12 Was sagen die Leute?

15 Wie ist Ihre Telefonnummer?

26 5 Felder

29

2 3 Felder

11 5 Felder

16

25

30 Nennen Sie fünf Berufe.

3 Nennen Sie drei Möbel.

10 Sie haben 1000 DM und brauchen Dollar. Sie gehen zur Bank. Was sagen Sie?

17 Pause

24 Was machen Sie am Samstagabend?

31

4 Nennen Sie drei Wörter mit dem Artikel *der.*

9

18 Was sagt das Kind?

23 Entschuldigung, wie spät ist es?

32 Was machen die Leute?

5

8 Bestellen Sie:

19 Wo arbeiten Sie?

22 Welche Sprachen sprechen Sie?

33 Wie heißen die Pluralformen? *die Lampe der Sessel das Auto*

6 Woher kommen Ihre Mitspieler?

7 Was ist das Gegenteil von *billig?*

20 Wie finden Sie den Stuhl?

598,–

21

34 Pause

41 Buchstabieren Sie Ihren Namen.

42

55 Wann haben Sie Geburtstag?

56

ZIEL

40 Finden Sie eine passende Frage.
● ... ?
■ Nein, ich habe keins.

43 Wie heißt das Wort richtig?
raFhard

54 „Wir suchen einen Teppich."
Wir = Subjekt
suchen = Verb
einen Teppich = ...

57 ● Kommst du mit ins Kino?
■ Nein, ...

68

Pause

39 3 Felder

44 „Ich suche ein Geschenk für Klaus. ... Tipp!"

53

58 ● Ich möchte einen Termin für nächste Woche.
■ ... ?
● Ja, das passt gut.

67

38

45 Nennen Sie fünf Lebensmittel.

52 Was sagt die Frau?

59 Welche Zahlen passen? Lesen und ergänzen Sie.
5 · 55 · 555 ·
– – – – – · – – – –

66 Finden Sie die Frage.
● ...
■ Sonnenstraße 54, in 80331 München

37 Wie heißt die Frage?
● ... ?
■ Fahrer.

46

51 Nennen Sie drei deutsche Vornamen.

60

65 Familienstand? Kinder?

36 Fragen Sie: Preis?

47 ... schreibt man groß.
... haben einen Artikel.
... haben eine Pluralform.
... = ?

50 Pause

61 3 Felder

64

35

48 ● Kann ich Ihnen helfen?
■ Ja, bitte. ...

49

62 Wann ist das Geschäft geöffnet?
FIAT Krollmann
Mo–Fr: 9–17 Uhr

63 Eine Freundin sucht einen gebrauchten Fernseher. Geben Sie ihr einen Tipp.

Kennen Sie Ihr Lehrwerk TANGRAM ?

Wo finden Sie die Antworten zu den Fragen?

Diskutieren Sie zu viert und machen Sie Notizen.

Beispiel: ▶ In welcher Lektion finden Sie das deutsche Alphabet?
- *Ich glaube, das steht in Lektion 1.*
- *Nein, in Lektion 3.*
- *Schau doch mal vorne ins Inhaltsverzeichnis. Da steht doch alles.*
- *Ja, genau. Hier ist es: Das Alphabet steht in Lektion 2.*

▶ In welcher Lektion finden Sie das deutsche Alphabet?
In Lektion 2 (Inhaltsverzeichnis)

Gruppe A:

1 In welcher Lektion finden Sie Texte zum Thema „Einkaufen"?

2 Sie sehen das Symbol . Was müssen Sie hier machen?

3 Wie heißt der Artikel von *Supermarkt?*

4 In der Wortliste steht: *Buch das, ⁻er.* Wie lesen Sie das?

5 Wie spricht man das „ü"? Wo finden Sie Hilfe?

6 Sie machen die Übung Lektion 2, B4 im Arbeitsbuch. Sie möchten dann wissen: Ist alles richtig? Wo stehen die Lösungen?

7 Im Kursbuch sehen Sie: **F 1-F 3** . Was bedeutet das?

8 *ich bin, du bist, er ...* Wo finden Sie die Formen von *sein?*

9 Sie möchten die „Nützlichen Ausdrücke" von Lektion 5 wiederholen. Wo stehen sie?

10 Was ist für Sie wichtig, aber nicht im Buch? Was fehlt in TANGRAM ?

Gruppe B:

11 Im Arbeitsbuch finden Sie das Cassetten-symbol. Wo steht der Hörtext?

12 Ist das „a" in *Zahl* lang oder kurz? Wo finden Sie Übungen zu den Vokalen?

13 In welcher Lektion finden Sie Übungen zur Uhrzeit?

14 Sie sehen das Symbol . Was müssen Sie hier machen?

15 Wie heißt der Artikel von *Waschmaschine?*

16 In der Wortliste steht: *Fahrer der, -* Wie lesen Sie das?

17 Im Kursbuch sehen Sie: § 17. Was bedeutet das?

18 *ich kann, du kannst, er ...* Wo finden Sie die Formen von *können?*

19 Sie möchten den Stoff von Lektion 4 wiederholen. Wo finden Sie eine Grammatik-Übersicht und wichtige Sätze?

20 Was ist für Sie wichtig, aber nicht im Buch? Was fehlt in TANGRAM ?

Vergleichen Sie im Kurs Ihre Ergebnisse.

B 2

Was passt zusammen? Markieren Sie.

1 Ergänzen Sie die Tabelle und die Regeln.
2 Hören Sie und sprechen Sie nach.
✓3 Hören Sie noch einmal und vergleichen Sie.
4 Hören und markieren Sie.
5 Lesen Sie den Text noch einmal und markieren Sie die Personalpronomen.
6 Markieren Sie den Satzakzent (___) und die Satzmelodie (↗, → oder ↘).

7 Schreiben Sie jetzt den Dialog.
8 Machen Sie das Puzzle. Was passt zusammen?
✓9 Spielen Sie den Dialog.
10 Sprechen Sie über das Bild und erzählen Sie eine Geschichte.
11 Üben Sie in Gruppen.
12 Was passt zusammen? Lesen Sie die Sätze und sortieren Sie.

Welche Übungen machen Sie gerne? Welche Übungen machen Sie nicht gerne? Diskutieren Sie.

● *Wir müssen immer über Bilder sprechen – das finde ich langweilig.*
■ *Das mache ich gerne. Aber „Hören und markieren" finde ich schwierig.*
● *Ich mache gerne die Grammatik-Übungen.*
■ *…*

Der Ton macht die Musik

C 1   **Machen Sie Verse. Lesen Sie laut eine Zeile von A und suchen Sie eine passende Zeile von B. Dann schreiben Sie.**

Komm doch einfach mal vorbei,

Ich kann nicht kommen, tut mir Leid,

Ich lerne nur Deutsch, von früh bis spät,

Die deutsche Sprache ist nicht schwer,

Ich gehe gerne zu Möbel-Fun

Ich gehe gern ins Kino, ich sehe gerne fern,

Ich bleibe am liebsten zu Hause und trinke in Ruhe ein Bier.

... vielleicht am Samstag, so um drei?

... aber in ein Möbelhaus geh' ich nicht so gern.

... ich gehe nicht aus – er geht, sie geht.

... ich habe einfach keine Zeit.

... zum Kaffeetrinken – nur wir zwei.

... ich lerne täglich etwas mehr.

... ich sage einfach „dasdieder ...“ !

... Kinos sind teuer, Kneipen sind laut – da bleibe ich lieber hier.

... weil man da günstig kaufen kann.

... ich brauche ein Super-Schnell-Deutsch-Lern-Gerät.

... oder ich komme mit ... – zu zweit.

... Probier das doch einfach auch einmal! Vielleicht gefällt es dir.

... und in meine Kneipe geh' ich auch sehr gern.

... und schaue mir dort die Möbel an.

Komm doch einfach mal vorbei,
vielleicht am Samstag, so um drei?

Komm doch einfach mal vorbei,
zum Kaffeetrinken – nur wir zwei.
…

Hören und vergleichen Sie.

C 2   **Üben Sie zu zweit oder zu dritt und machen Sie Dialoge.**

Ich lerne nur Deutsch, von früh bis spät
ich gehe nicht aus – er geht, sie geht.

Komm doch einfach mal vorbei,
vielleicht am Samstag, so um drei?
…

ARBEIT
C 1-

Familie und Haushalt

A

A 1

3/1

Die lieben Verwandten

Hören Sie und sortieren Sie die Fotos.

Unsere Bürgermeisterin ☐

Mein Bruder und sein
Lieblingsspielzeug ☐

Mama ist die Beste. ☐

Ein glückliches Paar ☐

Kinderstunde ☐

Hals- und Beinbruch! ☐

Familientreffen in Pullach ☐

Die Pullacher
Philharmoniker ☐

Hören Sie noch einmal und ergänzen Sie die Steckbriefe.

Name _Annika_	Name _Sibylle_	Name _Lothar_
Wohnort ____	Wohnort ____	Wohnort _Pullach_
Alter ____	Alter ____	Alter ____
Beruf _Praktikum_	Beruf ____	Beruf ____
Hobbys ____	Hobbys ____	Hobbys ____
anderes ____	anderes ____	anderes ____

Name _Justus_	Name _Johanna_	Name _Sabine_
Wohnort ____	Wohnort ____	Wohnort ____
Alter ____	Alter ____	Alter ____
Beruf ____	Beruf ____	Beruf _Bürgermeisterin_
Hobbys _Feuerwehr_	Hobbys ____	Hobbys ____
anderes ____	anderes ____	anderes ____

Arbeiten Sie zu dritt oder zu viert und vergleichen Sie.

A 3 **Ergänzen Sie den Stammbaum von Annika Würthner.**

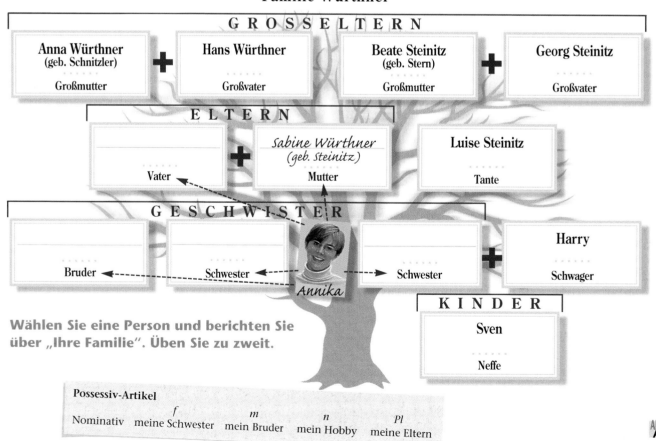

Familie Würthner

Wählen Sie eine Person und berichten Sie über „Ihre Familie". Üben Sie zu zweit.

Possessiv-Artikel

	f	m	n	Pl
Nominativ	meine Schwester	mein Bruder	mein Hobby	meine Eltern

Schreiben Sie den Stammbaum für Ihre Familie.

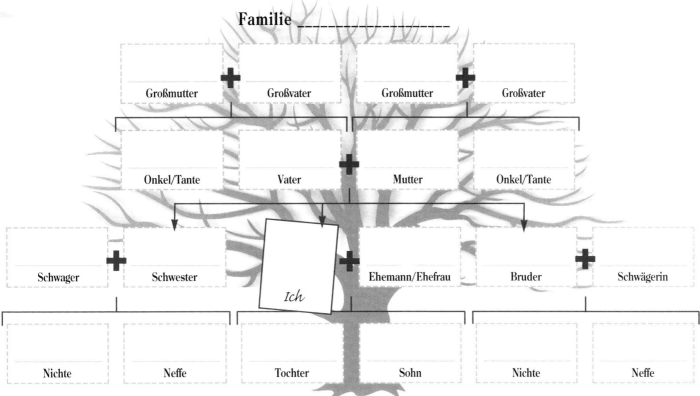

Familie _____

Großmutter + Großvater   Großmutter + Großvater

Onkel/Tante   Vater + Mutter   Onkel/Tante

Schwager + Schwester   Ich   + Ehemann/Ehefrau   Bruder + Schwägerin

Nichte   Neffe   Tochter   Sohn   Nichte   Neffe

Machen Sie einen Steckbrief für sich und für zwei Familienangehörige.

Name _____
Wohnort _____
Alter _____
Beruf _____
Hobbys _____
anderes _____

Name _____
Wohnort _____
Alter _____
Beruf _____
Hobbys _____
anderes _____

Name _____
Wohnort _____
Alter _____
Beruf _____
Hobbys _____
anderes _____

Arbeiten Sie in Gruppen und stellen Sie sich und Ihre Familie vor.

Ich heiße Deniz Bostan. Ich komme aus der Türkei. Ich bin in Karabük geboren. Meine Eltern kommen beide auch aus Karabük. Sie heißen Aliye und Murat. Meine Mutter ist 48. Mein Vater ist 47 Jahre alt. Ich bin 25. Wir wohnen alle zusammen in Frankfurt, in Nied. Ich habe noch vier Geschwister. Zwei Brüder und zwei Schwestern …

Microsoft Internet Explorer - Microsoft Internet Explorer (T-Online Edition)

Datei Bearbeiten Ansicht Explorer Favoriten ?

Zurück Vorwärts Abbrech... Aktualisi... Startseite Suchen Favoriten Drucken Schriftgr... Mail Bearbeit...

Adresse C:\WINDOWS\SYSTEM\BLANK.HTM

Links ⊙ Service ⊙ Surfbrett ⊙ Private Homepage ⊙ Deutsche Telekom ⊙ T-Online

B

Eine Klasse stellt sich vor.

B 1 **Lesen Sie den Text und machen Sie Notizen.**

Vera Kaufmann
Vera in 20 Jahren: Sie lebt im Ausland (San Francisco oder Irland) und hat eine feste Beziehung, aber sie ist nicht verheiratet und hat keine Kinder. Ihr Beruf: Irgendwas mit Sprachen – vielleicht Journalistin? Ihre Pläne nach dem Abi: Inter-Rail – jobben – danach USA und Australien. Wir fragten: Was nimmst du auf eine einsame Insel mit? „Bücher, mein Schreibzeug und meine Lieblings-CDs!" Was findest du gut an dir? „Ich kann gut zuhören." Was findest du nicht so gut an dir? „Ich kann mich so schwer entscheiden." Wie sieht dein Traummann aus? – „Ach, ich weiß nicht, da gibt's viele..."

Daniel „Schwede" Becker
Unser „Schwede" – Daniel ist Halbschwede. Am Wochenende spielt Schwede immer Fußball bei seinem Verein (KSC). Außerdem ist er SEHR Internet-begeistert: Er hat seine eigene Homepage (und ist festes Mitglied in unserem Redaktionsteam). Schwede ist sehr spontan und aktiv – bei ihm muss immer was los sein. Nach dem Abi will er nach Schweden fahren und seinen Vater besuchen, danach beginnt er sein VWL-Studium. Sein Leben in 20 Jahren stellt er sich so vor: Reihenhaus, Mercedes 200 D, Schrebergarten, Frau und zwei Kinder, KSC-Dauerkarte, Stammtisch. (Anm.d.Red.: Ist das wirklich dein Ernst?)

Katja Schmidt
Ihr Leben ist der KSC – jedes Wochenende unterstützt sie lautstark ihren Verein und feiert seine Siege und Niederlagen. Ihr Markenzeichen ist ihre Haarfarbe – sie wechselt ständig (blond, violett, grün ...). Die wichtigste Rolle in ihrem Leben (außer dem KSC) spielt ihr Freund Pinky. Beide sind sehr sportbegeistert, ihr neuestes Hobby ist Inline-Skating. Dein Leben in 20 Jahren! „Ich werde Single sein und Karriere machen – egal in welchem Beruf." Drei Dinge für die Insel: „Mann, Musik, Moskitonetz." Und dein Traummann? „Ich weiß nicht – er muss einfach den besonderen Kick haben!"

Die 13. Stufe   **MUSTER GYMNASIUM**

Unser Redaktionsteam präsentiert die Schülerinnen und Schüler der Stufe 13 – ihre Stärken und Schwächen, ihre Hobbys, ihre Träume und ihre Pläne für die Zukunft. Wir fragten:
Was sind eure Pläne für die Zeit nach dem Abi?
Wie sieht euer Leben in 20 Jahren aus?
Welche drei Dinge wollt ihr auf eine einsame Insel mitnehmen?
Wie sieht euer Traummann/eure Traumfrau aus?
Hier die Ergebnisse.

| Vera Kaufmann | Daniel Becker | Katja Schmidt | Iris Staudinger | Pero Ovcina | Annette Heckel |

Iris „Bevis" Staudinger
Heute in 20 Jahren lebt unsere Bevis mit ihrem Mann und ihren drei Kindern (ein Junge, zwei Mädchen) gerade für ein paar Jahre in Afrika. Sie ist Ärztin: „Da kann man seine Fähigkeiten sinnvoll einsetzen und anderen helfen." Mit ihrem Studium lässt sie sich Zeit: Nach dem Abi will sie erst einmal reisen und die Welt sehen, sie ist überhaupt sehr unternehmungslustig und kontaktfreudig. Für die einsame Insel packt sie ihre Gitarre, ihren Zeichenblock und ihre Lieblingsbücher ein. Ihr Traummann soll groß, humorvoll, ehrlich, kreativ und lieb sein – viel Glück bei der Suche!

Pero Ovcina •
Pero ist Bosnier, immer freundlich und hilfsbereit, lebt seit 3 Jahren in Deutschland und ist seit zwei Jahren in unserer Klasse. Er kommt nicht oft zum Unterricht, aber er hat trotzdem super Noten: Er ist unser Mathe- und Physik-As. Sein Berufswunsch: Maschinenbauingenieur. Sein sportliches Outfit zeigt seine Begeisterung für Basketball. Sein Leben in 20 Jahren soll vor allem „nicht so anstrengend" sein. Seine Pläne: „Nach dem Abi will ich erst mal sechs Monate gar nichts tun." Seine Traumfrau? Pero genervt: „Hört doch auf mit euren doofen Fragen! Das ist doch meine Sache."

Annette Heckel
Annette ist ruhig, nachdenklich und zurückhaltend – auch bei unserem Interview beantwortet sie unsere Fragen nur zögernd. Annette hat Glück: Sie kann bei ihrer Tante eine Ausbildung in ihrem Traumberuf machen. Deshalb geht sie nach dem Abi nicht auf Reisen, sondern beginnt sofort mit ihrer Ausbildung als Fotografin. Ihre Hobbys sind Reiten, Lesen und Faulenzen. In ihren Träumen ist sie manchmal ein Vogel: ungebunden, frei und mit einer neuen Perspektive – alles von oben sehen. Viel Spaß, Annette, bei deinen Flügen und eine sichere Landung in deinem Traumberuf!

Name	Eigenschaften	Pläne	in 20 Jahren	Insel	Traummann/-frau

Arbeiten Sie zu dritt und vergleichen Sie Ihre Notizen.

B 2

Was passt zusammen? Lesen Sie noch einmal und ergänzen Sie.

Vera
„Ich lebe im Ausland."
„Mein Beruf? Vielleicht Journalistin."

Daniel
„Ich bin ein totaler Internet-Freak."
„Ich habe meine eigene Homepage."

Katja
„Die wichtigste Rolle in meinem Leben spielt Pinky."
„Wir sind beide sehr sportbegeistert."
„Unser neuestes Hobby ist Inline-Skating."

```
Die Redaktion
Sie lebt im Ausland.
Ihr Beruf? Vielleicht Journalistin.
```

_____ .
_____ .

_____ .
_____ .
_____ .

Personalpronomen	ich	du	sie	er	es/man	wir	ihr	sie	Sie
Possessiv-Artikel (ohne Endung)	_____	_dein-_	_____	_____	_____	_____	_euer/eur-_	_____	_Ihr-_

B 3

Lesen Sie noch einmal, unterstreichen Sie alle Nomen mit Possessiv-Artikeln und ergänzen Sie die Tabelle.

	f	*m*	*n*	*Pl*
Nom	unsere Bevis	ihr Beruf		ihre Pläne
Endung	-e	- —	-	-e
Akk			mein Schreibzeug	meine Lieblings-CDs
Endung	-	-	- —	-e
Dat	bei ___ Tante mit ___ Ausbildung in ___ Klasse	bei ___ Verein mit ___ Mann in ___ Traumberuf	bei ___ Interview mit ___ Studium in ___ Leben	bei ___ Flügen mit ___ Fragen in ___ Träumen
Endung	-	-	-	-

andere Artikel ◆ *euer* ◆ negative Artikel (kein-) ◆ links vom Nomen ◆ *eur-*

1 Possessiv-Artikel ersetzen _____ .
2 Possessiv-Artikel stehen _____ .
3 Man dekliniert Possessiv-Artikel genauso wie _____ .
4 Der Possessiv-Artikel „euer": ohne Endung _____ , mit Endung _____ .

PROJEKT

Machen Sie eine Kurszeitung!
Überlegen Sie gemeinsam im Kurs: Welche Rubriken kann die Zeitung haben, z.B. kleine Geschichten, Witze und Cartoons aus verschiedenen Ländern, Wir über uns ... ? Machen Sie einen Plan: Wie viele Seiten soll die Zeitung haben?, Welchen Titel hat sie?, Wann ist Redaktionsschluss?, Wer macht Fotos?, Wer macht die Zeichnungen?, Wie sieht die erste Seite aus? Bilden Sie im Kurs kleine Redaktionsteams zu den verschiedenen Rubriken: Die Redaktionsteams sammeln alle Texte, die in der Klasse oder zu Hause geschrieben werden, wählen aus, korrigieren und ergänzen.

B 4

Machen Sie eine Klassenzeitung für Ihren Deutschkurs.

INTERblättle

Arbeiten Sie zu zweit und schreiben Sie eine Liste mit Fragen.

Wie lange lernst du schon Deutsch?
Warum lernst du Deutsch?
Was sind deine Pläne für die Zukunft?
Welche drei Dinge nimmst du auf eine einsame Insel mit?
Wie sieht dein Traummann/deine Traumfrau aus?
...

Interviewen Sie andere Kursteilnehmer und machen Sie Notizen.

Warum lernst du Deutsch?
  Ich brauche Deutsch für meine Arbeit.
Was bist du von Beruf?
  Ich arbeite im Reisebüro.

Arbeiten Sie zu viert und schreiben Sie kleine Artikel.

Diana ist 25 Jahre alt. Sie lernt seit sechs Monaten Deutsch. Sie arbeitet im Reisebüro und braucht Deutsch für ihre Arbeit. Diana ist verheiratet, aber sie hat noch keine Kinder. Ihre Pläne für die Zukunft: Sie möchte ...

C

Hausfrauen – rund um die Uhr im Einsatz.

1

Was passt wo? Ergänzen Sie.

B

A

C

D

aufstehen

E

F

G

H

I

J

K

L

die Kinder von der Schule abholen ◆ staubsaugen ◆ die Wäsche aufhängen ◆
den Mülleimer ausleeren ◆ einkaufen ◆ Pause machen ◆ ~~aufstehen~~ ◆ aufräumen ◆
Frühstück machen ◆ bügeln ◆ (das) Geschirr abwaschen und abtrocknen ◆ kochen

2

Was machen Sie im Haushalt gern? Nicht so gern?

… macht mir Spaß	… – das mache ich ganz gern	… – das mache ich nicht so gern	… finde ich furchtbar
kochen	*einkaufen*		

Arbeiten Sie zu viert und sprechen Sie über Hausarbeiten.

Kochen macht mir Spaß. ↘

  Das mache ich auch ganz gern. ↘

    Was? ↗ Kochen finde ich furchtbar. ↘ Das ist doch total langweilig. ↘

      Stimmt, → das mache ich auch nicht so gern. ↘ Aber Einkaufen → – das mache ich ganz gern. ↘

Lesen Sie den Text und markieren Sie.

richtig falsch

1 Frau Jansen hat heute einen besonders anstrengenden Tag.

2 Sie steht um halb sieben auf.

3 Ihr Mann macht das Frühstück.

4 Sarah hilft Frau Jansen bei den Arbeiten im Haushalt.

5 Nach dem Mittagessen schläft Frau Jansen immer eine halbe Stunde.

6 Herr Jansen ist fast nie zum Abendessen zu Hause.

7 Herr und Frau Jansen lesen am Abend gern Geschichten.

8 Herr Jansen muss Sarah heute Nacht den Tee geben.

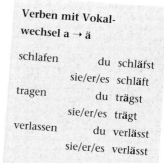

Verben mit Vokal-wechsel a → ä

schlafen   du schläfst
    sie/er/es schläft
tragen   du trägst
    sie/er/es trägt
verlassen   du verlässt
    sie/er/es verlässt

Ein ganz normaler Tag
im Leben von Helga Jansen

**Verheiratet mit Thomas, Mutter von Nina (9),
Anna (6) und Sarah (18 Monate)**

6.30 Der Wecker klingelt. Frau Jansen muss aufstehen und Nina und ihren Mann wecken. Dann duscht sie und zieht sich an. Thomas steht auf und macht das Frühstück.

7.00 Anna ist schon wach. Sie sitzt mit den anderen am Frühstückstisch. Helga Jansen macht Pausenbrote. Das Baby quengelt.

7.30 Nina muss sich beeilen, die Schule beginnt um 7.55 Uhr: tschüs – Küsschen. Dann besprechen Helga und Thomas das Tages- und Abendprogramm: Wer kommt wann? Wer muss wann wohin?

7.45 Thomas verlässt das Haus und geht ins Büro. Helga Jansen wickelt Sarah und füttert sie. Dann räumt sie die Küche auf, macht fünf Betten, packt die Wäsche in die Waschmaschine und stellt die Maschine an.

9.00 Helga bringt Anna mit dem Fahrrad zur Vorschule: Sarah sitzt vorne, Anna hinten.

9.30 Frau Jansen stellt das Fahrrad zu Hause ab und nimmt das Auto. Sie muss Lebensmittel für die ganze Woche einkaufen und zur Bank gehen – natürlich mit Sarah. Die schläft zwischendurch ein – das macht alles etwas einfacher.

11.10 Wieder zu Hause. Nina steht schon vor der Tür: Sie hat früher Schulschluss. Frau Jansen bringt erst mal die schlafende Sarah in die Wohnung. Dann trägt sie die Einkäufe in den dritten Stock, hängt schnell die Wäsche auf und bereitet das Mittagessen vor.

12.30 Frau Jansen holt Anna von der Vorschule ab – natürlich mit Sarah. Zu Hause dann Babyprogramm: wickeln, füttern, ab ins Bett.

13.15 Das Mittagessen ist fertig. Die Kinder erzählen von der Schule, Helga hört nur halb zu: Sie denkt schon an den Nachmittag. Schläft Sarah schon? Quengelt sie? Es klingelt: Zwei Schulfreundinnen wollen Nina zum Spielen abholen. Anna will mitgehen – endlich Ruhe.

13.45 Sie versucht eine halbe Stunde zu schlafen. Keine Chance: Die Kinder klingeln ständig. Sie wollen ihr etwas zeigen, sie müssen auf die Toilette, sie holen die Inline-Skates ... Schlafen klappt sowieso nicht – also zurück an die Arbeit! Die Küche sieht schlimm aus: Frau Jansen muss aufräumen und spülen.

14.45 Nina macht Hausaufgaben. Frau Jansen bringt Anna mit dem Fahrrad zum Tanzunterricht und holt sie um vier wieder ab. Dann fahren alle zum Spielplatz.

18.00 Wieder zu Hause – Babyprogramm.
Gleichzeitig muss Frau Jansen das Abendessen vorbereiten.

19.00 Sarah schläft. Die anderen essen jetzt zu Abend – ohne Thomas, der kommt meistens erst viel später von der Arbeit.

19.30 Und noch einmal: die Küche aufräumen, spülen ... Anna und Nina spielen „Fotomodell" und räumen Mutters Kleiderschrank komplett aus – oh nein!

20.00 Die beiden Großen gehen zu Bett: Helga Jansen spricht mit den Kindern über den Tag (Anna: „Was heute wirklich furchtbar war, Mami: ...") und über die Farbe Blau (Nina). Dann liest sie ihren Töchtern noch eine Geschichte vor.

20.30 Helga schaltet das Licht im Kinderzimmer aus. Sie hängt die Wäsche ab und legt sie zusammen. Dann schaltet sie den Fernseher ein und bügelt.

22.00 Endlich fertig. Frau Jansen trinkt mit ihrem Mann ein Glas Wein und spricht mit ihm über den Tag.

23.30 Thomas und Helga Jansen gehen zu Bett. Sie wissen: Zwischen zwei und vier wird Sarah schreien und braucht einen Tee. Den „Nachtdienst" machen beide abwechselnd. Heute ist Donnerstag: Frau Jansen kann liegen bleiben – Thomas muss aufstehen.

4 Lesen Sie den Text noch einmal. Suchen und markieren Sie dabei folgende Verben.

~~aufstehen~~ ▶ ~~anziehen~~ ▶ ~~aufstehen~~ ▶ beeilen ▶ beginnen ▶ besprechen ▶ verlassen ▶
aufräumen ▶ anstellen ▶ abstellen ▶ einkaufen ▶ einschlafen ▶ aufhängen ▶ vorbereiten ▶
abholen ▶ erzählen ▶ zuhören ▶ abholen ▶ mitgehen ▶ versuchen ▶ aussehen ▶ aufräumen ▶
abholen ▶ vorbereiten ▶ aufräumen ▶ ausräumen ▶ vorlesen ▶ ausschalten ▶ abhängen ▶
zusammenlegen ▶ einschalten ▶ aufstehen

5 Ergänzen Sie passende Sätze aus C 3 und die Regel.

Verb 1		Verb 2 Vorsilbe
1 *Sie*	*zieht sich*	*an.*
2		
3		
4		
5		
6		

Trennbare Verben

1 Im Deutschen gibt es viele Verben mit Vorsilben. Die meisten Vorsilben sind trennbar, z.B.
einkaufen, abholen, _____
Im Satz steht das Verb auf Position _____ und die trennbare Vorsilbe _____ .

2 Vergleichen Sie: Frau Jansen **räumt** die Küche **auf.**
Frau Jansen **muss** die Küche **aufräumen.**

In Sätzen mit Modalverben steht _____ auf Position 2
und das Verb im Infinitiv _____ .

> Das Verb „einkaufen"
> ist trenn**bar.**
> → Das Verb **kann man**
> trennen.

3 Einige Vorsilben (er-, be-, ver- ...) kann man nicht vom Verb trennen, z.B.
beeilen, beginnen, erzählen, _____

ARBEITSBUCH
C 1-C 4

6 Hören Sie und markieren Sie den Wortakzent.

einkaufen ◆ besorgen ◆ bestellen ◆ abholen ◆ auspacken ◆ verbrauchen ◆ erzählen ◆
zuhören ◆ ergänzen ◆ verstehen ◆ aufpassen ◆ vergessen ◆ anfangen ◆ beginnen ◆
aussehen ◆ vorstellen ◆ eröffnen ◆ aufräumen

Sortieren Sie die Verben.

1 ●●● *einkaufen,* _____
2 ●●● *besorgen,* _____

Hören und vergleichen Sie. Ergänzen Sie die Regel.

Trennbare Verben: Wortakzent _____ .
Nicht-trennbare Verben: Wortakzent _____ .

ARBEITSBUCH
C 5-C 8

7 Sprechen Sie über einen ganz normalen Tag in Ihrem Leben.

D 1

Was passt wo? Lesen und ergänzen Sie.

Bett ◆ Betten ◆ Brötchen ◆ Bügeln ◆ Essen ◆ Fenster ◆ Kaffee ◆
Kuchen ◆ Mülleimer ◆ Supermarkt ◆ Wäsche ◆ Wecker

Haushalts-Blues

Der _____ klingelt, es ist gleich sechs,

ich muss raus – du bleibst liegen im _____ .

Ich hol' die _____ . Jetzt steh endlich auf!

Der _____ kocht – ja, was denn noch?

Wie hättest du's denn gern?

Was darf's denn sonst noch sein?

Ich mach' die _____ , ich räum' alles auf,

ich saug' die Wohnung, leer' den _____ aus,

ich putz' die _____ , das Bad und das Klo

und deine _____ wasch' ich sowieso.

Wie hättest du's denn gern?

Was darf's denn sonst noch sein?

Ich backe _____ , ich wasche ab.

Ich hasse _____ – und mach's doch jeden Tag.

Dann kauf' ich schnell noch im _____ ein,

ich koch' das _____ – das muss pünktlich fertig sein.

Wie hättest du's denn gern?

Was darf's denn sonst noch sein?

Du hörst mir nie zu. Okay – ich lass dich in Ruh'.

Mir stinkt schon lange, was ich Tag für Tag hier tu'.

Ich lass' alles liegen und lass' alles steh'n.

Ich hab' es satt – ich hau' jetzt ab!

Wie hättest du's denn gern?

Was darf's denn sonst noch sein?

Ich hab' es satt! Ich hau' jetzt ab! ...

 Hören und vergleichen Sie.

E

Computerspiele

E 1

Schauen Sie das Bild an und raten Sie.

Wo ist das?

Was macht die Frau am Computer?

Mit wem telefoniert sie?

Was fragt oder sagt sie?

3/5

Über welche Bilder sprechen die Leute? Hören und markieren Sie.

1
2
3
4

A

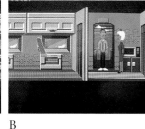
B

C

D

2

Ergänzen Sie die passenden Präpositionen.

am ◆ auf ◆ aufs ◆ im ◆ in ◆ ins ◆
hinter ◆ unter

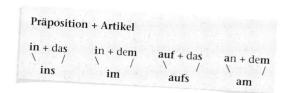

Präposition + Artikel

in + das \ / ins   in + dem \ / im   auf + das ↗ aufs   an + dem \ / am

● Ich bin gerade _im_ Flugzeug. Ich möchte ein bisschen herumsuchen. Aber die Stewardess lässt mich nicht. Ich soll immer gleich _auf_ meinen Platz zurückgehen.

■ Aber du darfst _____ die Toilette gehen. Und _____ der Toilette nimmst du das Klopapier, das liegt _____ dem Fußboden. Das legst du _____ Waschbecken. Dann läuft das Wasser _____ den Fußboden.

● Und dann kann ich _____ Flugzeug herumgehen?

■ Nein, aber du kannst _____ die Küche gehen. Die ist ganz vorne _____ Eingang. _____ der Küche legst du das Ei _____ die Mikrowelle.

● Aber ich habe kein Ei!

■ Das Ei findest du _____ der Wohnung. Das liegt dort _____ Kühlschrank, _____ Gemüsefach, _____ den Äpfeln.

● Gut, ich gehe zurück _____ die Wohnung und schaue _____ den Kühlschrank. Aber was soll das Ei _____ der Mikrowelle?

■ Das Ei explodiert und die Stewardess muss _____ der Küche bleiben und aufräumen. Und du kannst _____ Flugzeug herumgehen.

● Genial.

■ Und schau auch _____ die Sitze _____ den ersten Reihen. Irgendwo _____ den Sitzen liegt ein Feuerzeug.

● Danke, Marco. Du bist ein Schatz.

■ Warst du eigentlich schon _____ dem Dach? _____ der Wohnung, meine ich.

● _____ dem Dach? Kann man auch _____ Dach gehen?

■ O-o, ich sehe schon, du musst noch viel lernen!

3/5

Hören Sie noch einmal und vergleichen Sie.

Sortieren Sie die Ausdrücke mit Präpositionen aus E2 und unterstreichen Sie die Artikel.

	f	m	n	Pl
● **Wo** sind die Sachen (Präposition + DAT)	auf der Toilette	auf dem Fußboden	im Flugzeug	
→ **Wohin** soll man schauen/ soll man gehen/ soll man die Sachen legen (Präposition + AKK)	auf die Toilette	auf meinen Platz		unter die Sitze

1 Die Präpositionen _____ sind Wechselpräpositionen: Sie stehen mit Dativ (Frage: _____ ?) oder Akkusativ (Frage: _____ ?).

2 Die bestimmten Artikel im Dativ sind _der___ (f), _____ (m + n) und _____ (Pl) .

3 Nomen im Dativ Plural haben immer die Endung ____ .

ARBEIT
 E 1

Was passt wo? Ergänzen Sie die Präpositionen.

an ◆ in ◆ auf ◆ über ◆ unter ◆ vor ◆ hinter ◆ neben ◆ zwischen

---

„Programmieren" Sie zu dritt oder zu viert ein Computerspiel.

Banane (f) ◆ Brief (m) ◆ CD (f) ◆ Flasche Bier (f) ◆ Führerschein (m) ◆ Flugticket (n) ◆
Fußball (m) ◆ Handy (n) ◆ Kamera (f) ◆ Käsebrot (n) ◆ Klopapier (n) ◆ Kuli (m) ◆
Packung Erdnüsse (f) ◆ Pass (m) ◆ Pfennigstück (n) ◆ Pizza (f) ◆ Schokoriegel (m) ◆
Scheck (m) ◆ Spielzeugauto (n) ◆ Wörterbuch (n) ◆ Zehnmarkschein (m) ◆ Zeitschrift (f)

Verstecken Sie zehn Dinge. Was kommt wohin? Diskutieren Sie und schreiben Sie die Verstecke auf.

Banane - in die Mikrowelle
Pass – hinter das Bild über dem Tisch
Schokoriegel – auf den Herd
Brief – in die Schachtel auf dem Fernseher
Handy – unter den Teppich vor der Waschmaschine
...

Spielen Sie mit einer anderen Gruppe.

Was ist unter dem Teppich? ↘

Unter welchem Teppich? ↗

Unter dem Teppich am Fernseher. ↘

Moment! → *Ein Führerschein.* ↘

ARBEIT
 E

Zwischen den Zeilen

1 Die Konjunktionen „und", „oder" und „aber". Ergänzen Sie die Regeln.

Sätze ◆ ~~Addition~~ ◆ Kontrast ◆ Satzteile ◆ Alternative ◆ Komma

Konjunktionen verbinden _____ oder _____ .

| **und** | ... | **+** | ... | = _Addition_____ |
| | Ihre Hobbys sind Reiten, Lesen | **und** | Faulenzen. | |

| **oder** | ... | **←\|→** | ... | = _____ |
| | Sie lebt in San Francisco | **oder** | (sie lebt) in Irland. | |

aber		**←→**		= _____
	Er kommt nicht oft zum Unterricht,	**aber**	er hat gute Noten.	
		←→		
	Sie hat eine feste Beziehung,	**aber**	sie ist nicht verheiratet.	

Vor „und" und „oder" steht meistens kein _____ , aber vor „aber" steht immer ein _____ .

2 Ergänzen Sie die passenden Konjunktionen.

Eigentlich besuche ich Onkel Albert ganz gern, _____ nicht heute: Heute hat er Geburtstag. Ich habe nichts gegen Geburtstage: Kindergeburtstage finde ich super, _____ meinen Geburtstag finde ich natürlich besonders super, _____ Geburtagsfeiern von Erwachsenen sind einfach schrecklich langweilig _____ anstrengend für uns Kinder. Da sitzen die Erwachsenen den ganzen Tag nur herum _____ essen _____ trinken viel zu viel. Alle haben Zeit, _____ keiner will mit uns spielen. Sie diskutieren lieber über uninteressante Themen wie Politik, Fußball _____ Krankheiten, _____ wir müssen stundenlang still dabei sitzen. Wenn wir dann endlich aufstehen _____ spielen dürfen, heißt es: „Seid doch nicht so laut, _____ wollt ihr dem Onkel den Tag verderben?" Endlich neun Uhr. Sonst müssen wir um diese Zeit ins Bett gehen, _____ heute ist alles anders. Die Eltern bleiben sitzen, trinken, diskutieren _____ streiten. Zehn Uhr. Jetzt singen alle _____ sind furchtbar laut. Wir sind müde _____ möchten nach Hause, _____ das ist ihnen egal ...
Wenn ich mal groß bin, dann feiere ich meinen Geburtstag überhaupt nicht _____ ich mache alles ganz anders. Bei mir sollen sich nämlich alle Gäste wohl fühlen, Erwachsene _____ Kinder!

ARBEITSBUCH
F 1-F 3

ARBEITSBUCH
G 1-G 3

Kurz & bündig

Die Familie

die Großeltern	die Großmutter	der Großvater
die Eltern	die Mutter	der Vater
die Kinder	die Tochter	der Sohn
die Enkelkinder	die Enkeltochter / die Enkelin	der Enkel(sohn)
die Geschwister	die Schwester	der Bruder
andere	die Tante	der Onkel
	die Nichte	der Neffe
die Schwiegereltern	die Schwiegermutter	der Schwiegervater
	die Schwiegertochter	der Schwiegersohn
	die Schwägerin	der Schwager

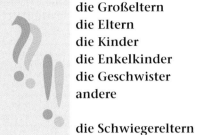
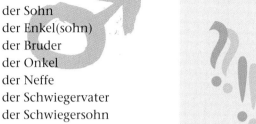

Possessiv-Artikel § 14

Unser Redaktionsteam präsentiert die Schülerinnen und Schüler der Stufe 13 –- **ihre** Hobbys, **ihre** Träume und **ihre** Pläne für die Zukunft.

(Vera)	Was nimmst du auf eine einsame Insel mit? Wie sieht **dein** Traummann aus?	Bücher, **mein** Schreibzeug und **meine** CDs. Ach, ich weiß nicht, da gibt's viele …
(Pero)	Er ist **unser** Mathe- und Physik-As. **Seine** Traumfrau?	**Sein** Berufswunsch: Maschinenbauingenieur. Hört doch auf mit **euren** doofen Fragen!
(Katja)	**Ihr** Leben ist der KSC.	**Ihr** Markenzeichen ist **ihre** Haarfarbe.
(Daniel)	Er ist sehr Internet-begeistert:	Er hat **seine** eigene Homepage und ist festes Mitglied in **unserem** Redaktionsteam.

Trennbare Verben

6.30 Der Wecker klingelt. Frau Jansen muss **aufstehen** und Nina und ihren Mann wecken. Dann duscht sie und **zieht** sich **an**. Thomas **steht auf** und macht das Frühstück.
12.30 Frau Jansen **holt** Hanna von der Vorschule **ab**.

Nicht-trennbare Verben § 4b, § 8c, d

7.30 Nina muss sich **beeilen**, die Schule **beginnt** um 7.55 Uhr: tschüs – Küsschen.
7.45 Thomas **verlässt** das Haus und geht ins Büro.
13.15 Das Mittagessen ist fertig. Die Kinder **erzählen** von der Schule.

Situativ- und Direktivergänzungen mit Wechselpräpositionen § 19

⦿ Wo?

Ich bin gerade **im** Flugzeug. Ich möchte ein bisschen herumsuchen. Aber die Stewardess lässt mich nicht.

Das Ei findest du **in der** Wohnung. Das liegt dort **im** Kühlschrank, **im** Gemüsefach, **hinter den** Äpfeln.

Warst du eigentlich schon **auf dem** Dach?

Irgendwo **unter den** Sitzen liegt ein Feuerzeug.

⟶ Wohin?

Aber du darfst **auf die** Toilette gehen. Das Klopapier legst du **ins** Waschbecken, dann läuft das Wasser **auf den** Fußboden. Dann gehst du **in die** Küche und legst das Ei **in die** Mikrowelle.

Gut, ich gehe zurück **in die** Wohnung und schaue **in den** Kühlschrank.

Kann man auch **aufs** Dach gehen?

Schau auch **unter die** Sitze!

Nützliche Ausdrücke

Was findest du gut an dir? ↗	Ich kann gut zuhören. ↘
Wie sieht dein Leben **in 20 Jahren** aus? ↘	Ich mache **irgendwas mit** Sprachen. ↘
Ist das wirklich dein Ernst? ↗	**Na klar.** ↘ Natürlich. ↘
Kochen **macht mir Spaß.** ↘	**Das mache ich auch ganz gern.** ↘
	Was? ↗ Kochen **finde ich** furchtbar. ↘

Du bist ein Schatz!

Wie junge Leute wohnen.

Sprechen Sie über die Bilder.

Auf Bild A sind vier junge Leute. ↘ Sie sind in der Küche. ↘

Vielleicht machen sie eine Party. ↘

Aber an der Klingel stehen vier Namen. ↘

Ich glaube,→ das sind Studenten. ↘ Sie wohnen zusammen → und kochen gerade. ↘

Welche Aussagen passen zu welchen Bildern? Markieren Sie.

1 Ich komme aus Hannover. Seit zwei Jahren studiere ich hier in Berlin. Ich habe ein Zimmer im Studentenwohnheim.
2 Wir kennen uns jetzt seit vier Jahren und verstehen uns sehr gut. Seit zwei Jahren wohnen wir auch zusammen.
3 Ich bin 21 und wohne seit acht Monaten mit drei Freunden zusammen. Das ist toll, bei uns ist immer etwas los.

4 Ich bin 17 und wohne noch bei meinen Eltern. Nächstes Jahr bin ich mit meiner Lehre fertig, vielleicht ziehe ich dann aus. Ich hoffe, ich bekomme gleich eine Arbeit und kann genug Geld verdienen. Eine eigene Wohnung ist nämlich ziemlich teuer.
5 Ich bin 26 und arbeite als Reisekauffrau. Seit vier Jahren wohne ich nicht mehr bei meinen Eltern, sondern allein in einer kleinen Zweizimmerwohnung.

Text	Bild
1	C
2	
3	
4	
5	

Wie wohnen Sie, Ihre Kinder, Ihre Freunde, Ihre Nachbarn?

Ich bin Studentin. ↘ Ich wohne im Studentenwohnheim. ↘

Und ich wohne bei meinen Eltern. ↘

ARBEITSBUCH
A1-A2

Lesen Sie die Überschrift. Was meinen Sie: Was steht im Text?

Zu Hause ist es doch **am schönsten!**

Der neue Trend:
Jugendliche wohnen länger bei den Eltern

Junge Leute bleiben zu Hause

Wohnungen zu teuer

Zu Hause ist es doch am schönsten!

Der neue Trend:
Jugendliche wohnen länger bei den Eltern

Immer mehr junge Leute bleiben im Elternhaus, obwohl sie schon lange arbeiten und Geld verdienen. Zum Beispiel die 23-Jährigen: Heute (1995) leben genau 50% noch bei ihren Eltern, 1975 waren es nur 15%. Sind Twens von heute zu bequem und zu anspruchsvoll? Haben sie Angst vor der Unabhängigkeit oder kein Geld für eine eigene Wohnung?

5 In den 70er-Jahren war die Wohngemeinschaft (kurz: WG) bei jungen Erwachsenen eine beliebte Wohnform. Man wollte weg von zu Hause, mit anderen jungen Leuten zusammenwohnen, anders leben als die Eltern. Große Wohnungen waren zwar teuer, aber zu viert oder zu fünft konnte man die Miete gut bezahlen. Heute ist die WG für die meisten keine Alternative mehr, weil WG für viele nur Chaos und Streit um die Hausarbeiten bedeutet. Und eine

10 eigene Wohnung mieten, alleine wohnen? Die meisten zögern, obwohl sie gerne unabhängig sein wollen.

Vor allem in den Großstädten sind Wohnungen sehr teuer – für Lehrlinge und Studenten oft zu teuer. Also bleiben die meisten jungen Leute zu Hause, bis sie ihre Lehre oder ihr Studium beendet haben. Und auch danach führt der Weg nicht automatisch in die eigene Wohnung,

15 weil viele nach Abschluss der Ausbildung keine Arbeit finden. Auch ein Universitätsabschluss und gute Noten sind heute keine Garantie mehr für eine sichere berufliche Zukunft.

Bei einigen jungen Erwachsenen ist der Schritt in die Unabhängigkeit nicht von Dauer. Sie ziehen aus, kommen aber bald zu ihren Eltern zurück, weil sie arbeitslos werden, weil sie ihre Wohnung nicht mehr bezahlen können oder weil sie Probleme mit dem Alleinsein haben.

20 Natürlich gibt es auch junge Leute, die gar nicht ausziehen wollen. Sie bleiben im Elternhaus, obwohl sie genug Geld für eine eigene Wohnung haben. Das meistens kostenlose oder günstige Wohnen bei den Eltern ist attraktiv, weil sie so nicht auf das eigene Auto und teure Urlaube verzichten müssen. Sie genießen den „Rund-um-die-Uhr-Service" und müssen keine Hausarbeiten machen. Und dann ist da immer jemand, der zuhört und hilft, wenn man

25 Probleme hat. Warum also ausziehen? – zu Hause ist doch alles so einfach.

Notizen am Rand:
- *junge Leute im Elternhaus ←→ arbeiten, Geld verdienen*
- *23-Jährige: bei Eltern 50% (1995), 15% (1975)*
- *WG: in 70er-Jahren beliebt, anders leben, Miete günstig*
- *WG heute: keine Alternative ← Chaos und Streit*

Lerntipp:
Üben Sie Lese-Raten: Nehmen Sie ein Lineal oder ein Blatt Papier, legen Sie es auf den Text und verstecken Sie so einen Teil der Textzeile.

Vor allem in den Großstädten sind Wohnungen sehr teuer –

Versuchen Sie jetzt die Wörter zu raten und den Satz zu lesen. Vergleichen Sie dann mit dem kompletten Satz (ohne Lineal). Welche Wörter sind einfach, welche sind schwierig? Trainieren Sie Lese-Raten immer wieder: mit bekannten Texten aus TANGRAM, mit dem Vokabelheft, mit ...

Mit Lese-Raten lesen Sie bald wie ein Profi.

A 5

Unterstreichen Sie alle „weil"- und „obwohl"-Sätze im Text von A 4.

Schreiben Sie die Gründe („weil"-Sätze) in die Liste.

Hauptsatz, Aussage 1	Nebensatz weil + Aussage 2 ← Grund			
		Subjekt	(...)	**Verb(en)**
...,	weil	WG	für viele nur Chaos und Streit um die Hausarbeiten	bedeutet.

..., *weil* *viele Jugendliche nach Abschluss der Ausbildung keine Arbeit* *finden.*

Schreiben Sie die Gegengründe („obwohl"-Sätze) in die Liste.

Hauptsatz, Aussage 1	Nebensatz obwohl + Aussage 2 ↔ Gegengrund			
		Subjekt	(...)	**Verb(en)**
...,	obwohl	sie	schon lange	arbeiten
und		Geld		verdienen.

..., *obwohl*

Ergänzen Sie die Regel.

Subjekt ◆ am Ende ◆ Grund ◆ Verb im Infinitiv ◆ Modalverb ◆ Gegengrund
1 Sätze mit „weil" oder „obwohl" sind Nebensätze.   „Weil"-Sätze nennen einen _____, „obwohl"-Sätze nennen einen _____ für die Aussage im Hauptsatz. Zwischen Hauptsatz und Nebensatz steht ein Komma („,").   2 In Sätzen mit „weil" oder „obwohl" steht das Verb immer _____. Manchmal gibt es zwei Verben (Modalverb und Verb im Infinitiv), dann stehen beide Verben am Satzende: zuerst das _____, dann das _____ .   3 Das _____ steht immer direkt hinter „weil" oder „obwohl".

ARBEITSBUCH
A 3-A 7

A 6

Wie ist das in Ihrem Land? Wann ziehen junge Erwachsene aus?
Wie wohnen sie dann? Warum?

mit (etwa) ... Jahren ausziehen ◆ mit der Partnerin/dem Partner leben ◆
in einer anderen Stadt arbeiten / studieren / ... ◆ zum Militär gehen ◆
Streit mit den Eltern haben ◆ bei Verwandten wohnen ◆ unabhängig sein ◆
zur Untermiete wohnen ◆ mit Freunden zusammenwohnen ◆
gerne allein leben ◆ seine Ruhe haben ◆ wenig / genug Geld haben ◆
bis zur Heirat / zum Examen / ... bei den Eltern wohnen ◆ Kinder haben ◆ ...

Bumerang-Kinder: Kaum sind sie ausgezogen, stehen sie wieder vor der Tür.

B 1

Arbeiten Sie zu viert und sprechen Sie über die Bilder.

A

NIC is the global leader in executive management consulting headquartered in Europe. With over 1,000 employees we develop and implement innovative business strategies and management systems. For our office in the World Trade Center (New York City) we are looking for a

secretary

German is your native language and you can speak and write English with near-native speaker fluency. You have been trained as a foreign-language secretary and have already acquired experience in an international business environment.

We look forward to your application.

NIC – International Management Consultants

One World Trade Center, 94th Floor, New York NY 10048, USA

B

C

D

Bumerang *(m)*; -s, *Plural* -s *od.* -e (engl., aus austral. *wumera*); Wurfholz, das in einem Kreis zum Werfer zurückfliegt. Heute in vielen Formen als Spiel- und Sportgerät zu finden.

■ *Die Leute sind am Flughafen. Ich glaube, die junge Frau will verreisen.*

● *Vielleicht macht sie Urlaub.*

▼ *Aber ihre ganze Familie ist da. Ich glaube, sie geht für lange Zeit weg.*

▲ *Das ist bestimmt kein Urlaub. Schau mal, die Anzeige …*

Hören Sie den Dialog und markieren Sie.

1 Die beiden Frauen sprechen über
   Bild _____ .

2 Christine lebt heute ...
   ☐ a) allein mit Simon.
   ☐ b) mit Simon bei ihren Eltern.
   ☐ c) mit John und Simon in New York.

3 Christine beantwortet Veras Fragen ...
   ☐ a) gerne.
   ☐ b) nicht so gerne.

4 Christine und Vera sind ...
   ☐ a) Freundinnen.
   ☐ b) Schwestern.
   ☐ c) Bekannte.

Was ist heute? Was war früher? Sortieren Sie.

~~keine Arbeit~~ ◆ ~~Arbeit bei NIC~~ ◆ Freundschaft mit John ◆ lange Haare ◆ keine eigene Wohnung ◆
Geburt von Simon ◆ alles funktioniert gut ◆
Kaffeetrinken mit Vera ◆ Streit mit den Eltern ◆ Zimmer bei den Eltern

heute   *früher*
_____   _____
keine Arbeit   *Arbeit bei NIC*

Hören Sie noch einmal und sortieren Sie die Antworten.

1 Warst du da in Amerika?

2 Urlaub in New York! Das wollte
   ich auch immer mal machen!

3 Und warum wolltest du wieder
   nach Deutschland zurück?

4 Wer ist eigentlich der Vater von
   Simon?

5 Wolltet ihr das Kind nicht
   haben?

6 Und dann bist du zurück nach
   Deutschland?

7 Da hattet ihr bestimmt viele
   Probleme, du und deine Eltern?

☐ Natürlich hatten wir manchmal Streit, vor allem wegen Simon. Am Anfang durfte er fast gar nichts. Meine Eltern mussten sich erst wieder an ein Kind im Haus gewöhnen.

☐ Eigentlich wollte ich ja in Amerika bleiben, aber mit Simon konnte ich ja nicht mehr arbeiten.

1 Ja, ich komme da gerade aus New York zurück. Das war vor zwei Jahren ...

☐ Ich wollte das Kind schon haben, aber John wollte es nicht. John war verheiratet und hatte schon zwei Kinder.

☐ John. ... Damals bei NIC hatte ich eine interessante Arbeit, nette Kollegen, alles war einfach super. Und John war auch ein Kollege. Er war ganz besonders nett. Na ja, und dann wurde ich eben schwanger. Aber mit John: Das konnte einfach nicht gut gehen.

☐ Ja, es gab keine andere Möglichkeit. Allein mit dem Baby, keine Arbeit, kein Geld – das war vielleicht ein Chaos! Ich musste alles allein organisieren ...

☐ Nein, nein. Das war kein Urlaub. Ich war drei Jahre in New York. Ich war Sekretärin bei NIC.

Unterstreichen Sie die Verben.

Ergänzen Sie die Tabelle und die Regeln.

	Modalverben		haben		sein	
	jetzt	früher	jetzt	früher	jetzt	früher
ich	will	___	habe	___	bin	___
	kann	___				
	muss	___				
du	willst	___	hast	*hattest*	bist	___
sie, er, es, das	will	___	hat	*hatte*	ist	___
	kann	___				
	darf	___				
wir	müssen	*mussten*	haben	___	sind	*waren*
ihr	wollt	___	habt	___	seid	*wart*
sie	müssen	___	haben	___	sind	___
Sie	müssen	___	haben	*hatten*	sind	___

1 Die Modalverben und das Verb „haben" haben im Präteritum immer ein _____ (= Präteritum-Signal), dann kommt die Verb-Endung.

2 Im Präteritum sind die Endungen gleich bei
  • _____ und _____ (Singular).
  • _____ und _____ (Plural).

3 Vergleichen Sie die Infinitive mit den Präteritum-Formen.

Präsens	Präteritum
es gibt	es gab
ich werde	ich wurde

Infinitiv „können"   Infinitiv „müssen"   Infinitiv „dürfen"
Präteritum: *konnt-*   Präteritum: _____   Präteritum: _____

Im Präteritum gibt es keine _____.

ARBEIT·
B 1·

Machen Sie ein Interview über „Kindheit und Jugend".

im Haushalt helfen ◆ still sitzen ◆ aufräumen ◆ früh ins Bett gehen ◆ Süßigkeiten essen ◆ fernsehen ◆ (Zigaretten) rauchen ◆ laut Musik hören ◆ abends allein in die Disko gehen ◆ einen Freund/eine Freundin mit nach Hause bringen ◆ mit Freunden in Urlaub fahren ◆ heiraten ◆ (Pilot) werden ◆ …

■ *Mussten Sie als Kind im Haushalt helfen?* ↗
  ● *Ja,*→ *manchmal musste ich das Geschirr abtrocknen und den Mülleimer ausleeren.* ↘

▼ *Durftest du mit 15 abends allein in die Disko gehen?* ↗
  ▲ *Was wollten Sie als Kind werden?* ↘
    …

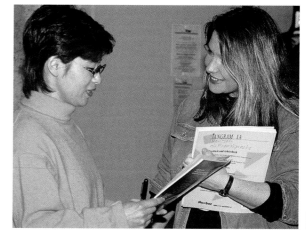

Als Kind wollte ich Rock-Star werden.
Als Studentin …
Mit 15 durfte ich nie allein in die Disko gehen.
Mit 18 …

ARBEIT·
B

Aber du wolltest doch ...

1

Hören Sie drei Dialoge. Zu welchen Dialogen passen die Bilder?

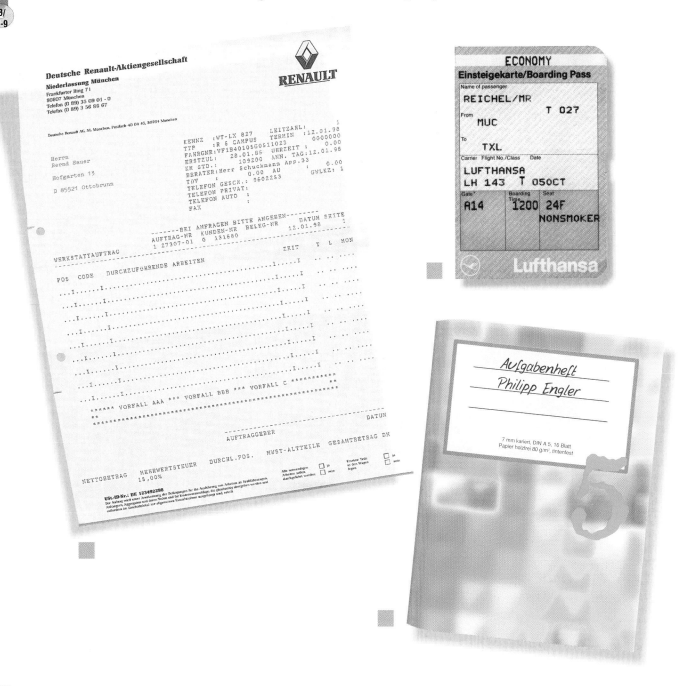

2

Was passt zu welchem Dialog? Hören Sie noch einmal und ordnen Sie zu.

A	Dialog	B	Dialog		Dialog
das Auto		Anna		Peter	
die Englischarbeit		Herr Schade		Inge	
die Hausaufgaben		Barbara		Philipp	
die Party		die Mutter von Philipp		Bernd Sauer	
das Ticket		ein paar Leute mit Tickets		Jochen	
die Werkstatt					

Ergänzen Sie die Sätze. Die passenden Namen oder Wörter finden Sie in C 2.

Dialog 1

_____ entschuldigt sich.

_____ ist noch nicht fertig.

_____ sollte schon gestern fertig sein.

_____ konnte die Ersatzteile erst heute bekommen.

_____ wollte nach Essen fahren.

Dialog 2

_____ wollten nach Berlin fliegen.

_____ konnten keine Tickets mehr bekommen.

_____ mussten auch da bleiben.

Bei _____ war eine Party.

_____ waren nicht auf der Party.

_____ war krank.

Dialog 3

_____ sollte um sechs Uhr zu Hause sein.

_____ konnte seine Hausaufgaben nicht allein machen.

_____ musste seinem Freund helfen.

_____ wollten für die Englischarbeit üben.

_____ war erst um sieben zu Hause.

_____ war sauer.

_____ sollte eigentlich sein Zimmer aufräumen.

Sei bitte um sechs Uhr zu Hause!

Ich muss um sechs Uhr zu Hause sein. (Meine Mutter will das. Ich will pünktlich sein.)

Ich soll um sechs Uhr zu Hause sein. (Meine Mutter will das. Ich weiß noch nicht. Vielleicht bin ich pünktlich, vielleicht auch nicht.)

Ich musste um sechs Uhr zu Hause sein. (Meine Mutter wollte das. Ich war pünktlich.)

Ich sollte um sechs Uhr zu Hause sein. (Meine Mutter wollte das. Aber ich war nicht pünktlich.)

Fragen und antworten Sie abwechselnd.

■ *Warum war Philipp erst um sieben Uhr zu Hause?* ↘

    ● *Weil er seinem Freund helfen musste* → *und weil er für die Englischarbeit üben …* ↘

■ *Und warum war Philipps Mutter sauer?* ↗

    ● *Weil Philipp schon um sechs Uhr zu Hause sein sollte* → *und eigentlich …*

5   **Machen Sie eigene Dialoge nach den Beispielen.**

1

● *Wo warst du denn gestern Abend?*

■ *Ich musste zu Hause bleiben. Anna war krank.*

● *Schade! Die Party bei Barbara war sehr schön.*

gestern	Morgen
heute	Vormittag
	Nachmittag

am Montagabend
am Dienstagmorgen
am ...

zum Zahnarzt gehen
zum Ordnungsamt gehen
...

der Unterricht	interessant sein
der Ausflug	schön sein
der Film	
...	

2

● *Huch! Was macht ihr denn hier? Wolltet ihr heute nicht nach Berlin fliegen?*

■ *Eigentlich schon, aber
wir konnten keine Tickets mehr bekommen.*

nach München fahren
Karten spielen
Peter besuchen
...

Auto: kaputt sein
Peter: nicht kommen können
keine Zeit haben
...

3

● *Du solltest doch
schon um sechs zu Hause sein!*

■ *Tut mir Leid, aber
ich musste Peter noch bei den Hausaufgaben helfen.*

● *Und da konntest du nicht anrufen?*

die Konzertkarten kaufen
anrufen
die Waschmaschine repa-
rieren
...

kein Geld dabei haben
eine Konferenz haben
das Werkzeug nicht finden
...

mit Scheck bezahlen
mal kurz rausgehen
fragen
...

4

● *Guten Tag. Ich möchte
mein Auto abholen.*

■ *Tut mir Leid, das ist noch nicht fertig.*

● *Aber es sollte doch heute fertig sein?!*

■ *Eigentlich schon, aber
wir konnten die Ersatzteile nicht bekommen.*

● *So ein Mist!*

Fernseher abholen
neue Waschmaschine
abholen
zum Deutschkurs gehen
...

noch nicht fertig sein
noch nicht da sein
erst nächste Woche anfangen
...

neue Ersatzteile bestellen
der Hersteller: nicht liefern können
die Lehrerin: krank sein

ARBEITSBUCH
C 3-C 4

6   **Schreiben Sie zu zweit Dialoge zu diesen Situationen.**

1   Sven glaubt: Melanie ist in Urlaub. Dann trifft er sie in der Kneipe.
2   Warum wollte Salih nicht mehr zum Deutschkurs gehen?
3   Andreas sollte einkaufen. Nicole kommt nach Hause. Der Kühlschrank ist leer.
4   Helga war am Wochenende nicht auf der Hochzeitsfeier.
5   Herr Spät hat um zehn Uhr einen Termin mit Herrn Müller, aber Herr Müller ist nicht
    da. Herr Spät spricht mit der Sekretärin.

D 1 **Lesen Sie die Dialoge zu zweit oder zu dritt und unterstreichen Sie die Verben.**

1 ● Kommt ihr heute mit ins Konzert?
Im „Sinkkasten" spielt eine tolle Band.
■ Tut mir Leid, heute kann ich nicht.
● Ich auch nicht.
■ Schade. Warum nicht?
● Ich muss zu Hause bleiben und lernen, weil wir
am Montag ein Diktat schreiben.
■ Und ich muss mit meiner kleinen Schwester in
die Disko gehen, obwohl ich dazu überhaupt
keine Lust habe. Aber sie darf abends nicht allein
weg, da muss ich halt manchmal mit.

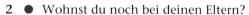

2 ● Wohnst du noch bei deinen Eltern?
■ Nein, ich musste ausziehen, weil ich ja jetzt in
Münster studiere.
● Hast du da eine eigene Wohnung?
■ Ja, ich wohne mit zwei anderen Studentinnen zusammen.
● Und? Wie ist das in einer Wohngemeinschaft?
■ Ich finde es ganz gut, obwohl ich manchmal Probleme mit dem Chaos in der Küche habe.
● Das kann ich gut verstehen. Ich war ja auch mal in einer WG. Da war immer die Hölle los: Musik, Partys,
dauernd fremde Leute in der Wohnung. Nach vier Monaten bin ich wieder zurück zu meinen Eltern, weil
ich einfach meine Ruhe haben wollte.
■ Ach, die vielen Leute stören mich eigentlich nicht, obwohl ich auch manchmal gerne allein bin.

  Hören und vergleichen Sie. Die Leute sprechen „Umgangssprache".
Was ist hier anders bei „weil" und „obwohl"? Markieren Sie.

Nach „weil" oder „obwohl"	Im „weil"-Satz oder im „obwohl"-Satz
☐ ist eine Pause.	☐ steht das Verb auf Position 2.
☐ ist keine Pause.	☐ steht das Verb am Ende.

> So sprechen heute viele Leute in
> Deutschland. Sie denken nach
> „weil" und „obwohl" einen
> Doppelpunkt: Dann folgt ein
> Hauptsatz. So darf man sprechen,
> aber nicht schreiben.

D 2 **Lesen und ergänzen Sie.**

Die Leute sprechen schnell: Buchstaben, Silben und Endungen fehlen. Wie heißen diese Wörter richtig?

heut' _____   hastu _____

'ne tolle Band _____   'ne eig'ne _____

nich' _____   Wohnung _____

lern'n _____   ich wohn' _____

'n Dikat _____   ander'n _____

geh'n _____   in 'ner _____

ich hab' _____   ich find's _____

ich musst _____   versteh'n _____

auszieh'n _____   ich wollt' _____

ich studier' _____   stör'n _____

  Hören Sie jetzt noch einmal und vergleichen Sie.

Der Ton macht die Musik

Hören Sie und sprechen Sie nach.

E 1
3/12

Wie konntet ihr nur!

Wie konntet ihr nur ...!   Wir mussten doch ...

Konntet ihr denn nicht ...?   Wir wollten schon, aber ...

Ach, ihr wolltet doch nur ...   Nein, wirklich nicht. Wir mussten ...

Wie konntet ihr nur!

Das durftest du nicht!

Das durftest du nicht!   Warum? Ich wollte doch nur ...

Und warum musstest du ...?   Aber ich sollte doch ....

Und warum konntest du nicht ...?   Das wollte ich ja, aber ...

Das durftest du nicht!

Mussten sie wirklich?

Mussten sie wirklich ...?   Na klar. Sie wollten doch nicht ...

Und warum konnten sie nicht ...?   Sie mussten doch ... ,

    da konnten sie doch nicht ...

Aber mussten sie wirklich ...?

E 2 In diesen Dialogen gibt es keine „Inhalte". Wählen Sie einen Dialog und ergänzen Sie die Sätze oder schreiben Sie einen neuen Dialog mit Inhalten. Arbeiten Sie zu zweit.

E 3 Variieren Sie Ihren Dialog.

Beispiel: Wie konnten Sie nur?   Wir mussten ...

    Das durftet ihr nicht!   Warum? Wir wollten doch nur ...

    Mussten Sie wirklich ...?   Na klar. Ich wollte doch nicht ...

ARBEITSBUCH
E 1-E 4

GEHST DU BITTE MAL MILCH UND BUTTER KAUFEN?

MACH ICH NACHHER.

NACHHER! NACHHER! ICH KANN DAS NICHT MEHR HÖREN! ALLES MACHST DU NACHHER!

IST SCHON GUT, ICH MACHS GLEICH.

ICH MUSS BLOSS VORHER SCHNELL NOCH EIN PAAR ANDERE SACHEN FERTIG MACHEN.

ARBEITSBUCH
F 1-F 4

Kurz & bündig

Aussage

Lehrlinge und Studenten bleiben länger zu Hause,
Einige junge Leute kommen zu den Eltern zurück,

Viele junge Leute finden heute keine Arbeit,
Einige junge Leute bleiben im Elternhaus,

„Warum"-Fragen

Warum war Philipp erst um sieben zu Hause?
Warum war das Auto noch nicht fertig?
Warum wart ihr nicht auf der Party von Barbara?

← „weil"-Sätze   § 5b, § 22

weil eine eigene Wohnung zu teuer **ist.**
weil sie arbeitslos **werden.**

↔ „obwohl"-Sätze

obwohl sie eine gute Ausbildung **haben.**
obwohl sie genug Geld für eine eigene
Wohnung **haben.**

Kurzantworten mit „Weil"-Sätzen

Weil er seinem Freund **helfen musste.**
Weil der Meister krank **war.**
Weil Anna krank **war.**

Präteritum von „sein" und „haben"   § 9a

Warst du da in Amerika?

Ja, ich **war** drei Jahre in New York. Ich **hatte** eine interessante Arbeit und nette Kollegen. John **war** ein Kollege. Er **war** ganz besonders nett. Dann wurde ich schwanger. John **war** verheiratet und **hatte** schon zwei Kinder. Da bin ich dann zurück zu meinen Eltern nach Deutschland.

Da **hattet** ihr bestimmt viele Probleme,
du und deine Eltern?

Natürlich **hatten** wir manchmal Streit.

Präteritum der Modalverben   § 10

Wolltet ihr heute nicht nach Berlin fliegen?

Ja, aber wir **konnten** keine Tickets mehr bekommen.

Tut mir Leid, aber Ihr Wagen ist noch nicht fertig.
Wo warst du denn am Samstag?

Was? Der **sollte** doch schon gestern fertig sein!
Ich hatte keine Zeit. Ich **musste** den ganzen Tag arbeiten.

Durften Sie früher allein in die Disko gehen?
Konntest du nicht anrufen?
Warum **konnten** sie nicht zur Party kommen?

Nein, ich **durfte** nur mit meinem Bruder weggehen.
Ich **wollte** ja, aber das Telefon war kaputt.
Sie **mussten** zu Hause bleiben, weil Anna krank war.

Nützliche Ausdrücke

Wer ist **eigentlich** der Vater von Simon? ↘
Warum wolltest du wieder nach Deutschland zurück? ↗
Was macht ihr denn hier? ↘ Ihr wolltet **doch** nach Berlin fliegen. ↘
Musst du **nicht** am Wochenende arbeiten? ↗
Du solltest **doch** schon um sechs zu Hause sein. ↘

John. ↘
Eigentlich wollte ich **ja** in Amerika bleiben, → **aber** mit Simon konnte ich ja nicht mehr arbeiten. ↘
Eigentlich schon, → **aber** wir konnten keine Tickets mehr bekommen. ↘
Doch, → aber nur bis sechs. ↘ Am Abend habe ich Zeit. ↘
Tut mir Leid, → **aber** ich musste Peter noch bei den Hausaufgaben helfen. ↘

Was wollten Sie **als Kind** werden? ↗
Mussten Sie **als Kind** im Haushalt helfen? ↗
Mit 18 wollte ich ausziehen → und **in einer Wohngemeinschaft** wohnen. ↘

Rock-Star. ↘
Ja, → manchmal musste ich das Geschirr abtrocknen. ↘

Ich war auch mal in einer WG. ↘ **Da war** immer **die Hölle los!** ↘

Urlaub und Reisen

A ## Was für ein Urlaubs-Typ sind Sie?

aktuelle Urlaubs-Angebote

A **Mittelmeer-Kreuzfahrt**
14 Tage, alles inkl.,
ab Genua, 3.250,– DM

B **Bus-Rundreise durch Mecklenburg**
5 Tage, Übern. im DZ / HP, 599,– DM

C **Englisch lernen auf Malta**
10 Tage, Übern. / Frühstück
täglich 4 Std. Unterricht, 1.435,– DM

D **Weltreise in 12 Tagen**
alles inkl., ab 3.995,– DM

E **Surfen auf Korsika**
2 Wochen, Flug, *** Hotel (HP)
inkl. 1 Wo Surfkurs, 1.089,– DM

F **Städtereise nach Wien**
4 Tage, Flug, **** Hotel (Ü / F),
inkl. Stadtrundfahrt & Musical, 839,– DM

G **Entspannungs-Wochenende auf Rügen**
mit komplettem Wellness-Programm
3 Tage, **** Hotel, HP, ab 585,– DM

Strandhotel auf Djerba
(Tunesien)

Wanderung in den Alpen

Radtour von Dresden nach Prag

Camping in der Bretagne

Familien-Ferien auf dem Bauernhof

mit dem Interrail-Ticket durch Europa

A 1 ### Sprechen Sie über die Urlaubsangebote.

Angebot A ist eine Mittelmeer-Kreuzfahrt. ↘ *Man fährt mit dem Schiff,* → *man besichtigt viele Sehenswürdigkeiten,* →
man kann schwimmen, → *man isst und trinkt gut,* → *und abends kann man in die Disko gehen.* ↘

Wie finden Sie die Angebote? Diskutieren Sie.

Welches Angebot finden Sie interessant / langweilig / günstig / (zu) teuer / … ?
Welches Angebot ist interessant für junge Leute / Familien / ältere Leute / … ?
Welche Angebote gibt es auch / gibt es nicht in Ihrem Land?

ARBEITSBUCH
A 1

Was ist für Sie im Urlaub wichtig? Markieren und ergänzen Sie.

einfach mal nichts tun

Menschen kennen lernen

Sport treiben

Sehenswürdigkeiten besichtigen

Zeit für die Familie haben

gut essen und trinken

fremde Länder kennen lernen

etwas lernen / einen Kurs machen

in der Sonne liegen und braun werden

mit Freunden zusammen sein

_____

_____

_____

Welchen Urlaub möchten Sie gerne machen? Warum? Interviewen Sie Ihre Nachbarn.

Wie möchten Sie / möchtest du gerne Urlaub machen?

> *Ich möchte gerne einmal …*
> *Ich wollte schon immer einmal …*
> *Da kann ich …*
> *Im Urlaub will ich …*

Berichten Sie.

Ramon möchte einen Campingurlaub in der Bretagne machen, weil er schon immer einmal nach Frankreich fahren wollte. Da kann er viel mit den Kindern spielen und einen Surfkurs machen.

ARBEITSE
A 2-A

In 12 Tagen um die Welt – Nordroute

Welche Texte passen zu welchen Bildern? Markieren Sie.

ARBEITS
B 1-I

Tempel in Bangkok

San Francisco mit Golden Gate-Brücke

Blick auf den Grand Canyon

Das Spielerparadies Las Vegas bei Nacht

Der Waikikistrand in Honolulu (Hawaii)

Tokios beliebte Einkaufsstraßen

Welche Reiseziele finden Sie interessant? Warum?

B 2

Lesen Sie den Prospekt und ordnen Sie die Reiseroute.

1 Freitag um 15.45 Uhr Abflug mit Linienmaschine ab Frankfurt.
Ankunft in Bangkok Samstag um 8.45 Uhr, Transfer zum Hotel, anschließend Freizeit.
Am Abend „Dinner Cruise" auf dem Chao Phaya.

Ralf unpünktlich!
– Snacks im Hotel

Mittwoch 21 Uhr Nachtflug nach Honolulu (Hawaii). Dabei Flug über die Datumsgrenze: Der Mittwoch erscheint deshalb zweimal im Programm.

Montag Tagesflug über Indochina nach Tokio.
Dienstag Tagesfahrt nach Kamakura zum großen Buddha und zum Hakone See beim
Fujiyama; Mittwoch Freizeit und Stadtrundfahrt.

Freitag Freizeit in San Francisco und Gelegenheit zum Einkaufen; nachmittags
Rundfahrt u.a. mit Golden Gate-Brücke und Fisherman's Wharf. Samstagvormittag
Freizeit, am Nachmittag Flug nach Las Vegas.

2 Sonntag Stadtrundfahrt in der Hauptstadt Thailands und Besichtigung der
Tempel; Zeit zum Stadtbummel; abends Vorführung von thailändischen Tänzen
mit Abendessen.

Zwei Tage Freizeit am weltberühmten Strand von Waikiki. Donnerstag um 17.15 Uhr
Flug nach San Francisco. Ankunft um Mitternacht und Transfer zum Hotel.

Am Abend Rundfahrt „Las Vegas bei Nacht" oder Besuch einer Show.
Am Sonntag Freizeit in Las Vegas oder Flug zum Grand Canyon.

Sonntag 21 Uhr ab Las Vegas Nachtflug über den amerikanischen Kontinent,
Flugzeugwechsel und Weiterflug über den Atlantik nach Deutschland.

3/13 **Hören Sie den Reisebericht und vergleichen Sie.**

B 3

3/13 **Das sind Notizen aus Inkas Reisetagebuch. Was passt wo?**
Hören Sie noch einmal und ergänzen Sie.

Bus zu spät – kein Flugzeug zum Grand Canyon! ◆ ~~Ralf unpünktlich – Snacks im Hotel~~ ◆
Kamera vergessen (Ralf!!) ◆ Tempel, Tempel, Tempel ◆ Strand, Meer, Sonne: super! ◆
Kopfschmerzen: zwei Tage im Bett! ◆ fix und fertig! ◆ eine ganz tolle Stadt

Vergleichen Sie den Reiseplan und Inkas Notizen.

Sie wollten abends eigentlich einen Dinner Cruise machen, aber sie mussten
im Hotel essen, weil sie nicht pünktlich waren.

Lesen Sie die Urlaubspost und unterstreichen Sie die Verben.

Hallo Ihr Lieben!

Unsere Weltreise hat gut begonnen.
In Frankfurt sind wir mit
Verspätung abgeflogen. Der Flug
war ganz schön lang, aber wir
haben gleich nette Leute kennen
gelernt. Bangkok ist traumhaft
schön! Wir haben schon eine
Stadtrundfahrt gemacht, die Tempel
angesehen und eine Vorstellung
mit thailändischen Tänzen besucht
- ganz toll! Jetzt geht's gleich
weiter nach Tokio. Arbeitet nicht
zu viel!

Liebe Grüße
Inka und Ralf

Fam.

Arnold Berg
Länderstr. 7

D-61906 Frankfurt a.M.

Germany

Liebe Rosi,

diese Reise ist wirklich ein Alptraum! Wir sind todmüde und völlig kaputt in Bangkok angekommen. Dort haben wir dann ewig
auf den Bus zum Hotel gewartet. Ralf ist im Hotel geblieben, hat
sich ins Bett gelegt und ist sofort eingeschlafen. Ich war auch
müde, aber wir hatten ja nur zwei Tage für Bangkok. Also bin ich
allein in die Stadt gegangen und habe groß eingekauft - auch ein
hübsches Teil für dich!
Abends wollten wir einen „Dinner Cruise" auf dem Chao Phaya
machen, aber wir haben das Boot verpasst. Ralf ist zu spät aufgewacht und hat Stunden gebraucht, bis er fertig war. Wir sind
dann auf eigene Faust losgegangen und haben ein Restaurant
gesucht, aber wir haben nichts Richtiges gefunden. Schließlich sind
wir ins Hotel zurückgefahren und haben dort gegessen - ein
paar Snacks, mehr gab's nicht mehr. Später haben wir dann
Leute aus unserer Reisegruppe getroffen. Die haben uns noch auf
einen Drink in die Hotelbar eingeladen und uns von dem „Dinner
Cruise" erzählt. Da haben wir wirklich was verpasst, ich war
ganz schön sauer auf Ralf!
Am Montag sind wir dann nach Tokio geflogen. Wir haben fast
den ganzen Tag im Flugzeug gesessen - das war zu viel für
mich. Jetzt liege ich hier allein im Hotelzimmer und habe furcht-
bare Kopfschmerzen. Ralf ist natürlich fit und hat die Tagesfahrt
mitgemacht. Stell dir vor, er hat die Kamera hier vergessen -
jetzt gibt es nicht einmal Dias vom Hakone-See. Morgen geht's
weiter nach Honolulu - hoffentlich wird dort alles besser.

Alles Liebe
deine Inka

Hallo Sven!
Unsere Weltreise geht zu Ende. Las Vegas ist
die letzte Station. In Bangkok und Tokio
haben wir die üblichen Sehenswürdigkeiten
besichtigt, auf Hawaii dann zwei Tage nur
gefaulenzt: Strand, Meer, Sonne, kühle Drinks.

Heute wollten wir eigentlich zum Grand
Canyon fliegen, aber das hat nicht geklappt.
Also sind wir durch die Spielkasinos gezogen -
wir haben zwar ein bisschen Geld verloren,
aber wir hatten viel Spaß.
Gleich geht's zum Flughafen.

Bis bald
dein Ralf

Sven Janes

Spielstr. 61

D-61458 Frankfurt a.

Germany

Welche Sätze passen? Ergänzen Sie Sätze aus B4 und die Regel.

	Verb 1 (haben / sein)			Verb 2 (Partizip Perfekt)
Unsere Weltreise	hat		gut	begonnen.
In Frankfurt	sind	wir	mit Verspätung	abgeflogen.
Wir	haben		gleich	

---

sein ◆ haben ◆ Partizip Perfekt

Diese Zeitform nennt man Perfekt. So berichtet man über Vergangenes (vor fünf Minuten, gestern, vor einer Woche, letztes Jahr …).
Das Perfekt von Verben wie „beginnen", „abfliegen", „machen" bildet
man mit _____ oder _____ und dem Partizip Perfekt.
Auf Position 2 stehen _____ oder _____ , das
_____ steht am Ende.

Auch für die Verben „sein" und
„haben" gibt es Perfektformen:
„Der Flug **ist** ganz schön lang
gewesen."
„Wir **haben** viel Spaß **gehabt**."
Aber das sagt man nur selten. Meistens
benutzt man hier das Präteritum:
„Der Flug **war** ganz schön lang."
„Wir **hatten** viel Spaß."
Auch die Modalverben benutzt man
im Präteritum:
„Heute **wollten** wir eigentlich zum
Grand Canyon fliegen."

 ARBEI
B 3

B 6

Arbeiten Sie zu dritt oder zu viert und schreiben Sie Plakate.

A *Infinitiv ge/.../(e)t*
   machen gemacht

B *Infinitiv .../ge/.../(e)t*
   einkaufen eingekauft

C *Infinitiv ge/.../en*
   schlafen geschlafen

D *Infinitiv .../ge/.../en*
   einladen eingeladen

E *Infinitiv .../.../t*
   besuchen besucht

F *Infinitiv .../.../en*
   beginnen begonnen

G *Perfekt mit „sein"*
   gehen (ist) gegangen

Welche Regeln gelten für welche Gruppen? Markieren Sie.

1 Das Partizip Perfekt bildet man bei den meisten Verben mit der Vorsilbe „ge-". *A,*

2 Bei trennbaren Verben steht „-ge-" nach der trennbaren Vorsilbe. _____

3 Das Partizip Perfekt der regelmäßigen Verben hat die Endung „-(e)t". _____

4 Das Partizip Perfekt der unregelmäßigen Verben hat die Endung „-en". _____

5 Die meisten Verben bilden das Perfekt mit „haben". _____

6 Verben der Bewegung (A → fahren/fliegen/... → B) oder der Veränderung

   (wach sein → einschlafen → schlafen) bilden das Perfekt mit „sein" (auch: bleiben!). _____

7 Verben mit den Vorsilben „er-, be-, ver-" sind nicht trennbar. Sie haben kein „ge-". _____

berichten du berichtest, sie/er/es
  berichtet berichtete hat berichtet
  19, 35, 65, 78, 104, 106, 108, 123
Beruf der, -e 6 7 8 14 24 57

Betrieb der, -e A
Betriebsfest das, -e
betrunken 113
Bett das, -en 31

ge·ben; *gibt, gab, hat gegeben;* ⟨V⟩ **1** *j-m etw. g.* etw.
  in j-s Hände od. in seine Nähe legen / tun, sodass er
  es nehmen kann ≈ j-m etw. reichen ↔ j-m etw.

war·ten¹; *wartete, hat gewartet;* ⟨V⟩ **1** *(auf j-n/etw.)*
  w. nichts tun, nicht weggehen o. Ä., bis j-d kommt
  od. etw. eintritt ⟨auf den Zug w.; w., bis man ab-

Lerntipp:

Lernen Sie die unregelmäßigen Verben und die
Verben mit „sein" immer mit dem Partizip Perfekt,
also:
schlafen – **geschlafen**   fliegen – **ist geflogen**
beginnen – **begonnen**   fahren – **ist gefahren**
usw.

Sie finden diese Informationen in der Wortliste
und im Wörterbuch.

B 7
3/14

Hören Sie, sprechen Sie nach und markieren Sie den Wortakzent.

a̲bgeflogen ◆ a̲ngekommen ◆ e̲ingeschlafen ◆ a̲ufgewacht ◆ lo̲sgegangen ◆ e̲ingekauft ◆
besu̲cht ◆ besichtigt ◆ verpa̲sst ◆ verge̲ssen ◆ erzählt

Ergänzen Sie die Regeln.

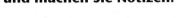

auf dem Verbstamm ◆ auf der Vorsilbe ◆ Vorsilbe + ge ◆ ge

Trennbare Verben	Nicht-trennbare Verben
Vorsilben _ab,_____	Vorsilben _be,_____
Wortakzent _____	Wortakzent _____
Partizip Perfekt _____	Partizip Perfekt ohne _____

B 8

Fragen Sie und machen Sie Notizen.

ARBEITS
B 5-

Wer hat / ist schon einmal ... ?

nach Asien fliegen

in den USA einkaufen

über die Datumsgrenze fliegen

in Afrika in der Sonne liegen

den Grand Canyon sehen

das Flugzeug verpassen

in ein Spielkasino gehen

den Pass oder das Ticket vergessen

eine berühmte Person kennen lernen

japanisch essen

eine kulturelle Veranstaltung im Ausland
   besuchen

...

Bist du / Sind Sie schon einmal nach Asien geflogen? ↗
      Nein, → *noch nie.* ↘
Hast du / Haben Sie schon einmal in den USA eingekauft? ↗
      Ja. ↘ *Ich war vor 3 Jahren in den USA.* ↘ *Da habe ich auch eingekauft.* ↘

      ...

Jetzt berichten Sie.

Mario war schon einmal in den USA → *und hat dort auch eingekauft.* ↘

B 9

Was haben Sie am letzten Wochenende gemacht? Berichten Sie.

C

Zwischen den Zeilen

Hören Sie und ergänzen Sie.

| ein bisschen ◆ etwas ◆ ziemlich ◆ ganz schön ◆ sehr ◆ wirklich ◆ ganz |

Inka Berger erzählt:

1 Wir haben gleich _____ nette Leute
kennen gelernt.

2 Der Flug war _____ lang.

3 Ich war auch _____ müde.

4 Ohne Reiseleiter, das war irgendwie
_____ schwierig.

5 Es gab nur noch ein paar Snacks, und die waren
_____ teuer.

6 Ich war _____ sauer auf Ralf.

7 Die sind ja _____ schön, aber irgendwie …

8 Das war _____ fantastisch.

9 Das war _____ langweilig.

10 Also das ist eine _____ tolle Stadt.

11 Das war _____ anstrengend, ich
bin jetzt fix und fertig.

Hören Sie, sprechen Sie nach und markieren Sie die Akzente.

ganz fantastisch
ganz toll
wirklich schön
wirklich super

sehr nett
sehr schön
sehr interessant
sehr schick

ziemlich spät
ziemlich teuer
etwas müde
etwas langweilig
ganz schön anstrengend
ganz schön lang

sehr schwierig
sehr teuer
wirklich sauer

Was passt? Lesen Sie die Dialoge und ergänzen Sie.

1 ● Die Reise war ganz fantastisch.

■ Ja, die war _____ .

2 ● Das Hotel war ziemlich teuer.

■ Es war nicht billig, aber _____
_____ .

3 ● Die Tempel waren etwas langweilig.

■ Wieso? Die waren doch _____
_____ .

4 ● Die Reise war ganz schön anstrengend.

■ Und sehr teuer. Ich bin _____
_____ .

5 ● Kennen Sie die Schillers? Die sind sehr
nett.

■ Ach, ich weiß nicht. Ich finde sie _____
_____ .

6 ● Der Mantel ist sehr teuer.

■ Aber _____ .

7 ● Ich finde das Buch etwas langweilig.

■ Langweilig? Ich finde es _____
_____ .

8 ● Ich gehe jetzt nach Hause. Ich bin etwas
müde.

■ Du hast Recht. Es ist ja auch schon
_____ .

Jetzt spielen Sie die Dialoge zu zweit.

ARBEITSBUCH
C 1–C 3

Wie finden Sie …? Diskutieren Sie zu dritt oder viert.

| Tangram ◆ die deutsche Sprache ◆ die Schule ◆ diese Lektion ◆ das Perfekt ◆ … |

D 1

Was wissen Sie über Deutschland? Sprechen Sie mit Ihren Nachbarn.

Das ist Berlin. Berlin ist die Hauptstadt von Deutschland.
Wer hat in Weimar gewohnt? Waren das Marx und Engels?
Das ist das Zeichen von Mercedes …
Ich war schon einmal in …
Ich habe ein Buch / einen Zeitungsbericht über … gelesen …
…

D 2

Welche Texte passen? Vergleichen Sie mit der Karte und ergänzen Sie die Namen der Bundesländer.

Die Bundesrepublik Deutschland liegt im Herzen Europas. Sie hat neun direkte Nachbarn: Dänemark im Norden, die Niederlande, Belgien, Luxemburg und Frankreich im Westen, die Schweiz und Österreich im Süden und die Tschechische Republik und Polen im Osten. Deutschland hat rund 80 Millionen Einwohner und besteht seit dem 3. Oktober 1990 aus 16 Bundesländern.

5 *Nordrhein-Westfalen* _____ Bevölkerungsreichstes Bundesland und größtes Ballungsgebiet Europas: Rund die Hälfte der Menschen sind in Großstädten mit mehr als 500 000 Einwohnern zu Hause. Das Ruhrgebiet ist Europas größtes Industriegebiet (Kohle, Stahl, Motorenbau, Brauereien). Kulturelle Zentren sind die Landeshauptstadt Düsseldorf und Köln, Geburtsort des bekannten Schriftstellers Heinrich Böll (1917–1985) und berühmt für seinen gotischen Dom und den Karneval.

10 _____ „Deutschlands grünes Herz". Landeshauptstadt ist die „Gartenstadt" Erfurt mit sehr schöner Altstadt. In Weimar lebten für längere Zeit die beiden großen deutschen Dichter Johann Wolfgang von Goethe und Friedrich Schiller. Wichtige Wirtschaftszweige: Werkzeugmaschinen und optische Geräte – die Namen der Stadt Jena und des Mechanikers Carl Zeiss sind weltbekannt. Spezialität: Thüringer Rostbratwurst.

_____ Deutschlands alte und neue Hauptstadt, ein europäisches Kulturzentrum, aber
15 auch eine „grüne" Stadt mit Parks, Wäldern und Seen. Wahrzeichen: das Brandenburger Tor. Wichtiger Industriestandort (Siemens AG und AEG). Neben Hamburg und Bremen einer der drei „Stadtstaaten".

_____ Ein landschaftlich reizvolles Bundesland: Beliebte Ausflugs- und Urlaubsziele sind der Schwarzwald, der Bodensee und Heidelberg (Schloss). Beliebtes Souvenir: die traditionellen Schwarzwälder Kuckucksuhren. Spezialität: die Schwarzwälder Kirschtorte. Wirtschaftliches Zentrum ist die Region um die
20 Landeshauptstadt Stuttgart: Weltfirmen wie Daimler-Benz (Mercedes), Bosch oder Porsche haben hier ihre Zentrale.

_____ Das am dichtesten besiedelte und am stärksten industrialisierte Land der fünf „neuen" Bundesländer. Leipzig, traditionelle Messestadt und Verlagszentrum, ist bekannt für den Thomaner-Chor und die „Montagsdemonstrationen" von 1989. Landeshauptstadt ist Dresden, im Volksmund „Elbflorenz"
25 genannt, mit der wunderschönen Semper-Oper im italienischen Renaissance-Stil. Weltbekannt ist die Porzellanmanufaktur Meißen. Attraktive Urlaubsziele: das Elbsandsteingebirge der Sächsischen Schweiz und die „Silberstraße Erzgebirge".

_____ Größtes Bundesland und deutsches Urlaubs-Paradies: Hauptattraktionen sind die Alpen mit Deutschlands höchstem Berg (Zugspitze: 2962 m) und die Schlösser des bayerischen
30 „Märchenkönigs" Ludwig II. (Herrenchiemsee, Linderhof und Neuschwanstein). Spezialität: die Nürnberger Lebkuchen. Landeshauptstadt ist München, „Deutschlands heimliche Hauptstadt", mit dem weltbekannten Oktoberfest und dem Deutschen Museum (weltgrößte Sammlung zur Geschichte der Naturwissenschaften und der Technik).

_____ Sitz des größten Chemiewerks in Europa (BASF Ludwigshafen) und der größten
35 europäischen Rundfunkanstalt, des Zweiten Deutschen Fernsehens (ZDF). Von hier kommen zwei Drittel der deutschen Weinernte. Hauptattraktion: das Rheintal zwischen Bingen und Bonn mit seinen vielen Burgen und der berühmten „Loreley". Die Landeshauptstadt Mainz ist Geburtsort von Johannes Gutenberg (1400–1468, Erfinder des Buchdrucks), die 2000 Jahre alte Römerstadt Trier ist die Geburtsstadt des Philosophen Karl Marx (1818–1883).

_____ Deutschlands wichtigster Seehafen mit Handelsfirmen aus aller Welt (z.B. rund
40 130 aus Japan und über 20 aus China), aber auch eine der „grünsten" Städte Deutschlands. Sitz der größten deutschen Zeitungs- und Zeitschriftenverlage, der Deutschen Presse-Agentur (dpa) und zahlreicher Fernseh- und Rundfunkanstalten.

D 3 **Lesen Sie noch einmal und ergänzen Sie die passenden Ausdrücke aus den Texten.**

Zeile	Nummer		
1	1	in der Mitte von Europa	*im Herzen Europas*
5	2	hier wohnen sehr viele Menschen	
9	3	Volksfest mit Kostümen und Masken	
11	4	altes Stadtzentrum	
12	5	z.B. optische Geräte, Autoindustrie, Tourismus	
7 + 14	6	hier gibt es viele Theater, Museen, Konzerte …	
15	7	ein Gebäude als Zeichen für eine Stadt	
15/16	8	hier gibt es viele Fabriken / Firmen	
28	9	hierher kommen viele Touristen	
30	10	Essen oder Getränk, typisch für eine Region / Stadt	
25 + 31	11	in der ganzen Welt bekannt	
35/36	12	66% der deutschen Weinproduktion	

D 4 **Über welches Bundesland sprechen die Leute? Hören und ergänzen Sie.**

3/17

1 _____   5 _____

2 _____   6 _____

3 _____   7 _____

4 _____   8 _____

D 5 **Arbeiten Sie zu zweit und fragen Sie Ihren Nachbarn.**

Schlagen Sie die Karte vorne im Buch auf.

Partner A: Fragen Sie.

> *Welches Bundesland liegt nördlich von Niedersachsen?*
> *Welche Stadt liegt an der Ostsee, zwischen Hamburg und Kiel?*
> *Wo liegt … ?*
> *Wie heißt der Fluss im Osten von Deutschland, an der Grenze zu Polen?*
> *Welcher Fluss fließt von … nach … ?*
> *Welches Gebirge liegt … ?*

Partner B: Antworten Sie.

> *Schleswig-Holstein.*

Schleswig-Holstein liegt im Norden von Deutschland, nördlich von Niedersachsen.

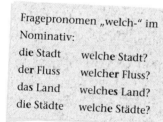

Fragepronomen „welch-" im Nominativ:

die Stadt	welche Stadt?
der Fluss	welcher Fluss?
das Land	welches Land?
die Städte	welche Städte?

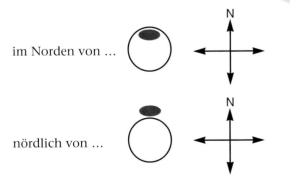

im Norden von …

nördlich von …

ARBEI
D 1

D 6 **Jetzt beschreiben Sie Ihr Land oder Ihre Stadt.**

Lage (Wo?, Nachbarländer) ◆ Geografie (Gebirge, Flüsse, Seen) ◆ Ballungsgebiete ◆
Industriegebiete / wichtige Industriezweige ◆ Kulturzentren ◆ Hauptattraktionen ◆
Spezialitäten ◆ Wahrzeichen ◆ Volksfeste ◆ …

Eine Reise in Deutschland

Lesen Sie die Reisenotizen und markieren Sie die Reiseroute.

Juan Lojo Fabeiro ist Reiseleiter in Spanien. In seinen Reisegruppen sind immer deutsche Touristen. Viele Deutsche sprechen kein Spanisch, also hat Juan Deutsch gelernt.
Jetzt reist er durch Deutschland. Er will sein Deutsch verbessern und das Land seiner Kunden kennen lernen.

> Fast alle Verben auf „-ieren" sind Fremdwörter.
> Sie bilden das Partizip Perfekt **ohne** die
> Vorsilbe „ge-", aber **mit der Endung -t.**
> Der Wortakzent ist immer am Ende.
>
> repar**ieren**   (hat) repar**iert**
> telefon**ieren**   (hat) telefon**iert**
> pass**ieren**   (ist) pass**iert**

Wenn einer eine Reise tut, dann kann er was erzählen.

Dienstag, 10. Juni
11.30 Ankunft Frankfurt. Gleich ins Hotel Bristol, nachmittags Stadtbummel: Goethehaus, Museum für Moderne Kunst, Spaziergang am Main (Museumsufer). Abends Essen im Hotel (nie mehr!), dann „Tigerpalast" (Varieté, sehr lustig).

Mittwoch, 11. Juni
9 Uhr Abfahrt zur 5-Tage-Busrundfahrt Thüringen / Sachsen. Erste Station Eisenach (Besichtigung Wartburg und Lutherhaus), dann nach Gotha (Schloss Friedenstein, schöner Park!, Kamera kaputt: keine Fotos), abends nach Erfurt.

Donnerstag, 12. Juni
Stadtbesichtigung Erfurt (viele Kirchen, „Stadt der Türme"), nachmittags Stadtbummel: schöne alte Häuser, Fotogeschäft: Kamera repariert! Abends Kino („Stadtgespräch" - sehr komisch) dann Kneipe (1 Uhr: „Sperrstunde"→ alle raus).

Freitag, 13. Juni
Fahrt nach Weimar - kleiner Unfall, nichts passiert - „Gottseidank" (lernen!). Stadtbesichtigung (Nationaltheater, Goethehaus, Stadtschloss): guter Führer, langsam gesprochen - gut verstanden, → Dresden. Auf Autobahn Bus-Panne, Fahrer telefoniert, 3 Std. im Bus (deutsche Organisation?), dann Umsteigen

(neuer Bus). Erst 22 Uhr in Dresden, Abendessen verpasst (Hotelrestaurant geschlossen) → Pizza!

Samstag, 14. Juni
Stadtrundgang: Zwinger und Semperoper! Nachmittags Ausflug in die „Sächsische Schweiz" (etwas übertrieben - aber tolles Panorama!). Abends Orgelkonzert (Bach), mit Straßenbahn zurück, betrunkene (?) Jugendliche („Scheiß-Ausländer") → schnell zum Hotel.

Sonntag, 15. Juni
Abfahrt nach Meißen (Besuch Porzellanmanufaktur: Tasse gekauft und im Café vergessen - Mist!); Rückfahrt nach Frankfurt a.M. Abends „Don Carlos" (spanisches Restaurant, wunderbar!)

Montag, 16. Juni
Tagestour nach Heidelberg. Besuch bei Conny (studiert jetzt hier); Spaziergang am Neckar (Schloss & Altstadt!); abends Kneipe (mit Freunden von C.; viel erzählt und diskutiert: Deutschland, Spanien, Höflichkeit, Frauen-Männer). Essen und Bier „Klasse" (= sehr gut); spät zurück nach F., gleich ins Hotel und ins Bett.

Dienstag, 17. Juni
Ausgeruht; nachmittags Abfahrt zur Bayern-Rundreise: mit dem Intercity nach München

---

Arbeiten Sie zu zweit und sprechen Sie über die Reise.

Partner A ist ■ Juan Lojo Fabeiro. Er erzählt von seiner Reise.
Partner B ist ● seine Freundin Conny aus Heidelberg. Sie will alles ganz genau wissen.

■ *Am Dienstagmittag bin ich in Frankfurt angekommen und gleich zum Hotel gefahren.*
　● *War das Hotel gut?*
■ *Ja, das war ganz okay, aber das Restaurant …*
　● *Und was hast du in Frankfurt gemacht?*
■ …

3/18

Der Perfekt-Hamburg-Trip-Rap

Hey, du,
wie war der Hamburg-Trip?

Gottseidank, Gottseidank,
bin ich jetzt zurück.

Erzähl doch mal …

dann hilf mir mal,
ich hab's noch nicht gecheckt

Das mit dem Perfekt?

Das geht noch nicht perfekt!

fliegen?
ab, ab, ab, ab, abgeflogen   geflogen
kommen?
an, an, an, an, angekommen   gekommen
schlafen?
neunzehn Stunden nicht geschlafen   geschlafen
nur gesessen, viel gegessen
warten?
lange aufs Gepäck gewartet   gewartet
fahren?
dann gleich ins Hotel gefahren   gefahren
nehmen?
Bad genommen, ausgeruht   genommen

Das mit dem Perfekt,
das geht doch schon sehr gut!

gehen?
bin dann in die Stadt gegangen   gegangen
kaufen?
ein, ein, ein, groß eingekauft   gekauft
machen?
Tour gemacht, Show besucht   gemacht
Bus verpasst, Bar gesucht
passieren?
dann ist es passiert   passiert
saufen?
zwei, drei, vier – Schnaps und Bier   gesoffen
einschlafen?
eingeschlafen, aufgewacht   eingeschlafen
Geld weg, Pass weg

Was hast du gemacht?

zurückfliegen? Richtig:
Ich bin dann halt zurückgeflogen.
ankommen? Klar:
gestern wieder angekommen
In Hamburg auf der Reeperbahn,
da war ich nicht ganz klar …

Mensch, das mit dem Perfekt,
das geht doch wunderbar!

ARBE
F

G

1

Rund um den Urlaub

Lesen Sie die Texte. Welche Überschrift passt wo?

USA ganz anders ◆ Reisefreiheit ◆ Touristen

Vermischtes

A

Wer dieses Jahr
Nicht reisen will,
Darf zu Hause bleiben.
Noch kann man reisen
Nach Deutschland
In Deutschland
Aus Deutschland.
Noch muss man nicht.

B

Sie sind abgeflogen,
aber nicht angekommen.
Sie haben besichtigt,
aber nicht kennen gelernt.
Sie haben gehört,
aber nicht verstanden.
Sie haben fotografiert,
aber nicht gesehen.
Sie haben gekauft,
aber nicht erlebt.
Sie haben gesucht,
aber nicht gefunden.
Sie sind zurückgefahren
und haben viel erzählt.
Jetzt planen sie
den nächsten Urlaub.

C

Reisebüro Stempfl
und World Wide Gruppenreisen

präsentieren:

Amerika

Einmalig in Deutschland

- deutsche Organisation
- deutsche Qualität
- deutsche Reiseleitung
- deutsche Sprache
- deutscher Fahrer
- deutscher ★★★★Mercedes Bus

2

Welche Aussagen passen zu welchem Text? Markieren Sie.

1 „Was? Du bist nicht in Urlaub gefahren? Das verstehe ich nicht. Wenigstens einmal im Jahr wegfahren – das muss schon sein."

2 „Der Urlaub war super – ich habe tolle Souvenirs mitgebracht."

3 „Es war prima organisiert, alles war wie zu Hause ..."

4 „Ich habe viele Fotos gemacht. Komm doch mal vorbei, dann zeige ich sie dir."

5 „Ich wollte ja schon immer mal nach Amerika, aber ich kann nicht gut Englisch. Da habe ich neulich ein interessantes Angebot gesehen: ..."

6 Viele Leute fahren nur deshalb in Urlaub, weil die Nachbarn auch fahren.

7 Viele Touristen wollen die Kultur ihres Urlaubslandes gar nicht richtig kennen lernen.

3

Kurz & bündig

Das Perfekt § 4c, § 8e

Freitagnachmittag **sind** wir von Frankfurt nach Bangkok **geflogen**.
Wir **sind** völlig kaputt in Bangkok **angekommen**.
Wir **haben** überall Stadtrundfahrten **gemacht** und viele Veranstaltungen **besucht**.

Perfekt mit „haben"	Perfekt mit „sein"
Hast du Freunde **besucht**?	Ja, ich **bin** mit dem Zug nach Heidelberg zu Conny **gefahren**.
Was **hast** du am Abend **gemacht**?	Ich **bin** in eine Kneipe **gegangen**.
Hast du im Hotel gut **geschlafen**?	Nein, ich **bin** spät **eingeschlafen** und sehr früh wieder **aufgewacht**.

Das Partizip Perfekt § 8e

regelmäßige Verben		unregelmäßige Verben	
machen	gemacht	fliegen	(ist) **geflogen**
suchen	gesucht	schlafen	**geschlafen**
warten	gewartet	bleiben	(ist) **geblieben**

trennbare Verben			
abholen	abgeholt	einladen	eingeladen
einkaufen	eingekauft	aufstehen	(ist) aufgestanden
aufwachen	aufgewacht	kaputtgehen	(ist) kaputt**gegangen**

nicht-trennbare Verben			
besuchen	besucht	beginnen	begonnen
erzählen	erzählt	erscheinen	erschienen
verpassen	verpasst	vergessen	vergessen

Verben auf „-ieren"	
telefonieren	telefoniert
reparieren	repariert
passieren	(ist) passiert

Fragen mit „Welch-" § 13b

Welches Land liegt **zwischen** Hessen und Sachsen, **in der Mitte von** Deutschland?
Welche Burg liegt **bei** Eisenach?
Welcher Fluss fließt **von** Dresden **nach** Hamburg?
Welches Gebirge liegt **im Südwesten von** Deutschland?
Welche Seen liegen **in der Nähe von** München?
Welche Städte liegen **an der Ostsee, nordöstlich von** Hamburg?

Nützliche Ausdrücke

Wo möchten Sie gerne Urlaub machen? ↗ In Frankreich. ↘ Ich wollte schon immer einmal nach Frankreich fahren. ↘
Wie möchtest du gerne Urlaub machen? ↗ Ich möchte gerne einmal eine Kreuzfahrt machen. ↘
Was ist für dich im Urlaub wichtig? ↘ Einfach mal **nichts tun**, → Zeit für die Familie haben, etwas Sport treiben. ↘

Das Hotel war **ziemlich teuer**. ↘ Es war nicht billig, → aber **sehr schön**. ↘
Die Tempel waren **etwas langweilig**. ↘ Wieso? ↗ Die waren doch **sehr interessant**. ↘
Die Reise war **ganz schön anstrengend**. ↘ Und sehr teuer. ↘ Ich bin **wirklich sauer**. ↘

Es hat alles geklappt. ↘ Gottseidank ist nichts passiert. ↘
Ich bin **fix und fertig**. ↘ Ich bin ganz schön sauer. ↘
Das mit (dem Perfekt / …), → das geht doch schon sehr gut! ↘

„Gesundheit!" – „Danke."

(*Gesundheit ist nicht alles,*
aber ohne Gesundheit ist alles nichts.)
(ARTHUR SCHOPENHAUER)

der Finger

das Knie

Der Körper

Schreiben Sie die Wörter zu den Körperteilen.

Auge das, -n ◆ Nase die, -n ◆ Mund der, ⸚er ◆ Kopf der, ⸚e ◆ Ohr das, -en ◆ Busen der, - ◆
Rücken der, - ◆ Brust die, ⸚e ◆ Fuß der, ⸚e ◆ Bauch der, ⸚e ◆ Bein das, -e ◆ Arm der, -e ◆
Hals der, ⸚e ◆ Schulter die, -n ◆ Finger der, - ✓ ◆ Haar das, -e ◆ Knie das, - ✓ ◆ Hand die, ⸚e ◆ …

Was kann man alles mit den Händen, mit den … machen?

mit den Händen
Klavier spielen
kochen
Briefe schreiben

mit den Füßen
joggen
…

mit dem Mund
singen
…

ARBEITSBUCH
A1-A2

Was fehlt den Leuten? Welche Schmerzen und Krankheiten haben sie?

Welche Krankheiten kennen Sie noch?

Diabetes, Grippe, _____

_____

 A 3
3/
19-22

Welche Krankheiten und Körperteile hören Sie in den Dialogen? Sortieren Sie.

Schmerzen ◆ Rückenschmerzen ◆ Magenschmerzen ◆ Kopfschmerzen ◆
Schnupfen✓◆ Übergewicht ◆ Husten ◆ Erkältung ◆ Fieber ◆ hoher Blutdruck ◆
Allergie ◆ Lunge ◆ Kopf ◆ Rücken

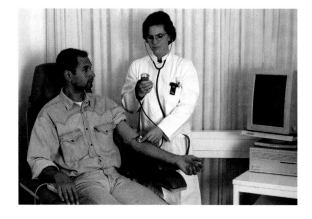

Dialog

1 *Schnupfen,* _____

2 _____

_____

3 _____

_____

4 _____

A 4   Welche Ratschläge passen zu welchen Dialogen? Sortieren Sie.

Sie sollten … / Du solltest …

viel <u>trinken</u> ◆ Medikamente (Tabletten, Tropfen) nehmen ◆ <u>Sport</u> treiben ◆ abnehmen ◆   weniger Fleisch und <u>Wurst</u> essen ◆ die <u>Ernährung</u> umstellen ◆ zu <u>Hause</u> bleiben ◆   mehr Obst und Gemüse essen ◆ zum <u>Arzt</u> gehen ◆ im <u>Bett</u> bleiben ✓ ◆ regelmäßig <u>schwimmen</u> gehen

1   Erkältung
    im Bett bleiben,
_____

2   Hoher Blutdruck
_____
_____

3   Rückenschmerzen
_____

4   Allergie
_____

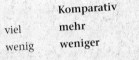

	Komparativ
viel	mehr
wenig	weniger

 Hören Sie noch einmal und vergleichen Sie.

ARBEITSBUCH
A 5–A 6

A 5   Arbeiten Sie zu viert und geben Sie Ratschläge.

Jede Gruppe schreibt acht bis zehn Probleme auf. Dann nennt jede Gruppe abwechselnd ein Problem, die anderen Gruppen geben Ratschläge. Für jeden passenden Ratschlag gibt es einen Punkt.

Ich habe starke Kopfschmerzen.

Ratschläge geben
Sie **sollten** mehr Sport treiben.
Du **solltest** weniger rauchen.

Sie sollten eine Tablette nehmen.

Du solltest weniger rauchen.

ARBEITSBUCH
A 7–A 8

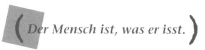

Der Mensch ist, was er isst.

Lesen Sie den Text und ergänzen Sie die Nummern im Schaubild.

Sieben Dinge braucht Ihr Körper

Bei einer vollwertigen Ernährung ist es wichtig, „was" wir essen und trinken. Der Ernährungskreis gibt uns einen guten Überblick. Alle Lebensmittel sind hier in sieben Gruppen geordnet:

1   Getreideprodukte
2 + 3   Gemüse und Obst
4   Getränke
5   Milch-Produkte
6   Fisch und Fleisch
7   Fett

Wer sie täglich in der richtigen Menge auswählt, der bleibt schlank, fit und gesund. Bevorzugen Sie frische Lebensmittel. Essen Sie täglich und reichlich Lebensmittel aus den Gruppen 1 bis 5. Essen Sie weniger Lebensmittel aus den Gruppen 6 und 7. Wechseln Sie vor allem bei der Wahl von Lebensmitteln aus der Gruppe 6 konsequent ab.

Welche Lebensmittel gehören zu welcher Gruppe? Schreiben Sie.

1 Getreideprodukte: *Brot, Nudeln ,* _____
2 Gemüse: _____
3 Obst: _____
4 Getränke: _____
5 Milch-Produkte: _____
6 Fisch und Fleisch: _____
7 Fett: _____

Was essen Sie oft, nicht so oft, gar nicht?

Ich esse …

…

3

Machen Sie ein Quiz. Fragen und raten Sie. Üben Sie zu zweit und notieren Sie die Antworten.

1 Wer nimmt schneller ab? Frauen oder Männer?

2 Wie viel Stück Würfelzucker sind in einem Glas Cola?

3 Kosten Light-Produkte mehr oder weniger als andere Lebensmittel?

4 Wie viel wiegt der dickste Mensch?

5 Wer isst weniger Kalorien? Dünne oder dicke Menschen?

6 In welchem Land leben die Menschen am längsten?

7 Machen Deutsche lieber Fasttage oder lange Diäten?

8 Wie alt wurde der älteste Mensch?

9 Wie groß ist der größte Mensch?

10 Wie lange hat die längste Ehe der Welt gedauert?

Wer nimmt schneller ab? Frauen oder Männer?
Was meinst du?
> *Ich weiß nicht. Vielleicht Männer.*
Wie viel Stück Würfelzucker sind in einem Glas Cola?
> *Keine Ahnung.*
Rate doch mal.
> *Vielleicht zwei.*
…

4

Lesen Sie die Texte und vergleichen Sie mit Ihren Antworten.

Haben Sie gewusst,

… **dass** Männer schneller abnehmen als Frauen? Das hat ein amerikanischer Professor durch Untersuchungen festgestellt.

… **dass** ein Glas Cola elf Stück Würfelzucker enthält?

… **dass** Light-Produkte nicht unbedingt weniger Kalorien enthalten als normale Lebensmittel? Aber sie sind teurer als andere Lebensmittel.

… **dass** der dickste Mensch der Welt 404 Kilo wiegt?

… **dass** Kalorienzählen „out" ist? Dünne und dicke Menschen unterscheiden sich nicht in ihrem Kalorienverbrauch. Aber der Fettanteil der Speisen bei dicken Menschen liegt höher als bei dünnen Menschen.

… **dass** Fasttage bei den Deutschen beliebter sind als lange Diäten?

… **dass** die Menschen in Japan älter werden als Menschen in anderen Ländern? Sie essen am gesündesten.

… **dass** der älteste Mensch (der Japaner Shigechiyo Izumi) 120 Jahre alt wurde?

… **dass** der größte Mensch der Welt 231,7 cm groß ist?

… **dass** die längste Ehe der Welt 86 Jahre gedauert hat? Sir und Lady Nariman aus Bombay wurden 1853 mit fünf Jahren verheiratet. Der Ehemann ist 1940 gestorben.

„dass"-Sätze

Nach einigen Verben wie: **wissen, glauben, meinen, vermuten** steht oft ein „dass"-Satz.

„Dass"-Sätze sind Nebensätze wie „weil"- und „obwohl"-Sätze. Das Verb steht am Ende.

Ich **glaube, dass** Nikos im Kurs **ist.** *oder:* Ich **glaube,** Nikos **ist** im Kurs.

Markieren Sie alle Adjektiv-Formen in B3 + B4 und ergänzen Sie.

	Komparativ	Superlativ	
wenig	weniger	am wenigsten	die/der/das wenigste/die wenigsten
viel	mehr	am meisten	die/der/das meiste/die meisten
dick			
alt			
schnell			
lang	länger		
gesund	gesünder		
hoch		am höchsten	
beliebt			
teuer		am teuersten	die/der/das teuerste/die teuersten
gern		am liebsten	die/der/das liebste/die liebsten
groß			

als ◆ die, der, das ◆ -er ◆ -sten ◆ ä, ö, ü

1 Adjektive kann man steigern.
  Man bildet den Komparativ meistens mit der Endung _____ .
  Oft werden „a, o, u" zu _____ , _____ , _____ .
2 Vergleicht man Menschen oder Sachen, benutzt man den Komparativ + _____ .
3 Es gibt zwei Superlativ-Formen:
  – „am" + Adjektiv + Endung _____ ohne Nomen.
  – _____ + Adjektiv + Endung „-(e)ste" mit Nomen.
4 Es gibt einige unregelmäßige Formen:

gut	*besser*	*am besten, die/der/das beste/die besten*
viel	*mehr*	
gern		
teuer		
hoch		

Lernen Sie diese Formen extra.

Vergleichen Sie die Leute. Wen finden Sie interessanter, schöner, sympathischer ... ?
Wer ist schneller, älter, dicker ... ?

 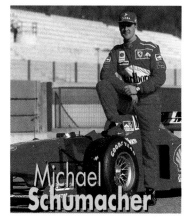  

Ich finde Steffi Graf interessanter als Claudia Schiffer.
    Herbert Grönemeyer ist älter als Michael Schumacher.
        ...

B 2

B 7 Schreiben Sie Ihre „Top Ten" von Lebensmitteln und vergleichen Sie mit der Grafik.
Machen Sie im Kurs eine Statistik. Welche Lebensmittel stehen auf den Plätzen 1 bis 10?

Cola ist am beliebtesten und steht auf Platz eins in Europa.

Bei uns (im Kurs) ist Cola auf Platz ...
...

ARBEITSBUCH
B 9

Kennen Sie die „Top Ten" in Ihrem Heimatland? Berichten Sie.

C

Essen in Deutschland

ARBEITSBUCH
C 1–C 2

C 1 Die Leute sprechen über ihre Essgewohnheiten. Zu wem passt welche Aussage?

1 **Peter Steinmann**
38, Werbemanager

2 **Inga Ostner**
68, Rentnerin

3 **Janina Metz**
23, Model

4 **Sandra Haller**
13, Schülerin

5 **Günter Molke**
57, Kohlenhändler

Eisbein? Igitt!! ◆ Lakritz und Rührei! ◆ Appetit auf Honig! ◆
Nach dem Essen einen Kognak und eine Havanna! ◆ Pommes statt Obst

3/
23-27
Hören und vergleichen Sie.

C 2
3/
23-27
Was passt zu welcher Person? Hören und markieren Sie.

	Person	1	2	3	4	5
Frühstück	isst morgens Müsli	X				
	isst morgens Brot (Toast, Brötchen, Knäckebrot)					
	isst morgens Cornflakes oder Kuchen					
Mittagessen	isst mittags so richtig					
	hat mittags nicht viel Zeit zum Essen	X				
	geht mittags zum Schnell-Imbiss					
Abendessen	isst abends so richtig					
	isst abends oft Gemüse					
	isst abends nur ganz wenig					
zwischendurch	isst Obst					
	nascht gern: Schokolade ...					
	trockenes Brötchen und Banane					
	Brot und Rührei oder Bratkartoffeln					

Ernähren sich die Leute gesund? Was meinen Sie?

Ergänzen Sie die Sätze.

| ... gibt es nur Würstchen.✓ ◆ ... dann hole ich mir das auch. ◆ ... dann wird uns schlecht. ◆ |
| Ich trinke pure Kohlehydrate und Eiweiß, ... ◆ ... kaufe ich mir eben ein Brötchen und eine Banane. ◆ |
| Ich frühstücke erst in der Schule ... ◆ ... koche ich abends so richtig. ◆ |
| ... sieht man das auch an meiner Haut. |

1 Peter: Wenn keine Zeit bleibt, *gibt es nur Würstchen.* _____

2 Peter: Wenn ich Lust und Zeit habe, _____

3 Inga: Wenn ich Appetit auf etwas habe, _____

4 Janina: Wenn ich beim Job Hunger habe, _____

5 Janina: Wenn ich mal drei Tage ganz normal gegessen habe, _____

6 Sandra: _____ , wenn Pause ist.

7 Sandras Mutter: Wenn wir solche Sachen essen, _____

8 Günter: _____ , wenn ich einen Wettkampf habe und zunehmen muss.

**3/
23-27** Hören und vergleichen Sie.

Schreiben Sie zu jedem Modell einen passenden Satz und ergänzen Sie die Regel.

1   **Nebensatz,**   **Hauptsatz**
    wenn + Aussage 1   Aussage 2
    → *(zeitlicher) Auslöser*

                    Subjekt Verb(en)
    Wenn keine Zeit bleibt, gibt es nur Würstchen.

Position   1   2

2   **Hauptsatz,**   **Nebensatz**
    Aussage 1   **wenn** + Aussage 2
                      ← *(zeitlicher) Auslöser*

                    Subjekt Verb(en)
    Ich frühstücke erst, wenn Pause ist.

Wenn man auf den Auslöser
drückt, macht man ein Foto.

1   „Wenn"-Sätze sind _____ wie „weil"- und „obwohl"-Sätze.

2   Das _____ im „wenn"-Satz steht immer am Ende.

3   Das Subjekt steht nach _____ .

4   Zwischen Hauptsatz und Nebensatz steht ein _____ .

Was machen Sie, wenn ... ? Üben Sie zu viert.

1 Es ist drei Uhr nachts. Das Telefon klingelt.
2 Sie sind traurig / sauer / verliebt / krank / nervös ...
3 Sie sind im Restaurant und wollen bezahlen.
  Sie haben Ihr Geld vergessen.
4 Sie wollen abnehmen.
5 Sie haben Kopfschmerzen.
6 Sie haben Geburtstag.
7 Ihr Nachbar hört laut Musik.
8 Sie haben Liebeskummer.

■ *Was machen Sie, wenn um drei Uhr das Telefon klingelt?*
   ● *Ich gehe ans Telefon und sage hallo.*
      ▲ *Was? Ich gehe nachts nicht ans Telefon.*
        Ich schlafe weiter.
         ▼ *Ich habe kein Telefon.*

■ *Was machst du, wenn du traurig bist?*
   ● *Ich gehe ins Kino und schaue mir einen lustigen*
     Film an.

Finden Sie weitere Fragen.   ...

ARBEIT
C 3

Zwischen den Zeilen

D 1

3/
28-32

„Wenn" oder „wann"? Hören und markieren Sie.

Dialog	1	2	3	4	5
wenn					
wann	X				

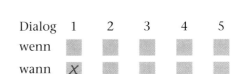

Mit „wann" fragt man nach der Uhrzeit, dem Tag, der Woche, dem Monat, dem Jahr.

W<u>a</u>nn = Fr<u>a</u>ge   **Wann** bist du zu Hause? Um neun.

Mit „wenn" nennt man den (zeitlichen) Auslöser für die Aussage im Hauptsatz.

W<u>e</u>nn = N<u>e</u>bensatz   **Wenn** ich in London bin, dann schreibe ich dir gleich eine Karte.

D 2

Was passt, „wenn" oder „wann"? Ergänzen Sie.

1 ● *Wann*_____ gehen wir ins Kino?
  ■ Um sieben.
  ● Und was machen wir, _____ es keine Karten mehr gibt?
  ■ Dann gehen wir in die Spätvorstellung.
  ● _____ fängt die denn an?
  ■ Ich weiß nicht genau, so um zehn oder halb elf.
  ● Und _____ das auch nicht klappt?
  ■ Dann gehen wir halt in die Kneipe.

2 ▲ _____ musst du denn ins Krankenhaus?
  ▼ Nächste Woche, am Montag.
  ▲ Und wie lange dauert das alles?
  ▼ Eine Woche, _____ alles gut geht.
  ▲ Soll ich dich mal besuchen?
  ▼ Ja, das wäre schön.
  ▲ _____ sind die Besuchszeiten?
  ▼ Ich glaube, es gibt keine festen Zeiten. Komm einfach vorbei, _____ du mit der Arbeit fertig bist.

3 ▲ Kannst du mir morgen beim Renovieren helfen?
  ■ Klar. _____ ich morgen nicht zu lange arbeiten muss, komme ich vorbei.
  ▲ _____ denn ungefähr?
  ■ So gegen sieben.
  ▲ Ach, das ist ja toll. Du bist ein Schatz.
  ■ _____ es später wird, rufe ich dich an.

3/
33-35

Hören und vergleichen Sie.

ARBEITSBUCH
D 1-D 3

Der Ton macht die Musik

satt Ich möchte nichts mehr essen.

Schicht, die -en mal tags, mal nachts arbeiten

down fix und fertig

etwas zu kauen etwas zu essen

scharf mit vielen Gewürzen

blau Du hast zu viel Alkohol getrunken.

flau schlecht

ich kriege sie Meine Frau schimpft mit mir.

nach meinem Geschmack Das finde ich gut.

* Herbert Grönemeyer, geb. 1956 in Göttingen, Schauspieler und Musiker. Bekannt durch seine Hauptrolle im Film „Das Boot" (1981), sowie durch sein Musikalbum „Bochum" (1984) mit dem Single-Hit „Männer".

Currywurst
(von Herbert Grönemeyer*)

Gehst du in die Stadt
was macht dich da satt
eine Currywurst.

Kommst du von der Schicht
Etwas Schöneres gibt es nicht
Als Currywurst.

Mit Pommes dabei
Ach, dann geben Sie gleich zweimal Currywurst.

Bist du richtig down
brauchst du etwas zu kauen
eine Currywurst.

Willi, komm geh mit
Ich kriege Appetit
auf Currywurst.

Ich brauche etwas im Bauch
Für meinen Schwager hier auch noch eine Currywurst.

Willi, ist das schön
Wie wir zwei hier stehen
Mit Currywurst.

Willi, was ist mit dir
Trinkst du noch ein Bier
Zur Currywurst.

Kerl scharf ist die Wurst
Mensch das gibt einen Durst, die Currywurst.

Bist du dann richtig blau
Wird dir ganz schön flau
Von Currywurst.

Rutscht das Ding dir aus
Gehst du dann nach Haus
Voll Currywurst.

Auf dem Hemd, auf der Jacke
Kerl was ist das eine K... alles voll Currywurst.

Komm Willi
Bitte, bitte komm geh mit nach Hause
Hör mal, ich kriege sie, wenn ich so nach Hause komme

Willi, Willi bitte du bist ein Kerl nach meinem Geschmack
Willi. Willi komm geh mit, bitte Willi

ARBEIT
E 1-

F

Im Restaurant: Essen in Hessen

F 1

Was essen und trinken die Deutschen gern? Kennen Sie eine typisch deutsche Speise?

Die Deutschen essen viel Kartoffeln und Sauerkraut, ↘ oder? ↗
Die Deutschen trinken gern …

F 2

Sprechen Sie über die Speisekarte.

1 Welche Speise haben Sie schon einmal gegessen? Welche Getränke kennen Sie?

2 Welche Speisen essen Sie gern / nicht gern?

3 Was ist gesund / ungesund? Warum?

4 Bestellen Sie ein Menü (Vorspeise, Hauptgericht und Dessert).

5 Welche Speisen kennen Sie nicht? Welche möchten Sie einmal probieren?

VORSPEISEN

Suppen

Gulaschsuppe & Brot	5.50
Tomatencremesuppe	6.50
Tagessuppe	5.50

HAUPTGERICHTE / WARME SPEISEN

Vom Rind

argent. Steak, Kräuterbutter, Bratkartoffeln und Salat	23.00
Wiener Schnitzel, Bratkartoffeln und Salat	18.50
Rinderrouladen mit Salzkartoffeln u. grünem Salat	18.50

Vom Schwein

Frankfurter Würstchen mit Kraut und Brot	7.00
Jägerschnitzel, Bratkart. und Salat	15.50
Schlachtplatte m. Kraut und Brot	11.00

VEGETARISCHE SPEISEN

Gemüseauflauf	14.80
Grüne Soße, 4 halbe Eier, Salzkartoffeln	10.50

KALTE SPEISEN

Handkäs' mit Musik	6.50
Schneegestöber mit Brot	7.00
Strammer Max	9.80
Frikadelle mit Brot	7.80

SALATTELLER

Bauernsalat, mit Schafskäse und Knoblauchbrötchen	13.80
Feldsalat mit Ei, gebratenem Speck u. Knoblauchbrötchen	14.00

DESSERT

Portion gemischtes Eis mit Sahne	6.50
Obstsalat	7.90

HEISSE GETRÄNKE

Tasse Kaffee	3.10
Cappuccino	3.90
Espresso	2.90
Heiße Schokolade	3.90
Glas Tee, diverse Sorten	3.10
Glühwein	3.90

NICHT-ALKOHOLISCHE GETRÄNKE

Selters Mineralwasser	0.25	3.20
Cola/Cola Light / Sinalco	0.3	3.50
Spezi	0.3	3.50
Apfelsaft	0.2	3.40
Apfelsaftschorle	0.2	3.10
Orangensaft	0.2	3.50

BIERE

Binding Lager	0.3	3.90
Clausthaler (alkoholfrei)	0.33 Fl	3.70
Radler / Cola-Bier	0.3	3.90
Dunkles Weizen	0.5 Fl	5.00
Kristall Weizen	0.5 Fl	5.00

WEINE

Weißweine

Müller-Thurgau halbtrocken	0,2l	4.80
Riesling trocken	0,2l	5.20

Rotweine

Bordeaux	0,2l	6.20
Franösischer Landwein	0,2l	4.50

Roséweine

Weißherbst	0,2l	5.10
Mateus	0,25l	6.30

Schorle

Weißweinschorle süß/sauer	0,2l	4.20

Was ist das? Raten Sie.

1 Jägerschnitzel ◆ 2 Handkäs' mit Musik ◆
3 Sauergespritzter ◆ 4 Schneegestöber ◆
5 Schlachtplatte ◆ 6 Strammer Max ◆
7 Spezi ◆ 8 Tagessuppe

Apfelwein mit Mineralwasser

Cola und Fanta

Bauernbrot mit Schinken und Spiegelei

ein spezieller Käse mit Zwiebeln, Essig und Öl

verschiedene Wurst- und Fleischsorten (gekocht)

ein Stück Fleisch mit Pilzsoße

heute: Hühnersuppe, morgen...

eine Mischung aus Camembert und Frischkäse
mit Gewürzen und Zwiebeln

 Hören und vergleichen Sie.

ohne	ein Gericht **ohne** Fleisch
mit	eine Suppe **mit** Gemüse und Fleisch
aus	eine Creme **aus** Schokolade

ARBEITS
F

Woher kommen die Speisen? Was ist was? Raten Sie.

1 **Minestrone**

2 **Paella**

3 **Mousse au chocolat**

4 **Börek**

5 **Köttbullar**

6 **Miso-Suppe**

Italien   Fleischbällchen

Türkei   Schafskäse mit Spinat in Blätterteig

Frankreich   Gemüsesuppe mit Speck

Spanien   süße Creme aus Schokolade und Sahne

Japan   Reisgericht mit Fisch und Gemüse

Schweden   Suppe aus Sojabohnenpaste mit Tofu

F 5

Beschreiben Sie kurz ein typisches Gericht aus Ihrem Land oder Ihr Lieblingsgericht.

Ein typisches Gericht in Japan ist Tempura.
Das sind fritierte (Riesen-) Garnelen mit Gemüse. Das esse ich sehr gern.
...

PROJEKT

Sprechen Sie so oft wie möglich Deutsch!

Wenn Sie in einem deutschsprachigen Land sind, dann fragen Sie nach allem Möglichen:
- Fragen Sie Leute auf der Straße nach der Uhrzeit.
- Fragen Sie am Bahnhof, welcher Zug wohin fährt, wann der Zug fährt, wo der Zug fährt ...
- Fragen Sie im Geschäft nach den Preisen, nach dem Material ...
- Fragen Sie im Restaurant, im Café, was für eine Speise oder was für ein Getränk auf der
  Speisekarte steht (wie in F3)

Wenn Sie in Ihrem Heimatland Deutsch lernen, dann ...
- machen Sie mit einer Kursteilnehmerin/einem Kursteilnehmer ein Spiel. Reden Sie jeden Tag eine
  halbe Stunde Deutsch zusammen - nicht nur im Unterricht!
- Suchen Sie Plätze, wo Deutsch gesprochen wird: deutsche Restaurants, Firmen, die Universität ...
- Sprechen Sie Deutsch mit Touristen. (Woher kommen Sie? Wie finden Sie? ...)

Sammeln Sie diese Fragen in einem Heft und üben Sie täglich.

ARBEITSBUCH
G 1-G 3

G

Kurz & bündig

Probleme

Ich habe Grippe.
Ich habe Fieber.
Ich habe Rückenschmerzen.

Ratschläge § 10d

Sie soll**ten** mal zum Arzt gehen.
Du soll**test** besser zu Hause bleiben.
Sie soll**ten** regelmäßig schwimmen gehen.

Komparativ § 17c

Wer nimmt schnell**er** ab? Männer oder Frauen?   Ich weiß nicht.
Männer nehmen schnell**er** ab als Frauen.
Wen finden Sie interessant**er**? Claudia Schiffer
oder Steffi Graf?   Ich finde Steffi Graf interessant**er als** Claudia Schiffer.
Wen finden Sie interessant**er**? Michael Schu-
macher oder Herbert Grönemeyer?   Herbert Grönemeyer, natürlich.
Haben Light-Produkte **mehr** oder **weniger**
Kalorien **als** normale Lebensmittel?   Keine Ahnung. **Weniger**, oder?

Superlativ § 17c

Wie viel wiegt **der** dick**ste** Mensch?   Vielleicht 210 Kilo.
Nein, noch mehr, 404 Kilo.
Wie alt wurde **der** älte**ste** Mensch?   105 Jahre?
Nein, 120!
In welchem Land leben die Menschen **am** läng**sten**?   In Japan.
Stimmt. Weil sie **am** gesünde**sten** essen.

„wenn"-Sätze § 5b, § 22

Was machen Sie, **wenn** Sie krank **sind**?   Ich gehe sofort zum Arzt.
Was machen Sie, **wenn** Ihr Nachbar laut   **Wenn** mein Nachbar laut Musik **hört**, dann
Musik **hört**?   stelle ich mein Radio lauter.
Was machen Sie, **wenn** Sie traurig **sind**?   **Dann** gehe ich in die Disko.
Wann rauchen Sie?   **Wenn** ich viel Stress **habe**.

„dass"-Sätze § 5b, § 22

Weißt du eigentlich, **dass** ein Glas Cola
elf Stück Würfelzucker **enthält**?   Was? Ich trinke nie mehr Cola.
Haben Sie **gewusst**, **dass** der größte Mensch
der Welt 231,7 cm groß **ist**?   Na und?

Nützliche Ausdrücke

Was fehlt Ihnen denn? ↘   Ich habe Kopfschmerzen. ↘

„Hatschi!" ↘   Gesundheit! ↘
Danke! ↘

Ich habe starke Kopfschmerzen. ↘
Ich gehe nach Hause. ↘   Tschüs und **gute Besserung**! ↘

Kennen Sie Mousse au chocolat? ↗   **Nein, was ist das denn?** ↘
Eine Creme **aus** Schokolade und Sahne. ↘

Können Sie mir sagen, →
was Handkäs' mit Musik ist? ↗   Ja, natürlich. ↘ **Das ist ein** magerer Käse **mit** Zwiebeln, →
                                                    Essig und Öl. ↘

Gut, → den probiere ich mal. ↘

Guten Appetit! ↘   Danke, → **gleichfalls**. ↘

Farben und Typen

Meine Lieblingsfarbe

1

Wie heißen die Farben? Ergänzen Sie.

Welche Farben sind „kalt", welche „warm"?

Welche sind „laut", welche „leise"?

Welche sind „natürlich", welche „künstlich"?

*Ich finde, → Blau ist eine kalte Farbe. ↘ Der Himmel
ist blau, das Meer ist blau ...
Und Rot ist ...*

ARBEITSBUCH
A 1

2   **Was passt zu diesen Farben?**

Neid ◆ Revolution ◆ Nervosität ◆ Liebe ◆ Fernweh ◆ Glaube ◆ Fantasie ◆ Aberglaube ◆ Angst ◆
Trauer ◆ Hoffnung ◆ Ruhe ◆ Tradition ◆ Kälte ◆ Energie ◆ Wärme ◆ Treue ◆ Aktivität

Neid passt zu Grün. ↘

    Grün? ↗ Nein, → das finde ich nicht. ↘ Ich finde, → das passt zu Gelb. ↘

Warum Gelb? ↘

    Gelb ist hart. ↘

       Ja, → Gelb ist ungesund. ↘ Und Neid ist auch ungesund. ↘

       ...

Ergänzen Sie die passenden Farben.

Wenn wir eine Farbe sehen, dann wirkt sie nie allein, sondern immer im Kontrast mit einer zweiten Farbe oder zusammen mit vielen anderen Farben. Helle Farben stehen allgemein für die fröhliche, lichtvolle Seite des Lebens, dunkle Farben stehen für die negativen und dunklen Kräfte.

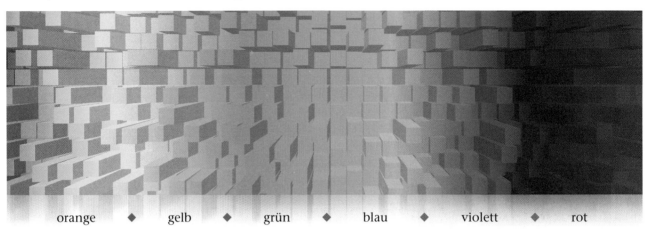

orange ◆ gelb ◆ grün ◆ blau ◆ violett ◆ rot

_____ ist die Farbe der Sonne und des Lichts. Diese Farbe ist das Symbol für Wissen, aber sie steht auch für Neid. Besonders hell, heiter und strahlend wirkt sie im Kontrast mit dunklen Farben.

_____ ist vor allem die Farbe der Liebe. Aber es ist auch die Farbe der Revolutionen und Leidenschaften. Diese Farbe fördert das Wachstum der Pflanzen, sie wirkt anregend oder aufregend. Oft signalisiert sie Gefahr.

_____ ist die Farbe des Himmels und das Symbol des Glaubens. Sie steht für Treue und Fernweh zugleich. Sie kann aber auch für den Aberglauben, die Angst und die Trauer stehen.

_____ vermittelt zwischen Gelb und Blau. Es ist die Farbe der Pflanzen, der Fruchtbarkeit, der Ruhe und der Hoffnung. Mit Gelb vermischt wirkt sie jugendlich und frisch – wie ein Frühlingsmorgen.

_____ ist die Mischung von Gelb und Rot. Diese Farbe steht für strahlende Aktivität und warme Energie. Sie zieht die Aufmerksamkeit auf sich, deshalb benützt man sie auch als Signalfarbe für Gefahren, zum Beispiel bei Maschinen und Baustellen.

_____ ist die Farbe des Unbewussten, des Geheimnisses. Diese Farbe ist entweder eher rot oder eher blau. Wenn sie eher blau ist, steht sie für Tod und Einsamkeit. Die rötliche Variante symbolisiert die himmlische Liebe; es ist die Farbe der katholischen Kirche.

Genitiv
... ist die Farbe *(f)* der Liebe
(m) des Glaubens
(n) des Lichts
(Pl) der Pflanzen

Wie ist das in Ihrem Land? Berichten Sie.

Was ist Ihre Lieblingsfarbe? Warum?

Ich mag Gelb besonders, → *vielleicht,* → *weil mein Kinderzimmer gelb war.* ↘
Meine Lieblingsfarbe ist Blau, → *weil ...*

ARBEI
A

B

Blau steht Ihnen gut!

B1

Welche Farben passen zu diesen Menschen? Warum?

A   B   C   D

Haare	schwarz ◆ blond ◆ braun ◆ rot ◆ grau ◆ glatt ◆ lockig ◆ kraus ...
Augenfarbe	schwarz ◆ braun ◆ grün ◆ blau ◆ graugrün ...
Teint	blass ◆ dunkel ◆ hell ◆ mit Sommersprossen ...

Zu der Frau auf Bild D passt Orange. ↘
   Orange? ↗ *Warum?* ↗
Ihre Augen sind braun. ↘
      Aber ihre Haare sind schwarz. ↘ *Ich finde,* →
      Rot steht ihr besser. ↘
            Zu der Frau auf Bild A passt Grün. ↘
               Das finde ich auch. ↘

> Adjektive ohne Nomen
> verändern sich nicht:
> Ihre Haare sind **blond**.

B2

Was denken Sie? Wer ist ein Frühlingstyp, wer ist ein Sommertyp, wer ein Herbsttyp und wer ein Wintertyp?

Ich finde, → *die Frau auf Bild A ist ein Wintertyp.* ↘ *Ihre Haut ist hell.* ↘
   Ja, → *aber ihre Haare sind blond.* ↘ *Ich denke,* → *sie ist ein Sommertyp.* ↘
      Nein, → *...*

3/38 Welche Farben hören Sie? Machen Sie Notizen.

Frühlingstyp
Bild: A
Teint / Haut: hell
Haare:
Augen:
Farben:

Sommertyp
Bild: B
Teint / Haut:

Arbeiten Sie zu viert und vergleichen Sie.

> **PROJEKT**
> Hören Sie so oft wie möglich
> deutsche Nachrichten, Interviews
> und Reportagen im Radio. Nehmen
> Sie Sendungen mit Cassettenrekor-
> der auf und hören Sie sie immer
> wieder. Beim ersten Hören ver-
> stehen Sie nur wenig, beim zweiten
> Hören schon etwas mehr ...
> Überall auf der Welt können Sie
> die **Deutsche Welle** empfangen. Hier
> gibt es auch spezielle Sendungen
> für Deutschlernende: **7 Tage**
> berichtet in einfachem Deutsch
> über die Ereignisse der letzten
> Woche. Das **Stichwort** erklärt wich-
> tige Wörter und Ausdrücke. Die
> Texte können Sie auch als E-Mail
> bekommen. Weitere Informationen
> erhalten Sie bei der Internet-
> Adresse: http.//www.dwelle.de.

Ordnen Sie die Sätze nach den einzelnen Jahreszeitentypen.

1

A Typisch für ihn ist eine helle Haut mit gelbem Unterton.
B Milchweißer oder rosiger Teint: Alle haben einen fast blauen Unterton der Haut.
C Ein blauer Unterton verbirgt sich fast immer hinter seiner Haut.
D Sie haben einen goldenen, warmen Hautton und der blasse Teint kann rotbraune Sommersprossen haben.

2

A Die meisten Menschen dieses Typs haben dunkle Haare.
B Im Kindesalter machen diesem Typ die Haare oft großen Kummer: Die charakteristische Haarfarbe ist Rot.
C Sie haben blonde Haare oder waren als Kinder blond.
D Seine Haare sind nicht golden, sondern eher mausfarben.

3

A Sie sind die einzigen Typen, denen ein volles, leuchtendes Orange steht.
B Ideale Farben für ihn sind hell und klar: strahlendes Grün, warmes, volles Gelb.
C Wirklich gut stehen ihm die sanften Farben: das rauchige Blau und das bläuliche Grün.
D Wenn es unbedingt braun sein muss, sollte er den dunkelsten und kühlsten Braunton nehmen. Bittere Schokolade hat genau diesen Farbton.

	Frühlingstyp	Sommertyp	Herbsttyp	Wintertyp
1	*A*			
2				
3				

3/38 Hören Sie noch einmal und vergleichen Sie.

Suchen Sie die Adjektive in B 3, markieren Sie die Endungen und ergänzen Sie die Regeln.

	Nominativ	Akkusativ
f	die ___charakteristische___ Haarfarbe eine _____ Haut _____ Schokolade	*wie Nominativ* !
m	der _____ Teint ein _____ Unterton _____ oder _____ Teint	den _____ und _____ Braunton einen _____ Unterton _____ Kummer
n	das _____ Blau ein _____ Orange _____ Grün	*wie Nominativ* !
Plural	die _____ Menschen _____ Farben	_____ Haare

1 Alle Adjektive haben vor Nomen mindestens eine _e-Endung_ .
2 Die Genus-Signale sind gleich wie beim bestimmten Artikel: für feminin: ___ , für maskulin: ___ , für neutrum: ___ . Sie stehen am _Artikel-Ende_ oder am _____ .
3 Im Plural enden die Adjektive nach Artikel auf _____ .
4 Nominativ und Akkusativ sind gleich bei *f, n* und *Plural.*
Nur bei *m* steht im Akkusativ Singular bei Artikel und Adjektiv ein _____ .

ARBEIT
B 2-

Was für ein Typ sind Sie? Arbeiten Sie zu zweit und machen Sie Notizen.

ARBEIT
B 5-

Kleiderkauf

Mode
FÜR LEUTE MIT IDEEN

Bluse in aktuellen Farben,
pflegeleicht **69,–**

Weste **69,–**

Rock mit Gürtel **59,–**

Blazer in klassischer Form
schilf-kariert oder blau-kariert,
Gr. 36–48 **149,–**

Jeans mit modischem
Gürtel **89,–**

Modischer Sakko, Mischgewebe
(Leinen/Viskose) **178,–**

Baumwoll-Hemd, bügelfrei **49,–**

Seiden-Krawatte **39,80**

Baumwoll-Hose, bügelfrei **89,–**

Angenehm zu tragen!

T-Shirt **49,–**

Jeans, Used Look **149,–**
(ohne Gürtel)

OUTFIT
Große Mode zum kleinen Preis!

1

Was trägt sie? Was trägt er? Sortieren Sie.

Bluse

Welche weiteren Kleidungsstücke kennen Sie? Ergänzen Sie.

Welche Kleider kauft Bettina? Hören und markieren Sie.

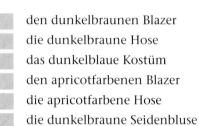

Wir sind die erfolgreiche Tochter eines internationalen Pharma-Konzerns. Für unseren Geschäftsbereich **Business Development** suchen wir zum nächstmöglichen Termin eine/n

Fremdsprachensekretär/in

mit sehr guten Englisch- und Französisch- sowie PC-Kenntnissen (Word, Excel, graphische Programme). Flexibilität, Belastbarkeit, Organisationstalent, Gewandtheit und sympathisches Auftreten zeichnen Sie aus. Wir bieten ein angenehmes, offenes Arbeitsklima in einem jungen Team.
Bitte senden Sie uns Ihre vollständigen Unterlagen an

A S S E X Pharma GmbH
August-Wehler-Str. 38

☐ den dunkelbraunen Blazer
☐ die dunkelbraune Hose
☐ das dunkelblaue Kostüm
☐ den apricotfarbenen Blazer
☐ die apricotfarbene Hose
☐ die dunkelbraune Seidenbluse

Farben ohne Endungen:
Die Bluse ist **rosa**.
→ eine rosafarbene Bluse
Der Blazer ist **apricot**.
→ ein apricotfarbener Blazer
Das Hemd ist **lila**.
→ ein lilafarbenes Hemd.

Hören Sie noch einmal und ergänzen Sie den Text.

● _____ Kostüm hätten Sie denn gern? So für jeden Tag, oder soll es für einen besonderen Anlass sein?

■ Nein, schon _____ für einen besonderen Anlass, für eine Bewerbung.

● Für eine Bewerbung ... Und an _____ Farbe haben Sie gedacht?

■ Ich weiß auch nicht genau. Vielleicht dunkel, dunkelgrün oder dunkelblau ...

● Ich zeige Ihnen ein paar Kostüme. Welche Größe haben Sie? 38?

■ Ja, 38 oder 40. Das kommt darauf an ...

● So, hier sind einige Blazer in topmodischen Farben.

▲ Oh, schau mal, der sieht doch toll aus.

■ _____ meinst du denn? _____ schilfgrünen oder _____ apricotfarbenen?

▲ Hier den apricotfarbenen.

■ Aber _____ Rock soll ich denn dazu anziehen?

▲ Na, _____ dunklen. Oder sogar _____ dunkle Hose in Braun oder Schwarz.

● Ich habe Ihnen hier einen Rock und eine Hose in Dunkelbraun zum Kombinieren mitgebracht. Mit dem kurzen Rock wirkt die Jacke sehr elegant.

■ Mir gefällt es eigentlich auch ganz gut. Ich fühle mich recht wohl darin. Und _____ Bluse passt dazu?

● Da würde ich Ihnen etwas ganz Einfaches empfehlen: _____ Seidenbluse oder _____ T-Shirt in der gleichen Farbe wie die Hose. Moment ... Schauen Sie mal, hier.

■ Hm, da nehme ich die Bluse. Mit dem einfachen T-Shirt hier wirkt das vielleicht doch zu jugendlich ... Was kostet das denn?

● Alle Teile zusammen – Moment ... 650 Mark ...

4

Ergänzen Sie die Regel.

Was für ein Pullover? **Ein** grauer Pullover.

Welcher Pullover? **Der** orangefarbene Pullover.

Nach Fragen mit … kommen meistens Antworten mit …

1 _____ ? → unbestimmtem Artikel.

2 _____ ? → bestimmtem Artikel.

ARBEITSBUCH
C 3-C 10

5 **„Was für ein …" / „Welch- …" kaufen Sie? Schreiben und spielen Sie ähnliche Dialoge. Arbeiten Sie zu zweit oder zu dritt.**

Bewerbung ◆ Geschäftsessen ◆ Oper ◆ Theater ◆ Kostümball ◆ Hochzeit ◆ Beerdigung ◆ Picknick ◆ Ausflug ◆ Wanderung ◆ Urlaub ◆ Geburtstagsparty

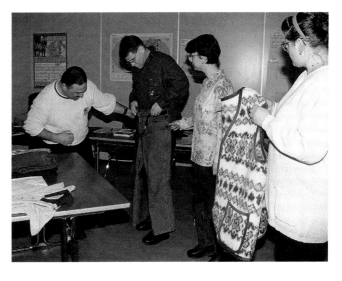

Ich hätte gern …
Ich suche …
Zeigen Sie mir bitte ein paar …

Ich habe Größe …

Die gefällt mir nicht so gut. / …
Haben Sie | *die* | *auch* | *in Rot? / …*
| *so etwas* | | *in Seide? / …*

Die gefällt mir gut. / … sehr gut. / …

Aber sie passt mir nicht.
Sie ist mir | *zu klein. / … zu groß.*
| *zu eng. / … zu weit.*
| *zu kurz. / … zu lang.*

Haben Sie die auch | *eine Nummer* | *größer?*
| *etwas* | *kleiner?*

Wie viel kostet … ?
Ja,   … nehme ich.
Nein, vielen Dank, aber das ist doch nicht das Richtige.

Was für ein …
Was für eine Farbe … ?
Welche Größe haben Sie?

Probieren Sie mal …
Wie gefällt Ihnen … ?

Nein, leider nicht.
Ja, aber leider nicht in | *dieser Größe.*
| *dieser Farbe.*
Die Bluse steht Ihnen ausgezeichnet. / …
Sie wirkt sehr elegant. / … jugendlich. / …

Typen ...

Wie sind diese Leute? Was meinen Sie? Machen Sie Notizen.

| Yuppie ◆ Tourist ◆ ~~Rentner~~ ◆ Student |

Rentner

Arbeiten Sie zu viert und vergleichen Sie Ihre Ergebnisse.

Hier links, das sind sicher Rentner.
Die sind bestimmt ...
Die ...

Rentner
Alter: über 60
Kleidung: altmodisch, grau, langweilig
Hobbys:
Familie:
Sonstiges:

3/
40-41

Hören und ergänzen Sie.

	Thema	Ort (wo?)	Gesprächspartner
Interview 1			
Interview 2		U-Bahn-Station	

Lesen und markieren Sie: Was denken die Interviewten über ... ?

Text 1

1. ▢ Yuppies fahren in ihrem roten BMW zur Arbeit.
2. ▢ Yuppies wohnen meistens allein in einem teuren Penthouse.
3. ▢ Yuppies arbeiten beim Hessischen Rundfunk.
4. ▢ Yuppies sieht man in modischen Anzügen oder mit schicken Sakkos.
5. ▢ Yuppies sind meistens Politiker.
6. ▢ Für eine Familie haben Yuppies keine Zeit.
7. ▢ Yuppies essen oft in teuren Lokalen.
8. ▢ Yuppies haben viel Freizeit.

Text 2

1. ▢ Rentner sind ältere Frauen oder Männer.
2. ▢ Rentner wohnen in einer kleinen Wohnung, weil ihre Kinder schon ausgezogen sind.
3. ▢ Rentner haben immer Zeit, auch an den ganz gewöhnlichen Werktagen, aber sie machen nichts mit dieser Freizeit.
4. ▢ Klischees enthalten in den meisten Fällen viel Wahrheit.
5. ▢ Es gibt arme und reiche Leute, dumme und intelligente. Man kann nichts Genaues über sie sagen.

3/
40-41
Hören Sie noch einmal und vergleichen Sie.

4

Unterstreichen Sie die Adjektive in C 3 und D 3. Ergänzen Sie dann die Sätze und die Regel.

Adjektiv-Deklination im Dativ.

				f, m, n, Pl
Da empfehle ich eine Bluse	in d____	gleich____	Farbe wie die Hose.	▨
Rentner wohnen	in ein____	klein *en*	Wohnung.	
Der Blazer wirkt	mit d____	kurz____	Rock sehr elegant.	▨
Yuppies fahren	in ihr____	rot____	BMW zur Arbeit.	
Vielleicht wirkt der Blazer	mit d____	einfach____	T-Shirt zu wenig elegant.	▨
Yuppies wohnen meistens	in ein____	teur____	Penthouse.	
Rentner haben immer Zeit, auch an d____	gewöhnlich____		Werktagen.	▨
Yuppies essen oft	in	teur____	Lokalen.	

Plural im Dativ.

	Singular	Plural (im Nominativ)
in modischen Anzügen	*Anzug, m*	*Anzüge*
mit schicken Sakkos		
in teuren Lokalen		
auch an den ganz gewöhnlichen Werktagen		
in den meisten Fällen		

1 Das Genus-Signal für den Dativ: feminin: _____ , maskulin und neutrum: *m*____ , Plural: _____ .

2 Im Dativ ist die Endung bei den Adjektiven nach Artikel immer _____ .

3 Im Dativ Plural steht am Ende des Nomens in der Regel ein _____ .
   Ausnahme: Nomen mit Plural auf -s.

ARBEITSBUCH
D 1-D 4

5

Beschreiben Sie eine für Ihr Land „typische" Person und ihren Beruf.

Bei uns in . . .

Sie sind meistens . . .

Sie tragen . . .

Zwischen den Zeilen

E 1   Beschreiben Sie die Farben möglichst genau.

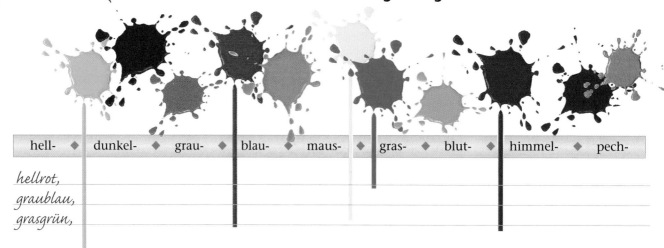

| hell- | ◆ | dunkel- | ◆ | grau- | ◆ | blau- | ◆ | maus- | ◆ | gras- | ◆ | blut- | ◆ | himmel- | ◆ | pech- |

hellrot,
graublau,
grasgrün,

E 2   Welche Farben haben diese Dinge in Deutschland / in Österreich / in der Schweiz? Und in Ihrem Land?

Telefonzelle ◆ Feuerwehrauto ◆ Polizeiuniform ◆ Pass ◆ Briefkasten ◆ Post ◆
Krankenwagen ◆ Polizeiauto ◆ Straßenmarkierungen

Die Telefonzellen sind in Österreich …
    Bei uns sind sie …

E 3   Welche Farben hören Sie? Markieren Sie.

3/42

- ☐ blau
- ☐ braun
- ☐ gelb
- ☐ grau
- ☐ grün
- ☐ lila
- ☐ orange
- ☐ rot
- ☐ schwarz
- ☐ violett
- ☐ weiß

Jemand … der, ohne rot zu werden, blau macht
und schwarz arbeitet – muss sich nicht wundern,
wenn ihm die Kollegen nicht grün sind.

3/42   **Was passt? Hören Sie noch einmal, ergänzen Sie und sortieren Sie.**

1 _____ *fahren*
2 _____ *sehen*
3 *sich* _____ *ärgern*
4 _____ *arbeiten*
5 _____ *sehen*
6 _____ *machen*
7 *mit einem* _____ *Auge*
  davonkommen
8 *jemandem nicht* _____ *sein*
9 *dasselbe in* _____

- ☐ es sieht zwar etwas anders aus, ist aber gleich
- ☐ furchtbar wütend über etwas sein
- ☐ illegal, ohne Lohnsteuerkarte Geld verdienen
- ☐ immer Schlechtes in der Zukunft sehen
- ☐ im Pech Glück haben, nur einen kleinen Schaden erleiden
- ☐ ohne Fahrschein in öffentlichen Verkehrsmitteln fahren
- ☐ nicht zur Arbeit oder zum Unterricht gehen
- ☐ sich nicht gut mit jemandem verstehen
- ☐ so wütend werden, dass man seine Gefühle nicht mehr kontrollieren kann

Vergleichen Sie mit Ihrer Sprache.

ARBEIT
E 1

Der Ton macht die Musik

F

A B C D E F G H

F1

Sprechen Sie über die Zeichnungen.

bei Rot über die Straße gehen ◆ in der Nase bohren ◆ an der Wand lauschen ◆
älteren Leuten einen Sitzplatz anbieten ◆ die Schuhe ausziehen ◆ mit den Fingern essen ◆
die Tischdecke schmutzig machen ◆ heiraten

Man soll nicht in der Nase bohren. ↘
In einer Moschee muss man …

F2

Was soll man nicht machen?

3/43 **Hören und markieren Sie.**

in der Nase bohren
laut schreien
mit den Fingern essen
bei Rot über die Straße gehen

in der Schule schlafen
über Sex sprechen
über Geld sprechen
schwarz fahren
Schecks fälschen

als Mann weinen
mit vollem Mund reden
die Füße auf den Tisch legen
an der Wand lauschen
als Mann einen Mann lieben

3/43 **Können Sie noch andere „Tabus" verstehen? Hören Sie noch einmal.**

F3 **Was darf man in Ihrem Land auf keinen Fall tun? Arbeiten Sie in Gruppen und machen Sie eine Liste mit Tabus.**

In einer Kirche soll man nicht lachen. ↘
*Bei uns darf man nicht mit Schuhen
in den Tempel gehen.* ↘
Und bei uns …

ARBEITSBUCH **F1-F7**

G

ARBEITSBUCH **G1-G3**

Kurz & bündig

Adjektive ohne Nomen und Artikel § 17a

Welche Farben sind „**kalt**", welche „**warm**"?
Mit Gelb vermischt wirkt diese Farbe **jugendlich** und **frisch**.

Ihre Augen sind **braun**.

Aber ihre Haare sind **schwarz**.
Ich finde, **Rot** steht ihr besser.

Adjektive nach Artikeln oder vor Nomen   § 17b

Nominativ und Akkusativ

Er hat **eine helle**, fast **blasse** und **transparente Haut** und **einen gelben Unterton**.
Die meisten Menschen dieses Typs haben **dunkle Haare**.
Die idealen Farben für ihn sind hell und klar: **strahlendes Grün**, **warmes, volles Gelb**.

Dativ

Ich empfehle eine Bluse in **der gleichen Farbe**.
Mit **dem kurzen Rock** wirkt die Jacke sehr elegant.
Mit **dem einfachen T-Shirt** wirkt das vielleicht zu jugendlich.

Rentner wohnen in **einer kleinen Wohnung**.
Yuppies fahren in **ihrem roten BMW** zur Arbeit und wohnen in **einem teuren Penthouse**.
Sie essen oft **in teuren Lokalen**.

Fragen mit „Was für ..." und mit „Welch- ..."   § 13b, c

Was für ein Kostüm hätten Sie denn gern?

Eins für einen besonderen Anlass.

Und an **was für eine Farbe** haben Sie gedacht?

Vielleicht **dunkelgrün** oder **dunkelblau**.

Welchen Blazer meinst du denn? **Den** schilfgrünen
oder **den** apricotfarbenen?

Hier, den apricotfarbenen.

Was für eine Bluse passt dazu?

Eine Seidenbluse, oder **ein einfaches T-Shirt**.

Verben mit Dativ   § 7

Wie findest du meinen neuen Pullover?

Er **steht dir** sehr gut

Mir gefällt er eigentlich auch ganz gut.

Er wirkt sehr jugendlich.

Er **passt mir** nur nicht ganz,
er ist etwas zu groß.

Aber ich finde, die Farbe **passt** sehr gut **zu** dir.

Und ich fühle mich sehr wohl darin.

Nützliche Ausdrücke

Was ist Ihre **Lieblings**farbe? ↘

Gelb. ↘

Ich **mag** Blau **besonders**. ↘

Ich suche ein Kostüm. ↘
Ja, → für eine Bewerbung. ↘
38 oder 40. **Das kommt darauf an.** ↘

Soll es **für einen besonderen Anlass** sein? ↗
Welche Größe haben Sie? ↘

Schau mal, → der Pullover sieht toll aus. ↘

Welchen meinst du denn? ↘
Den hellen oder den dunklen? ↘

Haben Sie das Kostüm **eine Nummer größer?** ↗
Und was soll ich **dazu anziehen?** ↗
Haben Sie diese Bluse **auch in Seide?** ↗

Ja, → aber **nicht in Rot,** → nur **in Dunkelblau.** ↘
Ich zeige Ihnen ein paar Blusen. ↘
Nein, → tut mir Leid, →
die gibt es **nur in Baumwolle.** ↘

Gut, → **ich nehme** das Kostüm. ↘
Nein, → **das ist doch nicht das Richtige.** ↘

Vier gewinnt

Sie brauchen vier Sorten Geldstücke,
pro Spieler eine Sorte.

Spielen Sie zu dritt oder zu viert.

A

Länderspiel

Spielregeln:

Jeder Spieler braucht zehn gleiche
Münzen. Spieler eins hat z.B. zehn
Zweipfennigstücke, Spielerin 2 hat
zehn Fünfpfennigstücke usw.

Spieler 1 beginnt. Er sucht eine Frage
auf dem Spielfeld, die er beantworten
möchte, und liest sie laut vor. Wenn
der Spieler die Frage richtig beantworten kann, dann legt er eine Münze auf
das Feld. Wenn die Antwort falsch ist,
darf er keine Münze ablegen.

Dann sucht Spielerin 2 eine Frage aus
und liest sie laut vor usw.

Wer zuerst vier Münzen in eine Reihe
oder in eine Diagonale legen kann,
der hat gewonnen.

Deutschland

Drei Verben, die das Perfekt ohne „ge"- bilden.

Nennen Sie drei Kleidungsstücke.

Was bedeutet „blau machen"?

Als Kind ... Mit 18 ...

Nennen Sie eine typische Speise aus Ihrem Land und erklären Sie, was das ist.

Was ist hier passiert?

Wie heißt die Hauptstadt von Deutschland?

Hier steht die berühmte Semper-Oper. Wie heißt diese Stadt?

Rostock

Schwerin

Potsdam

Leipzig

Die Tochter von meiner Tochter. Die Mutter von meinem Mann. Der Bruder von meiner Mutter. Wer ist das?

Dieses Bundesland heißt Mecklenburg-Vorpommern. Nennen Sie drei weitere Bundesländer.

Wo warst du denn gestern Abend?

Beschreiben Sie den Mann.

Magdeburg

Erfurt

Was machen Sie gern im Haushalt? Was finden Sie furchtbar? Nennen Sie je drei Hausarbeiten.

Kiel

Wie heißt diese Stadt an der Elbe?

Aus dieser Stadt kommt ein bekanntes Auto.

Wie heißt die Stadt? Wie heißt das Auto?

Wann weinen Sie?

Bremen

Hannover

Was ist in Ihrem Land ein Tabu?

Was machen Sie, wenn sie krank sind?

Wann ziehen junge Leute in Ihrem Heimatland aus? Warum?

Haben Sie ein Handy? Mögen Sie Computerspiele? Warum (nicht)?

Was haben Sie am Wochenende gemacht? Berichten Sie.

Drei Verben mit der Vorsilbe „be-"

Warum gibt es manchmal Streit zwischen Eltern und Jugendlichen? Nennen Sie drei Gründe.

Wie heißt das größte Industriegebiet in Europa? Dort in Essen

Düsseldorf

Köln

Bonn

Aachen

Wiesbaden

Frankfurt am Main

Österreich

Saarbrücken · Mainz · Nürnberg · Linz · Graz · Stuttgart · Innsbruck · Klagenfurt · Zürich · Basel

Schweiz

Wie finden Sie das Angebot?

aktuelle Urlaubs-Angebote

Wie heißt die Hauptstadt von Österreich?

Nennen Sie je ein Körperteil mit den Buchstaben B, F und H.

Diese Frau kommt zu Ihnen zur Farbberatung. Geben Sie ihr Tipps.

Wie heißen die Himmelsrichtungen auf Deutsch?

Mozart kommt aus dieser Stadt? Wie heißt sie?

Weltreise Reiseführer
Finden Sie drei weitere Komposita mit Reise- -reise oder Reise-.

Ich wohne bei meinen Eltern, weil …

Ich wohne bei meinen Eltern, obwohl …

Wie heißt dieser Fluss?

Wo findet das Oktoberfest statt?

Nennen Sie drei Verben, die das Perfekt mit *sein* bilden.

Was bedeutet *Lehre*? Was ist eine *WG*?

Ihre Frau / Ihre Freundin hat oft Rückenschmerzen. Geben Sie ihr zwei Ratschläge.

grasgrün
Nennen Sie drei weitere Farben aus zwei Wörtern.

Vergleichen Sie und finden Sie drei Unterschiede.

Ich suche einen Pullover.
— Größe 40.
— In Beige oder Braun.

Was macht der Mann?

Wo sind denn meine Schlüssel?

Finden Sie je eine passende Vorsilbe.
— kaufen
— kommen
— stehen
— stellen

Wie heißt dieser Berg?

Was machen Sie im Urlaub gern? Nennen Sie drei Aktivitäten.

Wie heißt dieser Fluss?

Wie heißt die Hauptstadt der Schweiz?

Was machen Sie, wenn Sie verliebt sind?

Glückwünsche

Was passt wo? Ergänzen Sie.

Alles Gute für die Zukunft! ◆ Auf Wiedersehen! ◆ Bis bald! ◆ Viel Glück! ◆ Guten Appetit! ◆
Gute Besserung! ◆ Guten Flug! ◆ Gute Reise! ◆ Gute Fahrt! ◆ Gesundheit! ◆
Hals- und Beinbruch! ◆ Zum Wohl! ◆ Herzlichen Glückwunsch (zum Geburtstag)! ◆
Kommt doch herein! ◆ Kommt gut nach Hause! ◆ Prost! ◆ Prost Neujahr! ◆ Viel Spaß! ◆ …

Arbeiten Sie zu zweit. Schreiben Sie einen Dialog zu einer Situation.
Spielen Sie dann Ihren Dialog vor.

B 2

Wählen Sie eine oder zwei Fragen. Interviewen Sie die anderen Kursteilnehmer und machen Sie Notizen.

Kursbefragung zum Thema „Deutsch lernen"

Welche Lerntipps haben Sie ausprobiert?

Sandra: Lerntipp: „Nomen mit Artikel", hat geholfen

Felicitas: Lerntipp: „Pluralformen mitlernen", viel Arbeit, Plural ist schwer

Pero: nein, keine Zeit, warum auch?

Carlo: Lerntipp: „mit Teilnehmern jeden Tag eine halbe Stunde Deutsch sprechen", am Anfang komisch, dann viel Spaß gemacht, viel geübt

Kerry:

1 Wo sprechen Sie Deutsch: im Unterricht, zu Hause, bei der Arbeit, mit Freunden … ?
2 Welche Städte oder Regionen in den deutschsprachigen Ländern kennen Sie? Welche möchten Sie kennen lernen?
3 Wie klingt Deutsch für Sie: angenehm, hart, wie …-Musik … ?
4 Welche Laute finden Sie schwierig? Welche Laute finden Sie interessant?
5 Was ist Ihr Lieblingswort oder Ihr Lieblingssatz?
6 Welche Themen in TANGRAM waren interessant? Welche waren langweilig?
7 Welcher Text in TANGRAM hat Ihnen am besten gefallen?
8 Welcher Cartoon in TANGRAM hat Ihnen am besten gefallen?
9 Welche Übungen in TANGRAM machen Sie gerne?
10 Welche Lerntipps haben Sie ausprobiert?
11 Können Sie noch ein Lied oder einen Rap aus TANGRAM singen oder sprechen?
12 Haben Sie regelmäßig zu Hause gearbeitet? Was und wie haben Sie gelernt oder geübt?
13 Wie lernen Sie neue Wörter? Wie oft? Wie lange?
14 Was benutzen Sie regelmäßig: Wortliste, Wörterbuch, Grammatik-Anhang … ?
15 Was können Sie jetzt gut? Was können Sie noch nicht so gut?
16 Was ist für Sie wichtig, aber nicht im Buch? Was fehlt in TANGRAM?

Berichten Sie im Plenum.

ARBEITSBUCH
B 1–B 3

Der Ton macht die Musik

Hören Sie das Lied und singen Sie mit.

Auf der Mauer, auf der Lauer

liegt 'ne kleine Wanze.

Schau dir mal die Wanze an,

wie die Wanze tanzen kann.

Auf der Mauer, auf der Lauer

liegt 'ne kleine Wanze.

Wanze / tanzen

Wanze / tanzen

Wanze / tanzen

Wanze / tanzen

Wanze / tanzen

Ergänzen Sie die Strophen. Schreiben Sie einen neuen Text.

Tickets kaufen, Koffer packen,
dann geht's ab nach Bern.

_____

_____

Tickets kaufen, Koffer packen,
dann geht's ab nach Bern.

Rechts entlang? Links entlang?
Ich will jetzt zum Ausgang!

_____

_____

Rechts entlang? Links entlang?
Ich will jetzt zum Ausgang!

Spanisch, Schwedisch, Russisch,
Deutsch - schwer ist keine Sprache.

_____

_____

Spanisch, Schwedisch, Russisch,
Deutsch - schwer ist keine Sprache.

Keine Nachricht, auch kein Brief -
ich sitz' hier und warte.

_____

_____

Keine Nachricht, auch kein Brief -
ich sitz' hier und warte.

Ach, ich bin ein Frühlingstyp,
trag' nur grüne Kleider.

_____

_____

Ach, ich bin ein Frühlingstyp,
trag' nur grüne Kleider.

Letzte Woche war ich krank,
hatte schlimmen Husten.

_____

_____

Letzte Woche war ich krank,
hatte schlimmen Husten.

Willst du mit nach Bern geh'n?
warte auf die doofe Karte.
Zum Ausgang, wo ich raus kann.
Nie hatt' ich so schlimmen Husten,
Mir steh'n keine schwarzen Kleider,
Traurig sitz' ich hier und warte,

die die Sprache sprechen können.
Wie komm' ich zum Ausgang?
auch nicht weiße Kleider - leider.
Ja, ich will Bern gern seh'n.
Lerne einfach Sprecher kennen,
dass ich ständig husten musste.

Vergleichen Sie Ihre Texte und singen Sie gemeinsam.

ARBEI
C T

Grammatik

Seite G1–G22

Übersicht

Der Satz

Die Wortarten

Das Verb

Die Nomengruppe

Die Partikeln

Die Wortbildung

§ 23	Komposita	*der Kleiderschrank, der Schreibisch, das Hochbett*
§ 24	Vorsilben und Nachsilben	
	a) Nachsilben	*der Arzt – die Ärzt**in**, der Japaner – die Japaner**in***
		*die Angst – ängst**lich**, die Jugend – jugend**lich**, die Farbe – farb**ig***
		*dumm – die Dumm**heit**, freundlich – die Freundlich**keit***
		*bedeuten – die Bedeut**ung**, beraten – die Berat**ung***
		*aktiv - die Aktiv**ität**; fantastisch - die Fanta**sie**,*
		*demonstrieren - die Demonstrat**ion***
	b) Vorsilben	*praktisch – **un**praktisch*

Textgrammatische Strukturen

§ 25	Die Negation:	*nicht, kein, nein, doch, nie …*
§ 26	Referenzwörter :	*Vera kommt aus Brasilien. **Sie** arbeitet bei TransFair.*
		*Hast du ein Handy? – Ja, ich habe **eins**.*
§ 27	Kurze Sätze:	*Sind Sie nicht verheiratet? – **Doch**, natürlich.*
		*Was sind Sie von Beruf? – **Ärztin. Und Sie?***

Der Satz

In einem Satz findet man fast immer ein Verb und ein Subjekt . → §1–§3
Tanja   weint .

Wie heißen Sie *?*

Die meisten Sätze haben weitere Satzteile: Ergänzungen und Angaben. → §6 + §7
Kaufe ich ihr *jetzt* Gummibärchen *?*

Sind Sie Frau Beckmann von „Globe-Tours" *?*

Es gibt aber auch kurze Sätze ohne Subjekt oder Verb. → §27
Woher kommst du?   **Aus Namibia.**
Und was möchten Sie trinken?   **Einen Apfelsaft, bitte.**

§1   Die Aussage   → §6 + §7

In einer Aussage steht das Verb immer auf Position 2. Das Subjekt steht in einer Aussage links **oder** rechts vom Verb. Am Satz-Ende steht ein Punkt („."): „*Tanja weint.*" und „*Er arbeitet.*" sind einfache und sehr kurze Aussagen. Hier gibt es nur ein Subjekt und ein Verb. Fast immer gibt es aber noch andere Satzteile.

1.	*2.*	*... Position*
Das Sofa	*finde*	*ich toll.*
Ich	*kaufe*	*doch kein Sofa für 2500 Mark.*
Heute	*kaufe*	*ich euch kein Eis.*
Peter und Andrea	*gehen*	*am Samstag ins Kino.*

2   Die Fragen   → §27

Es gibt   **W-Fragen**   und   **Ja/Nein-Fragen:**

 Woher kommst du?
Aus ...

 Kommst du aus Australien? – **Ja** *(, aus Sydney).*
Nein, *aus Irland.*

a) Die **W-Frage** beginnt immer mit einem Fragewort: *woher, wie, wann, ...*
Das Fragewort steht auf Position 1 und das Verb auf Position 2. Am Satz-Ende steht ein Fragezeichen („?").

Wie	*heißen*	*Sie?*	*Yoko Yoshimoto.*
Wie lange	*sind*	*Sie denn schon in Deutschland?*	*Erst sechs Monate.*
Was	*möchten*	*Sie trinken?*	*Einen Kaffee, bitte.*
Wie viel	*kostet*	*der Sessel denn?*	*Zweihundertsechzig Mark.*

b) In einer **Ja/Nein-Frage** steht das Verb immer auf Position 1.
Am Satz-Ende ist ein Fragezeichen („?").

Kaufst	*du uns ein Eis?*	*Nein, Merle.*
Nehmt	*ihr Zucker und Milch?*	*Ja, gerne.*
Hast	*du vielleicht auch Tee?*	*Natürlich, einen Moment.*

3   Der Imperativ-Satz   → §8

In Imperativ-Sätzen steht das Verb auf Position 1. Am Satz-Ende steht ein Punkt („.") oder ein Ausrufezeichen („!").
Den Imperativ-Satz benutzt man für Bitten oder Ratschläge.

per du

 Schau   doch mal ins Wörterbuch!
Bestell   doch eine Gulaschsuppe.

Gebt   mir mal einen Tipp!

per Sie

 Buchstabieren   Sie bitte !
Nehmen   Sie doch eine Gulaschsuppe.

Geben   Sie mir doch mal einen Tipp.

▶ Die Wörter *doch, mal* oder *bitte* machen Imperativ-Sätze höflicher. → §21

§ 4   Die Verbklammer

a) In Sätzen mit Modalverben steht das „normale" Verb in der Infinitiv-Form **am Satz-Ende.** → § 10

Wir	**wollen**	*am Samstag*	**umziehen.**
	Kannst	*du uns vielleicht beim Umzug*	**helfen?**
Ich	**darf**	*nicht ins Konzert*	**mitkommen.**
Ich	**muss**	*am Wochenende*	**lernen.**
Ich	**will**	*heute in die Disko*	**gehen.**
	Soll	*ich dich*	**abholen?**
Nein, ich	**möchte**	*heute nicht*	**tanzen gehen.**

b) In Sätzen mit trennbaren Verben steht die Vorsilbe am Satz-Ende.

Wie	**sieht**	*dein Traummann*	**aus?**
Wir	**stellen**	*Ihnen ein komplettes Buffet*	**zusammen.**
	Rufen	*Sie uns*	**an!**

c) In Perfekt-Sätzen stehen *haben* oder *sein* auf Position 2 (oder Position 1), das Partizip Perfekt am Satz-Ende.

Unsere Weltreise	**hat**	*gut*	**begonnen.**
In Frankfurt	**sind**	*wir mit Verspätung*	**abgeflogen.**
Wir	**haben**	*gleich nette Leute*	**kennen gelernt.**
Wir	**haben**	*schon eine Stadtrundfahrt*	**gemacht.**
	Seid	*ihr auch in ein Spielkasino*	**gegangen?**

§ 5   Das Satzgefüge

a) Hauptsätze
Man kann Hauptsätze mit *und, aber* und *oder* verbinden → § 22
*Lesen Sie den Text **und** markieren Sie die Verben.*
*Jan möchte ins Konzert gehen, **aber** er muss lernen.*
*Treffen wir uns in der Kneipe **oder** soll ich dich abholen?*

▶ Sind Subjekt oder Verb in beiden Sätzen gleich, wiederholt man sie nicht.

Frau Jünger	*macht die Tüte auf*		*Roman*	**bestellt**	*eine Suppe*
und	*gibt Tanja ein Gummibärchen.*		*und Andrea*		*einen Salat.*

b) Nebensätze
Nebensätze beginnen mit einer Konjunktion: *dass, weil, obwohl, wenn*; das Verb steht am Ende.
Zwischen Hauptsatz und Nebensatz steht ein Komma.

Wohngemeinschaften sind bei jungen Menschen heute nicht mehr so beliebt ,			
	weil	*WG für viele nur Streit um die Hausarbeiten*	**bedeutet.**
Immer mehr junge Leute bleiben im Elternhaus ,			
	obwohl	*sie schon lange*	**arbeiten.**
	Wenn	*ich keine Zeit zum Kochen*	**habe ,** *gibt es nur Würstchen.*
Haben Sie gewusst ,	**dass**	*der dickste Mensch der Welt 404 Kilo wiegt?*	

▶ Nebensätze können nach oder vor dem Hauptsatz stehen.
*Viele junge Leute wohnen bei ihren Eltern, **weil sie nichts für die Miete bezahlen müssen.***
***Weil sie nichts für die Miete bezahlen müssen,** wohnen viele junge Leute bei ihren Eltern.*

§ 6   Die Satzteile

Neben Subjekt und Verb haben die meisten Sätze weitere Satzteile: Ergänzungen und Angaben.

a)   Das Verb bestimmt die notwendigen **Ergänzungen.**   → § 7

Subjekt (Nominativ-Ergänzung)	Person: Sache:	**Wer?** **Was?**	*Nikos Palikaris kommt aus Athen.* *Das Sofa ist zu teuer.*
Einordnungsergänzung:		**Wie ist sein Name?** **Was ist er von Beruf?**	*Er heißt Kawena Haufiku .* *Er ist Geschäftsmann .*
Akkusativ-Ergänzung	Person: Sache:	**Wen?** **Was?**	*Andrea ruft den Kellner .* *Sie bestellt einen Salat und ein Bier .*
Dativ-Ergänzung	Person:	**Wem?**	*Gib mir doch mal einen Tipp.* *Wie gefällt dir mein neuer Pullover.* *Prima, er steht dir ausgezeichnet.*
Direktivergänzung:		**Woher?** **Wohin?**	*Nikos kommt aus Athen .* *Heute gehen wir ins Kino .*
Situativergänzung	lokal: temporal:	**Wo?** **Wann?** **Wie lange?**	*Vera arbeitet bei TransFair .* *Die Möbelabteilung ist im vierten Stock .* *Der Film beginnt um 20 Uhr .* *Die Ausbildung dauert fünf Jahre .*
Qualitativergänzung:		**Wie?**	*Die Wohnung ist wirklich hübsch .* *Das Sofa finde ich sehr bequem .*
Präpositionalergänzung:		**Mit wem?** **An wen?**	*Frau Jansen spricht mit den Kindern .* *Carla schreibt an International Penfriends .*

b)   Neben Ergänzungen gibt es zusätzliche Informationen durch „freie" Angaben.   → § 20

*Wohnst du **schon lange** hier?*	*Nein, **erst zwei Monate.***
*Gehst **du oft** ins Kino?*	*Nein, **nur manchmal.***
*Gehst du **heute Abend** mit mir ins Kino?*	***Heute** muss ich **lange** arbeiten.*
*Haben Sie **hier** noch andere Sofas?*	***Da hinten** haben wir ein paar Sonderangebote.*
*Wir möchten **mehr** Deutsch sprechen.*	*Macht einen Kurs **bei der Volkshochschule**!*
*Haben Sie **noch** andere Sofas?*	*Nein, **leider** nicht.*
*Trinken Sie **auch** Wein?*	*Ja, **gern**.*

7   Verben und ihre Ergänzungen   → § 6

Im Satz stehen Verben immer mit einem Subjekt zusammen. Die meisten Verben haben aber noch andere feste Ergänzungen (vgl. Wortliste).
Hier einige Beispiele:

a)   Verben mit Einordnungsergänzung

sein + EIN	*Vera ist Brasilianerin .*
	Herr Haufiku ist Geschäftsmann von Beruf.
werden + EIN	*Patrick möchte Schauspieler werden.*
heißen + EIN	*Ich heiße Jablońska .*

b)   Verben mit Akkusativ-Ergänzung

kaufen + AKK	*Ich kaufe doch kein Sofa für 2500 Mark!*
haben + AKK	*Haben Sie Kinder ?*
möchten + AKK	*Ich möchte einen Apfelsaft .*

c) Verben mit Dativ-Ergänzung

helfen + DAT	*Kann ich Ihnen helfen?*
geben + DAT + AKK	*Du gibst ihm jetzt sofort das Feuerzeug!*
kaufen + DAT + AKK	*Kaufst du uns ein Eis?*

d) Verben mit Direktivergänzung

kommen + DIR	*Vera kommt aus Brasilien .*
gehen + DIR	*Gehen wir morgen zur Fotobörse ?*
	Gehst du mit mir in die Disko ?
fliegen + DIR	*Sie fliegt am liebsten nach Asien .*

e) Verben mit Situativergänzung

wohnen + SIT	*Vera wohnt in Köln .*
arbeiten + SIT	*Sie arbeitet bei TransFair .*
stehen + SIT	*Meine Tochter Tanja steht vor den Süßigkeiten .*
	„Infinitiv": Diese Verbform steht im Wörterbuch .
beginnen + SIT	*In Deutschland beginnt das neue Jahr im Januar .*
dauern + SIT	*Die Flughafen-Tour dauert 45 Minuten .*

f) Die Qualitativergänzung

sein + QUA	*Der Tisch hier, der ist doch toll .*
finden + AKK + QUA	*Den Tisch finde ich toll .*

g) Verben mit Präpositionalergänzung

Viele Verben können neben den direkten Ergänzungen auch weitere Ergänzungen mit Präpositionen haben. Diese Kombinationen zwischen Verben und Präpositionen sind fest, die Deklination der Ergänzung richtet sich nach der Präposition. Hier einige Beispiele:

schreiben + an + AKK	*Carla schreibt einen Brief an ihre Brieffreundin in Frankreich.*
berichten + über + AKK	*Sie berichtet über ihre Hobbys und ihre Familie .*
erzählen + von + DAT	*Sie erzählt auch von der Schule .*
gratulieren + zu + DAT	*Wir gratulieren ihr zum Geburtstag .*
sprechen + mit + DAT + über + AKK	*Wir sprechen mit der Lehrerin über Familienfeste .*

Die Wortarten

Das Verb

Die Konjugation

Im Wörterbuch stehen die Verben im Infinitiv: *kommen, trinken, wohnen, besuchen, kennen, studieren, …* Im Satz ist das Verb konjugiert. Die **Verb-Endung** orientiert sich am Subjekt – das Subjekt bestimmt die Verb-Endung.

a) Präsens

Ich	**komme**	*aus Mexiko.*
Wie lange	**wohnst**	*du schon hier?*
Vera	**wohnt**	*in Köln.*
Nikos	**studiert**	*Informatik.*
Es	**klingelt**	*an der Wohnungstür.*
Wie	**schreibt**	*man das?*
Wir	**bezahlen**	*mit Scheck.*
Heute	**bekommt**	*ihr keine Süßigkeiten.*
Andrea und Petra	**arbeiten**	*auch bei TransFair.*
Woher	**kommen**	*Sie?*

Singular:

		Verb-Endung
1. Person	*ich*	…-e
2. Person	*du*	…-st *)
3. Person	*sie*	
	er	…-t
	es	
	man	

Plural:

1. Person	*wir*	…-en
2. Person	*ihr*	…-t *)
3. Person	*sie*	…-en

Höflichkeitsform
(Sing. + Plural) *Sie*   …-en *)

Bei einigen Verben braucht man ein „e" vor der Verb-Endung, zum Beispiel bei:

du	arbei **t**	e	st
die/der/das	kos **t**	e	t
ihr	fin **d**	e	t

Bei einigen Verben braucht man kein „s" in der 2. Person Singular, zum Beispiel bei:

du	tan z	~~s~~ t	
du	hei ß	~~s~~ t	
du	i ss	~~s~~ t	

*) *Sie*
Normalerweise benutzt man die Höflichkeitsform *Sie*.

du oder *ihr*
– Erwachsene zu Kindern und Jugendlichen (bis etwa 16 Jahren)
– Studenten und junge Leute untereinander
– in der Familie
– gute Freunde
– manchmal auch Arbeitskollegen

b) Imperativ-Sätze   → § 3
Den Imperativ (Bitten, Tipps oder Ratschläge) benutzt man in der 2. Person und in der Höflichkeitsform.

		Singular:	Plural:
per du:	*geben*	**Gib** *mir einen Tipp!*	**Gebt** *mir doch mal einen Tipp!*
	fragen	**Frag** *doch den Verkäufer!*	**Fragt** *doch die Lehrerin!*
	kaufen	**Kauf** *ihr doch Blumen!*	**Kauft** *ihr doch Blumen!*
Höflichkeitsform:		**Geben Sie** *mir doch mal einen Tipp!*	**Fragen Sie** *doch den Verkäufer.*

c) Trennbare Verben
Die meisten Verben gibt es auch in Kombination mit Vorsilben: z.B. *schlafen – einschlafen, stehen – aufstehen, holen – abholen.* Die Bedeutung der Verben ändert sich je nach Vorsilbe. Die Vorsilbe wird betont: einschlafen, aufstehen, abholen. Sie ist trennbar: Im Hauptsatz steht die Vorsilbe am Satz-Ende.   → § 4 b
Sarah schläft zwischendurch **ein.**
Frau Jansen steht um halb sieben **auf.**
Frau Jansen holt Hanna von der Vorschule **ab.**

d) Nicht-trennbare Verben
Einige Vorsilben kann man nicht vom Verb trennen: *beraten, erzählen, gehören, verlassen.*
Der Akzent liegt auf dem Verbstamm: beraten, erzählen, gehören, verlassen.
Wir **beraten** *Sie gern.*
Das Wochenende **gehört** *Ihnen.*
Thomas **verlässt** *um 7.45 Uhr das Haus.*
Beim Mittagessen **erzählen** *die Kinder von der Schule.*

e) Perfekt

Das Perfekt benutzt man im Deutschen, wenn man über Vergangenes berichtet (mündlich und im Brief). Das Perfekt bildet man mit der konjugierten Form von *haben* oder *sein* und dem Partizip Perfekt.

▶ Bei den Verben *haben, sein, werden* und den Modalverben benutzt man statt Perfekt meistens das Präteritum. → § 9

*Unsere Weltreise **hat** gut **begonnen**.*
*In Frankfurt **sind** wir mit Verspätung **abgeflogen**.*

Partizip Perfekt: Formen

regelmäßige Verben		unregelmäßige Verben	
-t		**-en**	
machen	gemacht	fliegen	(ist) geflogen
suchen	gesucht	schlafen	geschlafen
warten	gewartet	bleiben	(ist) geblieben

Bei den trennbaren Verben steht „-ge" nach der Vorsilbe.

abholen	abgeholt	einladen	eingeladen
einkaufen	eingekauft	aufstehen	(ist) aufgestanden
aufwachen	aufgewacht	kaputtgehen	(ist) kaputtgegangen

Die nicht trennbaren Verben haben kein -„ge".

besuchen	besucht	beginnen	begonnen
erzählen	erzählt	erscheinen	erschienen
verpassen	verpasst	vergessen	vergessen

Die Verben auf *-ieren* haben kein „-ge".

telefonieren	telefoniert
reparieren	repariert
passieren	(ist) passiert

Haben oder *sein?*

Die meisten Verben bilden das Perfekt mit *haben*, einige Verben bilden das Perfekt jedoch mit *sein:*

fahren, fliegen, gehen   Ort → Ort:
        *Wir **sind** von Frankfurt nach Bangkok geflogen.*

einschlafen, aufwachen   Zustand → Zustand
        *Ralph **ist** im Hotel sofort eingeschlafen und zu spät aufgewacht.*

▶ sein, bleiben   *Wir **sind** zwei Tage auf Hawaii **gewesen**.*
        *Ralph **ist** im Hotel **geblieben**.*

§ 9 Unregelmäßige Verben

a) Die Verben *haben, sein* und *werden:* Konjugation Präsens – Präteritum

	haben		sein		werden	
	Präsens	**Präteritum**	**Präsens**	**Präteritum**	**Präsens**	**Präteritum**
ich	habe	hatte	bin	war	werde	wurde
du	hast	hattest	bist	warst	wirst	wurdest
sie/er/es	hat	hatte	ist	war	wird	wurde
wir	haben	hatten	sind	waren	werden	wurden
ihr	habt	hattet	seid	wart	werdet	wurdet
sie	haben	hatten	sind	waren	werden	wurden
Sie	haben	hatten	sind	waren	werden	wurden
Imperativ	hab		sei		werde	

b) Verben mit Vokalwechsel in der 2. und 3. Person Singular.

Vokalwechsel „e" zu „i", z. B. bei:

sprechen	*du*	*sprichst*	*sehen*	*du*	*siehst*	*geben*	*du*	*gibst*	*essen*	*du*	*isst*
	sie/er/es	*spricht*		*sie/er/es*	*sieht*		*sie/er/es*	*gibt*		*sie/er/es*	*isst*
nehmen	*du*	*nimmst*	*lesen*	*du*	*liest*	*helfen*	*du*	*hilfst*			
	sie/er/es	*nimmt*		*sie/er/es*	*liest*		*sie/er/es*	*hilft*			

Vokalwechsel „a" zu „ä", z. B. bei:

schlafen	*du*	*schläfst*	*tragen*	*du*	*trägst*	*verlassen*	*du*	*verlässt*
	sie/er/es	*schläft*		*sie/er/es*	*trägt*		*sie/er/es*	*verlässt*

Perfekt von unregelmäßigen Verben   → § 8 e)

10   Die Modalverben   → § 4

In Sätzen mit Modalverben gibt es meistens zwei Verben: das Modalverb und das Verb im Infinitiv. Das Modalverb verändert die Bedeutung eines Satzes. Vergleichen Sie:

Ich lerne Deutsch.   (das mache ich)
Ich will Deutsch lernen.   (das ist mein Wunsch)
Ich muss Deutsch lernen.   (ich brauche Deutsch für meinen Beruf)

a)   Die Bedeutung der Modalverben

1   Wunsch

wollen   ● *Willst du mit mir ins Konzert gehen?*
            ■ *Nein, lieber in die Disco. Ich **will** endlich mal wieder tanzen.*

möchten   ● *Ich habe zwei Karten für den Tigerpalast. **Möchten** Sie mitkommen?*
            ■ *Nein, danke. Am Samstag **möchte** ich nicht ausgehen.*

▶ *möchten ist höflicher als wollen.*

2   Möglichkeit

können   ● *Wann **kann** ich denn kommen?*
            ■ *Am 11. März um 10 Uhr 45.*
            ● *Geht es vielleicht etwas später? Um Viertel vor elf **kann** ich nicht.*
            ■ *Sie **können** auch um 11 Uhr 30 kommen.*

3   Angebot/Vorschlag

sollen   ● *Ist der Chef schon da?*
            ■ *Nein, der kommt heute erst um 10. **Soll** ich ihm etwas ausrichten?*

            ● *Wollen wir zusammen essen gehen?*
            ■ *Ja, gern. **Soll** ich dich abholen?*

4   Notwendigkeit

müssen   ● *Willst du am Samstag mit mir ins Konzert gehen?*
            ■ *Na klar. Ich **muss** aber erst noch meine Eltern fragen.*
             Darf ich am Samstag mit Miriam zu den „Toten Hosen" gehen?
            ▲ *Nein, du **musst** am Wochenende lernen.*

5   Erlaubnis und Verbot

dürfen   ● ***Darf** ich am Samstag mit Miriam zu den „Toten Hosen" gehen?*
            ▲ *Nein, du musst am Wochenende lernen.*
            ● *Mist, ich **darf** nicht mitkommen. Ich muss für die Mathearbeit lernen.*

6   Auftrag/Notwendigkeit

sollen   ● *Philipp **soll** um sechs Uhr zu Hause sein.*
            ■ *Ihr Traummann **soll** groß, humorvoll, ehrlich, kreativ und lieb sein.*

▶ Es gibt auch Sätze mit Modalverben ohne ein zweites Verb:

*Am Samstag **kann** ich nicht.*   = Am Samstag habe ich keine Zeit.
*Ich **möchte** ein Bier.*   = Ich bestelle ein Bier.

b)   Die Konjugation der Modalverben im Präsens

	müssen	können	wollen	dürfen	sollen	möchten
ich	*muss*	*kann*	*will*	*darf*	*soll*	*möchte*
du	*musst*	*kannst*	*willst*	*darfst*	*sollst*	*möchtest*
sie/er/es	*muss*	*kann*	*will*	*darf*	*soll*	*möchte*
wir	*müssen*	*können*	*wollen*	*dürfen*	*sollen*	*möchten*
ihr	*müsst*	*könnt*	*wollt*	*dürft*	*sollt*	*möchtet*
sie/Sie	*müssen*	*können*	*wollen*	*dürfen*	*sollen*	*möchten*

▶ Die Verb-Endungen sind bei den Modalverben in der 1. und 3. Person Singular gleich. Im Singular gibt es oft einen Vokalwechsel.

c)   Die Konjugation der Modalverben im Präteritum

	müssen	können	wollen	dürfen	sollen
ich	*musste*	*konnte*	*wollte*	*durfte*	*sollte*
du	*musstest*	*konntest*	*wolltest*	*durftest*	*solltest*
sie/er/es	*musste*	*konnte*	*wollte*	*durfte*	*sollte*
wir	*mussten*	*konnten*	*wollten*	*durften*	*sollten*
ihr	*musstet*	*konntet*	*wolltet*	*durftet*	*solltet*
Sie/Sie	*mussten*	*konnten*	*wollten*	*durften*	*sollten*

▶ Die Modalverben im Präteritum bildet man mit dem Präteritum-Signal „-t" und der Verb-Endung. Die Verb-Endungen sind in der 1. und 3. Person Singular und Plural gleich. Im Präteritum gibt es keine Umlaute (ä, ö, ü).

d)   *Müssen* und *sollen* im Präteritum
Müssen und *sollen* drücken im Präteritum eine Notwendigkeit aus. Das Ergebnis ist jedoch nicht gleich:

*Philipp **musste** um sechs Uhr zu Hause sein.*   = Er war pünktlich um sechs Uhr zu Hause.
*Philipp **sollte** um sechs Uhr zu Hause sein.*   = Er war erst um sieben Uhr zu Hause.

Mit *sollt-* gibt man auch Ratschläge:
*Sie **sollten** weniger rauchen!*
*Du **solltest** mehr Sport treiben!*

Die Nomengruppe

§ 11   Artikel und Nomen

a)   *Lampe, Tisch, Bett …* sind Nomen. Nicht nur die Namen von Personen und Orten, sondern alle Nomen beginnen mit einem großen Buchstaben.
Bei einem Nomen steht fast immer ein Artikel oder ein Artikelwort.
Nomen haben ein **Genus**: *feminin, maskulin* oder *neutrum*.

Genus	feminin	maskulin	neutrum
bestimmter Artikel	*die* Lampe	*der* Tisch	*das* Bett
unbestimmter Artikel	*eine* Lampe	*ein* Tisch	*ein* Bett
negativer Artikel	*keine* Lampe	*kein* Tisch	*kein* Bett

Manchmal entspricht das Genus dem natürlichen Geschlecht:

***die** Frau, **die** Kellnerin, **die** Brasilianerin*   ***der** Mann, **der** Kellner, **der** Brasilianer*

b) Genus-Regeln

Es gibt einige Regeln, aber viele Ausnahmen. Lernen Sie Nomen immer mit Artikel!

Nomen mit einem -e am Ende	meistens feminin	*die Lampe, die Maschine, die Küche*
Nomen mit *-heit, -ung, -keit,-tät, -ion* oder *-ie*	immer feminin	
	Die „Heitungkeit":	*die Krankheit, die Zeitung, die Schönheit*
	Die „Tätionie":	*die Aktivität, die Revolution, die Fantasie*
Nomen mit *-chen* oder *-zeug* am Ende	immer neutrum	*das Mädchen, das Gummibärchen, das Spielzeug*
Wochentage, Monate und Jahreszeiten	immer maskulin	*der Montag, der Juli, der Sommer*
alle Farben	immer neutrum	*das helle Grün, ein warmes Braun, kühles Blau*

c) Einige Nomen benutzt man meistens **ohne Artikel**:

Namen:	*Hallo, **Nikos**!*	*Sind Sie **Frau Bauer**?*
Berufe:	*Maria Jablońska ist **Ärztin**.*	*Ich bin **Friseur** (von Beruf).*
unbestimmte Stoffangaben:	*Nehmt ihr **Zucker** und **Milch**?*	*Wo finde ich **Hefe**?*
Länder und Städte:	*Kommen Sie aus **Italien**?*	*Sie wohnt in **Rom**.*

▶ Bei femininen und maskulinen Ländernamen und bei Ländernamen im Plural benutzt man den bestimmten Artikel.

	feminin	maskulin	Plural
	die Schweiz	*der Iran*	*die Vereinigten **Staaten** (von Amerika)/ die USA*
	die Türkei	*der Irak*	*die Niederlande*
	*die Bundes**republik** Deutschland*	*...*	
	*die Volks**republik** China*		
	...		
Man sagt:			
Ich komme aus ...	*der Schweiz.*	*dem Iran.*	*den Niederlanden.*
	der Türkei.	*dem Irak.*	*den Vereinigten Staaten. / den USA.*

12 Pluralformen von Nomen

-n/-en	-e/∸e	-s	-er/∸er	-/∸
die Lampe, -n	*der Apparat, -e*	*das Foto, -s*	*das Ei, -er*	*der Computer, -*
die Tabelle, -n	*der Tisch, -e*	*das Büro, -s*	*das Bild, -er*	*der Fernseher, -*
die Flasche, -n	*der Teppich, ∸e*	*das Studio, -s*	*das Kind, -er*	*der Staubsauger, -*
das Auge, -n	*das Feuerzeug, -e*	*das Kino, -s*	*das Fahrrad, ∸er*	*der Fahrer, -*
die Regel, -n	*das Problem, -e*	*das Auto, -s*	*das Glas, ∸er*	*das Zimmer, -*
die Nummer, -n	*das Stück, -e*	*das Sofa, -s*	*das Haus, ∸er*	*das Theater, -*
die Energie, -n	*der Stuhl, ∸e*	*der Gummi, -s*	*das Land, ∸er*	*der Vater, ∸*
die Wohnung, -en	*der Topf, ∸e*	*der Lolli, -s*	*das Buch, ∸er*	*der Sessel, -*
die Lektion, -en	*der Ton, ∸e*	*der Lerntipp, -s*	*das Wort, ∸er*	*der Wohnwagen, -*
die Süßigkeit, -en	*die Hand, ∸e*	*der Luftballon, -s*	*der Mann, ∸er*	*der Flughafen, ∸*
das Bett, -en	*...*	*...*	*...*	*...*
die Gewohnheit, -en				
die Aktivität, -en				
...				

Aus *a, o, u* wird im Plural oft *ä, ö, ü: der Mann, ∸er* (= die Männer).

▶ Von einigen Nomen gibt es keine Singularform (zum Beispiel: *die Leute*) oder keine Pluralform (zum Beispiel: *der Zucker, der Reis*).

Die Deklination von Artikel und Nomen

a) Der bestimmte, unbestimmte und negative Artikel

	Nominativ		Akkusativ
feminin			
die	*Die Tiefkühlkost ist da hinten.*	die	*Die Lampe finde ich nicht so schön.*
eine	*Das ist eine gute Idee.*	eine	*Frau Jünger nimmt eine Tüte Gummibärchen.*
keine	*Das ist keine gute Idee.*	keine	*Am Samstag habe ich keine Zeit.*
maskulin			
der	*Der Tisch ist toll.*	den	*Wie findest du den Teppich hier?.*
ein	*Das ist ein guter Tipp.*	einen	*Ich möchte einen Apfelsaft.*
kein	*Das ist kein guter Tipp.*	keinen	*Wir haben keinen Apfelsaft.*
neutrum			
das	*Wie viel kostet das Sofa?*	das	*Wie findest du das Sofa?*
ein	*Das ist ein Bild.*	ein	*Ich möchte ein Schinkenbrot.*
kein	*Das ist kein Formular.*	kein	*Wir haben kein Schinkenbrot mehr.*
Plural			
die	*Die Teppiche sind gleich hier vorne.*	die	*Wie findest du die Stühle?*
–	*Computer sind im dritten Stock.*	–	*Wo gibt es Computer?*
keine	*Das sind keine Sonderangebote.*	keine	*Haben Sie hier keine Sonderangebote?*

	Dativ	
feminin		
der	*Die Stewardess ist auf der Toilette.*
einer	*Inka und Ralph Berger sind auf einer Weltreise.*
maskulin		
dem	*Das Klopapier liegt auf dem Fußboden.*
einem	*Inka und Ralph Berger faulenzen an einem Strand in Hawaii.*
neutrum		
dem	*Die Großmutter war noch nicht auf dem Dach.*
einem	*Ralph Berger verliert viel Geld in einem Spielkasino in Las Vegas.*
Plural		
den	*Das Feuerzeug liegt unter den Sitzen.*
–	*Inka Berger liegt mit Kopfschmerzen im Hotelzimmer.*

Der negative Artikel *kein-* wird dekliniert wie der unbestimmte Artikel.

b) Der **bestimmte Frage-Artikel:** *welch-* ...
Nach Fragen mit *welch-* anwortet man meistens mit dem bestimmten Artikel:
Welche Bluse steht mir besser? – Ich finde, die dunkelblaue.
Welchen Blazer meinst du denn? – Den apricotfarbenen.
Welches T-Shirt findest du besser? – Das rote.
Welche Kleider ziehen Sie wo und wann an? – In der Freizeit trage ich oft Jeans.

c) Der **unbestimmte Frage-Artikel:** *was für ein-* ...
Nach Fragen mit *was für ein-* antwortet man meistens mit dem unbestimmten Artikel:
Was für eine Bluse passt dazu? – Eine blaue vielleicht.
Was für einen Blazer möchtest du denn? – Einen topmodischen.
Was für ein Kostüm hätten Sie denn gerne? – Ich möchte eins für einen besonderen Anlass.
Was für Bücher liest er wohl gern? – Ich glaube, er mag englische Krimis.

14 Die Possessiv-Artikel

Der Possessiv-Artikel steht vor einem Nomen und ersetzt andere Artikel.
Man dekliniert die Possessiv-Artikel genauso wie die **negativen Artikel.**   → §13

Beispiele: *Ich heiße Yoshimoto.*   ***Mein** Name ist Yoshimoto.*
    Du hast ein Feuerzeug.   *Kann ich mal **dein** Feuerzeug haben?*
    Sie haben eine neue Wohnung.   *Ich finde **ihre** Wohnung sehr schön.*

a)   Nominativ und Akkusativ

	feminin: -e	maskulin: (Nom): -	(Akk): -en	neutrum: -	Plural: -e
ich	meine Wohnung	mein Kurs	meinen Kurs	mein Haus	meine Bücher
du	deine Wohnung	dein Kurs	deinen Kurs	dein Haus	deine Bücher
sie	ihre Wohnung	ihr Kurs	ihren Kurs	ihr Haus	ihre Bücher
er	seine Wohnung	sein Kurs	seinen Kurs	sein Haus	seine Bücher
es	seine Wohnung	sein Kurs	seinen Kurs	sein Haus	seine Bücher
wir	unsere Wohnung	unser Kurs	unseren Kurs	unser Haus	unsere Bücher
ihr	eure Wohnung	euer Kurs	euren Kurs	euer Haus	eure Bücher
sie	ihre Wohnung	ihr Kurs	ihren Kurs	ihr Haus	ihre Bücher
Sie	Ihre Wohnung	Ihr Kurs	Ihren Kurs	Ihr Haus	Ihre Bücher

b)   Dativ

	feminin: -er	maskulin / neutrum: em-		Plural: -en
ich	bei meiner Tante	in meinem Verein	vor meinem Bett	mit meinen Kindern
du	bei deiner Tante	in deinem Verein	vor deinem Bett	mit deinen Kindern
sie	bei ihrer Tante	in ihrem Verein	vor ihrem Bett	mit ihren Kindern
er	bei seiner Tante	in seinem Verein	vor seinem Bett	mit seinen Kindern
es	bei seiner Tante	in seinem Verein	vor seinem Bett	mit seinen Kindern
wir	bei unserer Tante	in unserem Verein	vor unserem Bett	mit unseren Kindern
ihr	bei eurer Tante	in eurem Verein	vor eurem Bett	mit euren Kindern
sie	bei ihrer Tante	in ihrem Verein	vor ihrem Bett	mit ihren Kindern
Sie	bei Ihrer Tante	in Ihrem Verein	vor Ihrem Bett	mit Ihren Kindern

15 Die Artikelwörter

▶ Das Artikelwort ersetzt andere Artikel. Man dekliniert die Artikelwörter genauso wie die **bestimmten Artikel.**   → §13

a)   Bestimmte Artikelwörter
***Dieser** Teppich hier ist sehr günstig.*   ***Dieses** Sofa finde ich nicht so schön.*
*Sie müssen **dieses** Formular ausfüllen.*   *„Teppich", „Sofa", „Formular" – **diese** Wörter sind Nomen.*

b)   Unbestimmte Artikelwörter
***Jede** Teilnehmerin hat eine Karte.*   ***Jeder** Teilnehmer hat eine Karte.*
*Vera geht **jede** Woche zum Deutschkurs.*   *Daniel spielt **jeden** Samstag Fußball.*
***Alle** Leute schauen zu Tanja.*   *Wiederholen Sie noch einmal **alle** Lektionen.*

▶ Der Plural von *jede-* ist *alle*.

§ 16 Die Pronomen

Pronomen ersetzen bekannte Namen oder Nomen.

Maria Jabłońska kommt aus Polen.   **Sie** *lebt schon seit 1987 in Deutschland.*

Wie findest du den Teppich?   **Den** *finde ich langweilig.*

Tanja weint ein bisschen lauter.   *Kaufe ich* **ihr** *jetzt Gummibärchen oder kaufe ich ihr* **keine***?*

a) Die Personal-Pronomen ersetzen Namen und Personen.

	Singular					Plural			Höflichkeitsform
Nominativ	ich	du	sie	er	es	wir	ihr	sie	Sie
Akkusativ	mich	dich	sie	ihn	es	uns	euch	sie	Sie
Dativ	mir	dir	ihr	ihm	ihm	uns	euch	ihnen	Ihnen

b) Die bestimmten und unbestimmten Pronomen ersetzen Artikel und Nomen. Man dekliniert sie genauso
wie die Artikel. → § 13

Der Tisch *ist doch toll.*   **Den** *finde ich nicht so schön.*
Wie findest du *das Sofa?*   **Das** *ist zu teuer.*
Schau mal, *die Stühle!*   *Ja,* **die** *sind nicht schlecht.*
Wir brauchen noch *eine Stehlampe.*   *Wie findest du denn* **die** *da vorne?*

Wo finde ich *Erdnussbutter?*   *Tut mir Leid, wir haben* **keine** *mehr.* **Die** *kommt erst morgen wieder rein.*
Hast du *einen Wohnwagen?*   *Ja, ich habe* **einen***.*
Hat Tom *ein Fahrrad?*   *Ich glaube, er hat* **eins***.*
     Nein, er hat **keins***.*

▶ Neutrum (NOM + AKK): *ein Fahrrad* → Pronomen: *eins* oder *keins*

§ 17 Die Adjektive → §6

Adjektive sind Qualitativergänzungen oder zusätzliche Informationen vor Nomen. Man fragt nach Adjektiven mit
dem Fragewort „Wie ...?".

a) Adjektive als Qualitativergänzung dekliniert man nicht.
Die Stühle sind **bequem***.*   *Den Teppich finde ich* **langweilig***.*
Ich finde die Film-Tipps **interessant***.*   *Als Lokführer muss man* **flexibel** *sein.*

b) Adjektive vor Nomen werden dekliniert.
Adjektive haben vor Nomen mindestens eine e-Endung. Die Genus-Signale sind im Nominativ und Akkusativ
gleich wie beim bestimmten Artikel: feminin: *-e*, maskulin (Nom): *-r*, maskulin (Akk): *-n*, und neutrum: *-s*, Plural: *-e*.
Im Dativ sind die Genus-Signale: feminin: *-r*, maskulin und neutrum: *-m*, Plural: *-n*. Die Genus-Signale stehen am
Artikel-Ende oder am Adjektiv, aber immer links vom Nomen: *das Gelb, ein grelles Gelb, das grelle Gelb, grelles Gelb*

Adjektiv-Endungen mit bestimmtem Artikel: *die, der, das*, unbestimmtem Artikel: *ein, kein, mein* und Null-Artikel

	feminin	maskulin	neutrum	Plural
Nominativ	*die klassische Eleganz* *eine klassische Eleganz* *klassische Eleganz*	*der individuelle Stil* *ein individueller Stil* *individueller Stil*	*das warme Rot* *ein warmes Rot* *warmes Rot*	*die schwarzen Jeans* *keine schwarzen Jeans* *schwarze Jeans*
Akkusativ	*die klassische Eleganz* *eine klassische Eleganz* *klassische Eleganz*	*den individuellen Stil* *einen individuellen Stil* *individuellen Stil*	*das warme Rot* *ein warmes Rot* *warmes Rot*	*die schwarzen Jeans* *keine schwarzen Jeans* *schwarze Jeans*
Dativ z.B. nach: aus, mit, von, zu ...	*der klassischen Eleganz* *einer klassischen Eleganz* *klassischer Eleganz*	*dem individuellen Stil* *einem individuellen Stil* *individuellem Stil*	*dem warmen Rot* *einem warmen Rot* *warmem Rot*	*den schwarzen Jeans* *meinen schwarzen Jeans** *schwarzen Jeans*

*Dativ Plural mit *kein* wird selten verwendet.

▶ Nominativ und Akkusativ sind gleich bei *f, n* und *Plural.* Bei *m* steht im Akkusativ bei Artikel und Adjektiv ein *-n.* Im Dativ ist die Endung bei den Adjektiven nach Artikel immer *-n.*

c) Adjektive kann man steigern: Komparativ und Superlativ

Man bildet den Komparativ meistens mit der Endung *-er.* Die Vokale *a, o, u* werden zu *ä,ö,ü.* Vergleicht man Personen oder Gegenstände benutzt man den Komparativ + *als.*

schnell   *Männer nehmen schnell**er** ab **als** Frauen.*

alt   *Die Menschen in Japan leben läng**er als** in anderen Ländern.*

viel   *Light-Produkte haben nicht unbedingt wenig**er** Kalorien **als** normale Lebensmittel.*

Es gibt zwei Superlativ-Formen: Artikel + Adjektiv + *(e)ste* mit Nomen und *am* + Adjektiv + *(e)sten* ohne Nomen

alt   *Die ältes**ten** Menschen leben in Japan.*

       *In Japan sind die Menschen **am** ältes**ten**.*

unregelmäßige Formen:

viel	*mehr*	*am meisten, der/die/das meiste*
gern	*lieber*	*am liebsten, die/der/das liebste*
teuer	*teurer*	*amteuerstesten, die/der/das teuerste*
hoch	*höher*	*am höchsten, die /der/das höchste*

§ 18   Die Zahlwörter

Einfache Zahlen und Zahl-Adjektive stehen vor Nomen.

a) Einfache Zahlen zur Angabe von Menge, Preis, Uhrzeit usw. dekliniert man nicht.

*Kommen Sie bitte um **neun** Uhr.*

*Ich hätte gern **250** Gramm Butterkäse.*

*Unser Angebot der Woche: MirDir-Pils – der Kasten mit **zwanzig** Flaschen für **18** Mark **95**.*

*Das Sofa kostet **zweitausendfünfhundert** Mark.*

*Bei Möbel-Fun gibt es einen Tisch mit **vier** Stühlen für **1089** Mark.*

*In Deutschland haben **98** Prozent der Haushalte ein Telefon.*

b) Zahl-Adjektive werden dekliniert. Die Ordinalzahlen: → **§ 17b, c**

1.	2.	3.	4.	5.	...	19.	20.	21.	...	
der **erste**	*zweite*	**dritte**	*vierte*	*fünfte*	...	*neunzehnte*	*zwanzig**ste***	*einundzwanzig**ste***	...	*Stock*

*Heute ist der **erste** Januar .*   ***Am ersten** Januar beginnt in Deutschland das neue Jahr.*

*Heute ist der **zwanzigste** März.*   *Sie hat **am zwanzigsten** März Geburtstag.*

*Sie ist **vom vierundzwanzigsten bis (zum) einunddreißigsten** August in Graz.*

Verzeihung, ich suche Olivenöl.   *Öl finden Sie **im zweiten** Gang rechts oben.*

Wo finde ich Computer?   *Die Elektronikabteilung ist **im dritten** Stock.*

c) Die Zahlwörter *viel* und *wenig* dekliniert man meistens nur im Plural.

*Der Pilot hat **wenig** Zeit für seine Familie.*   ***Viel** Design für **wenig** Geld.*

*In Deutschland trinkt man **viel** Bier.*   *In meiner Freizeit mache ich **viel** Sport.*

*Als Fotograf lernt man **viele** Menschen kennen.*

*In Deutschland besitzen nur **wenige** Menschen einen Wohnwagen.*

§ 19 Die Präpositionen → §6 + §7

Präpositionen verbinden Wörter oder Wortgruppen und beschreiben die Relationen zwischen ihnen. Sie stehen links vom Nomen oder Pronomen und bestimmen den Kasus (z.B. Dativ oder Akkusativ).

*Willst du **am** Samstag mit mir **in die** Disko gehen? – Tut mir Leid, da gehe ich **ins** Kino.*
*Wann ist der Termin **beim** ZDF? – **Am** 11. August **um** 10 Uhr.*
***Am** Wochenende gehe ich oft **zur** Fotobörse, **zum** Flohmarkt oder **in den** Zoo.*
*Vera Barbosa kommt **aus** Brasilien. Sie wohnt **in** Köln und arbeitet **bei** TransFair.*

Oft werden die Präposition und der bestimmte Artikel im Singular zu einem Wort.

an das → **ans**	in das → **ins**	zu der → **zur**	bei dem → **beim**
an dem → **am**	in dem → **im**	zu dem → **zum**	

a) Präpositionen: Ort oder Richtung

Woher: ⊡→	Wo: ⬤	Wohin: →⊡
*Herr Fuentes kommt **aus** Spanien.* *Frau Schmittinger kommt **aus** Deutschland.* *Herr Haufiku kommt **aus** Windhuk.* *Herr Simsir kommt **aus** der Türkei.*	*Er arbeitet **beim** Airport-Friseur.* *Sie wohnt **in** Frankfurt und arbeitet **bei** der Lufthansa.* *Er lebt **in** München.* *Er lebt **in** Deutschland und arbeitet **im** Büro **bei** Siemens.* *Warst du schon **auf dem** Dach?* ***Über dem** Fenster hängt das Bild.* *Irgendwo **unter den** Sitzen liegt ein Feuerzeug.* *Das Ei liegt dort **hinter den** Äpfeln.* ***Vor dem** Klavier liegt ein Teppich.* *Die Schlüssel liegen **zwischen den** Büchern.* *Der Führerschein liegt **neben der** Mikrowelle.* *Die Plastiktüte hängt **an der** Tür.*	*Er geht gerne **in die** Disko.* *Sie fliegt oft **nach** Asien.* *Heute fliegt er **nach** München.* *Am Wochenende geht er gerne **zum** Flohmarkt und **ins** Kino.* *Kann man auch **aufs** Dach gehen?* *Ich hänge das Bild **über das** Bett.* *Schau auch **unter die** Sitze!* *Leg das Ei **hinter die** Äpfel!* *Die Klavierlehrerin stellt sich **vor das** Klavier.* *Ich lege die Schlüssel **zwischen die** Bücher.* *Leg das Feuerzeug **neben die** Schachtel?* *Häng die Plastiktüte **an die** Tür.*
aus + DAT	*bei* *zu* + DAT + *nach*	auf über hinter vor zwischen + AKK neben unter an in

▶ Einige Präpositionen können Dativ (Wo?) und Akkusativ (Wohin?) haben. Diese Präpositionen nennt man **Wechselpräpositionen** oder auch „Kopfpräpositionen": *Sie drehen sich alle um den Kopf herum.*

b) Präpositionen zur Zeitangabe

*Was möchtest du **am** Samstag machen?*	•	*am* + Tag
*Vera kommt **am** 12. Februar.*	•	*am* + Datum
*Der Film beginnt **um** 20 Uhr.*	•	*um* + Uhrzeit
*Julia hat **im Juli** Urlaub.*	|⟷|	*im* + Monat
*Sie ist **ab 24. August** in Graz.*	•→	*ab* + Datum
*Sie ist **bis (zum) 31. August** in Graz.*	→•	*bis (zum)* + Datum
*Sie ist **vom 24. bis 31. August** in Graz.*	•⟷•	*vom… bis (zum)…* + Daten
*Sie hat **von Montag bis Mittwoch** Proben.*	•⟷•	*von…bis* + Tage
*Wir haben **von 9 bis 13.30 Uhr** Unterricht.*	•⟷•	*von…bis* + Uhrzeiten
*Ich lebe **seit 3 Jahren** in Österreich.*	|⟹	*seit* + Zeitangabe

c) Präpositionen: andere Informationen

für + AKK
*Moderne Möbel **für** junge Leute*
*Ich kaufe doch kein Sofa **für** 2 500 Mark!*
*Ich habe **für** Samstag zwei Karten **für** den Tigerpalast.*

mit + DAT
*Salat **mit** Ei*
*Ich fahre immer **mit** dem Bus in die Stadt.*
*Gehst du heute **mit** mir tanzen?*

von + DAT
*Ich bin Karin Beckmann, **von** „Globe-Tours".*
*Wie ist die Telefonnummer **von** Herrn Palikaris?*

§20 Die Adverbien

Adverbien geben zusätzliche Informationen, z.B. zu Ort oder Zeit. Sie ergänzen den Satz oder einzelne Satzteile. Adverbien dekliniert man nicht. → §6

a) Ortsangaben

Wo finde ich denn Kaffee?	*Im nächsten Gang **rechts oben**.*
Haben Sie Tomaten?	*Gemüse finden Sie **gleich hier vorne links**.*
Ich suche einen Teppich.	*Teppiche finden Sie **ganz da hinten**.*
*Wo gibt es denn **hier** Computer?*	*Im dritten Stock. Fragen Sie bitte **dort** einen Verkäufer.*
Soll ich dich abholen?	*Ja. Du kannst ja **unten** klingeln.*

b) Zeitangaben

***Wie lange** wohnst du schon hier?*	*Nicht **lange**, erst zwei Monate.*
*Haben Sie **jetzt** Zeit?*	*Ja, aber kommen Sie **gleich**.*
*Hast du **heute** Zeit?*	*Nein, aber **morgen**.*
*Was hast du **früher** gemacht?*	*Ich hatte **damals** eine interessante Arbeit, nette Kollegen, alles war einfach super.*
*Was hast du **gestern** gemacht?*	***Zuerst** war ich in der Stadt, und **dann** bin ich noch zum Sport gegangen.*

c) Häufigkeitsangaben

*Samstags gehe ich **immer** ins Kino.*	
*Gehst du auch **oft** ins Kino?*	*Nein, nur **manchmal**.*

nie ***selten*** ***manchmal*** ***oft*** ***meistens*** ***immer***

d) Andere Angaben

Gehst du mit mir in die Disko?	*Ja, **gerne**. Und wann?*
*Haben Sie **auch** Jasmintee?*	*Nein, leider nicht.*
Ich spreche ein bisschen Englisch.	*Ich **auch**.*
Wo ist denn hier die Leergut-Annahme?	*Tut mir Leid, das weiß ich **auch** nicht.*
Wo finde ich hier Fisch?	***Vielleicht** bei der Tiefkühlkost.*
Ist Yoko zu Hause?	*Ich weiß nicht. **Vielleicht**.*

§ 21 Die Modalpartikeln

Modalpartikeln setzen subjektive Akzente. Sie modifizieren den Satz oder einzelne Satzteile. Modalpartikeln dekliniert man nicht. Vergleichen Sie:

*Die Wohnung ist **sehr** schön!*	+++
Die Wohnung ist schön.	++
*Die Wohnung ist **ganz** schön.*	+
*Der Kühlschrank ist günstig. Oh, der ist **aber** günstig.*	zeigt Überraschung

Beispiele mit Modalpartikeln	**subjektiver Akzent**
*Wie alt sind **denn** Ihre Kinder?*	zeigt Interesse
*Hast du **vielleicht** auch Tee?*	machen Fragen freundlich
*Gebt ihr mir **mal** eine Schachtel Zigaretten?*	
*Helft mir **doch mal**!*	machen Aufforderungen freundlich
*Kommen Sie **bitte** mit.*	
*Schau mal, das Sofa ist **doch** toll.*	„Findest du nicht auch?“
*Das ist **doch** altmodisch.*	„Nein, ich finde es nicht toll.“
*Ich finde das Sofa nicht **so** schön.*	höflich für „nicht schön“
*Das ist **zu** teuer.*	„So viel Geld möchte ich nicht bezahlen.“
*Sie ist **schon** 8 Monate in Deutschland.*	„Ich finde, das ist eine lange Zeit.“
*Sie ist **erst** 8 Monate in Deutschland.*	„Ich finde, das ist nicht lange.“
*Ich spreche **etwas** Deutsch.*	≈ nicht viel, ein bisschen
*Kann ich auch **etwas** später kommen?*	
*Roman möchte **noch** ein Cola.*	≈ das zweite, dritte, … Cola
*Lesen Sie den Text **noch** einmal.*	≈ das zweite, dritte, … Mal
In Deutschland haben …	„Ich weiß es nicht ganz genau.“
*… **fast** alle Haushalte eine Waschmaschine.*	< 100% (≈ 95–99%)
*… **über** die Hälfte der Haushalte einen Videorekorder.*	> 50% (≈51–55%)
*… **etwa** die Hälfte der Haushalte eine Mikrowelle.*	< > 50% (≈45–55%)
*Ich komme **so** um zehn.*	< > 10 Uhr (9.45–10.15 Uhr)
*Haben Sie auch andere Teppiche? **So** für 500 Mark?*	< > 500 DM (450–550 DM)
*Die Vorstellung war **ganz** fantastisch.**	macht die Aussage „fantastisch“ stärker
*Wir haben gleich **sehr** nette Leute kennen gelernt.*	macht die Aussage „nett“ stärker
*Die Tempel waren **wirklich** schön.*	
*Ich war **wirklich** sauer auf Ralf.*	betont „schön“ und „sauer“
*Der Flug war **ganz schön** lang.*	
*Die Snacks waren **ziemlich** teuer.*	macht die Aussagen „lang“ und „teuer“ etwas stärker
*Der lange Flug war **etwas** langweilig.*	
*Ich war auch **ein bisschen** müde.*	macht die Aussagen „langweilig“ und „müde“ schwächer

▶ Die Partikeln *sehr, ganz schön, ein bisschen, ziemlich, etwas* kann man nicht mit den positiven Attributen *fantastisch* und *super* kombinieren.

* Die (betonte) Partikel *ganz* kann man nicht mit den negativen Adjektiven *teuer* und *anstrengend* kombinieren.

§22 Die Konjunktionen → §5

Konjunktionen verbinden Sätze oder Satzteile.

Ich habe keine Kinder.	***Aber** ich.*	= Kontrast
Achim hat eine große Wohnung,	***aber** keine Küche.*	
Journalisten arbeiten bei der Zeitung	***oder** beim Fernsehen.*	= Alternative
Kaufe ich ihr jetzt Gummibärchen	***oder** kaufe ich ihr keine?*	
Ich heiße Beckmann.	***Und** wie ist Ihr Name?*	= Addition
Ich spreche Italienisch, Spanisch	***und** etwas Deutsch.*	
frühstücke erst in der Schule,	***wenn** Pause ist.*	= Zeit/Bedingung
Wenn ich in London bin,	***dann** schreibe ich dir gleich eine Karte.*	
Viele ziehen nicht von zu Hause aus,	***weil** sie Probleme mit dem Alleinsein haben.*	= Grund
Ich musste zu Hause ausziehen,	***weil** ich jetzt in Münster studiere.*	
Immer mehr junge Leute bleiben im Elternhaus,	***obwohl** sie schon lange arbeiten und Geld verdienen.*	= Gegengrund
Herr Kleinschmidt ist Taxifahrer,	***obwohl** er nicht gut Auto fahren kann.*	

In der gesprochenen Umgangssprache hört man manchmal nach *weil* oder *obwohl* auch die Hauptsatz-Form mit einer kleinen Sprechpause nach *weil* und *obwohl*.

Ich muss zu Hause bleiben und lernen, weil: Wir schreiben am Montag ein Diktat.
Ich muss mit meiner kleinen Schwester in die Disko gehen, obwohl: Ich hab dazu überhaupt keine Lust.

So darf man sprechen, aber nicht schreiben!

Haben Sie gewusst*,	***dass** der älteste Mensch 120 Jahre alt wurde?*
Ich glaube*,	***dass** Nikos im Kurs ist.*

*„Dass"-Sätze stehen oft nach Verben wie *sagen, wissen, glauben, meinen, vermuten.*

Die Wortbildung

§ 23 Komposita

Nomen + Nomen	Adjektiv + Nomen	Verb + Nomen
die Kleider (Pl) + der Schrank ↳ **der** Kleider**schrank**	*hoch + das Bett* ↳ **das** Hoch**bett**	*schreiben + der Tisch* ↳ **der** Schreib**tisch**
die Wolle + der Teppich ↳ **der** Woll**teppich**	*spät + die Vorstellung* ↳ **die** Spät**vorstellung**	*stehen + die Lampe* ↳ **die** Steh**lampe**

▶ Das Grundwort steht am Ende und bestimmt den Artikel. Das Bestimmungswort (am Anfang) hat den Wortakzent.

§ 24 Vorsilben und Nachsilben

a) Die Wortbildung mit Nachsilben

-isch für Sprachen:
England – Engl**isch**, Indonesien – Indones**isch**, Japan – Japan**isch**, Portugal – Portugies**isch**

-in für weibliche Berufe und Nationalitäten:
der Arzt – **die** Ärzt**in**, der Pilot – **die** Pilot**in**, der Kunde – **die** Kund**in** …
der Spanier – **die** Spanier**in**, der Japaner – **die** Japaner**in**, der Portugiese – **die** Portugies**in** …

Andere Berufsbezeichnungen:
Geschäfts**frau** – Geschäfts**mann**, Haus**frau** – Haus**mann**, Kamera**frau** – Kamera**mann**,
Bankkauf**frau** – Bankkauf**mann** …

-lich/-ig für Adjektive:
ängst**lich**, jugend**lich**, richt**ig**, farb**ig**

-heit, -ung, -keit, -tät, -ion, -ie für Nomen:
die Dumm**heit**, die Wahr**heit**; die Lös**ung**, die Berat**ung**; die Freundlich**keit**, die Müdig**keit**;
die Aktivi**tät**, die Nervosi**tät**; die Demonstrat**ion**, die Revolut**ion**; die Energ**ie**, die Fantas**ie**

b) Die Wortbildung mit Vorsilben

un- als Negation bei Adjektiven:
*praktisch – **un**praktisch*	≈ *nicht praktisch*
*bequem – **un**bequem*	≈ *nicht bequem*
*pünktlich – **un**pünktlich*	≈ *nicht pünktlich*

▶ Viele Adjektive negiert man mit **nicht**, z.B. *nicht teuer, nicht billig, nicht viel …*

Textgrammatische Strukturen

§ 25 Die Negation

a) Mit *nicht* oder *kein* negiert man Sätze oder Satzteile. → § 13

Kommst du am Samstag mit ins Konzert?	*Ich darf **nicht** mitkommen, ich muss lernen.* *Da habe ich **keine** Zeit. Ich muss arbeiten.*
Wo finde ich hier frischen Fisch?	*Tut mir Leid, das weiß ich auch **nicht**.* *Wir haben **keinen** frischen Fisch.*
Familienstand?	*Ich bin **nicht** verheiratet und habe **keine** Kinder.*
Kannst du uns beim Umzug helfen?	*Ende August bin ich **nicht** in Frankfurt, da bin ich in Graz.*

b) Eine positive Frage beantwortet man mit *ja* oder *nein*, eine negative Frage mit *doch* oder *nein*.

Ist Frau Fröhlich verheiratet?	**Ja.**	(= Frau Fröhlich ist verheiratet)
Ist Vera verheiratet?	**Nein.**	(= Vera ist nicht verheiratet)
*Ist Frau Fröhlich **nicht** verheiratet?*	**Doch.**	(= Frau Fröhlich ist verheiratet)
*Ist Vera **nicht** verheiratet?*	**Nein.**	(= Vera ist nicht verheiratet)

c) Zwischen *ja* und *nein*.

Warum wolltest du wieder nach Deutschland zurück?	***Eigentlich** wollte ich **ja** in Amerika bleiben, **aber** mit Simon konnte ich ja nicht mehr arbeiten.*
*Ihr wolltet **doch** nach Berlin fliegen?*	***Eigentlich schon, aber** wir konnten keine Tickets mehr bekommen.*
Musst du nicht am Wochenende arbeiten?	***Doch, aber** nur bis sechs.*

d) Weitere Negationswörter:

*Gehst du **nie** in die Disko?*	*Nein, ich tanze nicht gerne.*

§26 Referenzwörter

a) **Personalpronomen** stehen für Namen und Personen. → § 16

*Maria Jablońska kommt aus Polen. **Sie** lebt schon seit 1987 in Deutschland.*

*Rainer Schnell ist seit drei Jahren Pilot einer Boeing 747 der Lufthansa. **Er** ist viel unterwegs und hat wenig Zeit für seine Familie in Hamburg.*

*Tanja weint ein bisschen lauter. Was mache ich nur? Kaufe ich **ihr** jetzt Gummibärchen, oder kaufe ich **ihr** keine?*

b) **Bestimmte Pronomen** und **unbestimmte Pronomen** stehen für Nomen. → § 16

*Wie findest du **die Küche**?*	***Die** finde ich praktisch.*
***Der Teppich** hier ist doch schön.*	*Schön? **Den** finde ich langweilig.*
***Den Tisch von Helberger** finde ich toll.*	*Ich auch. Aber **der** ist zu teuer.*
*Hast du **ein Handy**?*	*Ja, ich habe **eins**.*
*Die Kinder möchten **Süßigkeiten**, aber der Vater kauft ihnen **keine**.*	

c) **D-Wörter** stehen für Satzteile und Sätze.

*Kannst du **um acht Uhr**?*	*Nein, **da** habe ich keine Zeit.*
*Wie ist das **in Frankreich**? Wie viele Leute haben **dort** ein Telefon?*	
*Sag mal, Vera, lernst du **so** Deutsch?*	*Ah, die Zettel. **Das** ist eine gute Methode.*

d) Der **bestimmte Artikel** steht bei schon bekannten Nomen (und der unbestimmte Artikel bei neuen Nomen). → § 13

*Das ist keine Tabelle. Das ist **eine Liste**.*	*Genau. Das ist **die Liste** auf S. 25.*
*Sie verkaufen **einen Kühlschrank**. Funktioniert der auch?*	*Ja, natürlich. **Der Kühlschrank** ist erst ein Jahr alt.*

§27 Kurze Sätze → § 2

In Dialogen gibt es oft kurze Sätze ohne Verb oder Subjekt (kurze Antworten und Rückfragen).

Was sind Sie von Beruf?	***Ärztin.***
Woher kommen Sie?	***Aus Polen. Und Sie?***
Haben Sie Kinder?	***Ja, zwei. Und Sie?***
Wie heißt du?	***Tobias. Und du?***
Wie geht's?	***Danke, gut. Und dir?***
Entschuldigung, wie spät ist es bitte?	***Zehn vor acht.***
Was möchten Sie trinken?	***Einen Apfelsaft, bitte.***
Haben Sie hier keine Computer?	***Doch, natürlich. Da hinten rechts.***

Liste der Arbeitsanweisungen

Antworten Sie.

Arbeiten Sie in Gruppen.

Beantworten Sie die Fragen.

Berichten Sie.

Beschreiben Sie.

Bilden Sie Sätze.

Diskutieren Sie.

Ergänzen Sie.

Ersetzen Sie die Bilder durch die passenden Wörter.

Finden Sie weitere Fragen.

Fragen Sie Ihren Nachbarn.

Hören Sie ... (bitte) noch einmal.

Interviewen Sie die anderen Kursteilnehmer / Ihre Nachbarn.

Korrigieren Sie die Fehler.

Lesen Sie (den Text).

Lesen Sie weiter.

Lesen Sie vor.

Lösen Sie das Rätsel.

Machen Sie aus Adjektiven Nomen.

Markieren Sie.

Notieren Sie (die Antworten).

Ordnen Sie.

Ordnen Sie zu.

Raten Sie.

Sagen Sie die Wörter laut.

Schauen Sie das Bild an.

Schreiben Sie (eigene Dialoge).

Singen Sie gemeinsam.

Singen Sie mit.

Sortieren Sie (die Sätze).

Spielen Sie dann Ihren Dialog vor.

Sprechen Sie mit Ihren Nachbarn.

Sprechen Sie nach.

Sprechen Sie über die Bilder.

Suchen Sie die Adjektive im Text.

Tauschen Sie die Rätsel im Kurs.

Üben Sie.

Überlegen Sie: Wie heißen ...?

Unterstreichen Sie (die Adjektive).

Vergleichen Sie.

Wählen Sie ein Gedicht.

Was bedeuten die Wörter?

Was denken Sie?

Was ist richtig: a, b oder c?

Was meinen Sie?

Was passt (wo)?

Was passt zu welchem Dialog?

Was passt zusammen?

Welche Regeln gelten für welche Gruppen?

Welches Bild kommt zuerst?

Wer gehört zu wem?

Wie finden Sie ...?

zu zweit / zu dritt / zu viert.

Wortliste

Seite W1–W33

Wortliste

Wörter, die für das Zertifikat nicht verlangt werden, sind kursiv gedruckt.
Bei sehr frequenten Wörtern stehen nur die ersten acht bis zehn Vorkommen.
„nur Singular": Diese Nomen stehen nie oder selten im Plural.
„Plural": Diese Nomen stehen nie oder selten im Singular.
Artikel in Klammern: Diese Nomen braucht man meistens ohne Artikel.

A

ab   62, 67, 68, 84, 86, 89, 90, 103

Abend der, -e   13, 14, 62, 63, 70, 84, 99, 105

Abendessen das, -   54, 84, 105, 113, 123

Abendprogramm das, -e   84

abends   70, 96, 100, 103, 105, 106, 113, AB 69, AB 77

Abenteuer das, -   AB 159

aber   5, 19, 20, 28, 31, 32, 33, 35

Aberglaube der (nur Singular) 131, 132

Abfahrt die, -en   113

abfliegen + SIT   flog ab   ist abgeflogen   105, 106

Abflug der, -̈e   105

abgeflogen = Partizip Perfekt von „abfliegen"   106, 108, 114, 115

abhängen + die Wäsche   84, 85

abhauen   haute ab   ist abgehauen 86

abholen + AKK   63, 70, 83, 84, 85, 90, 99, 116

Abi = Abitur das (nur Singular) 80

Abk. = Abkürzung die, -en   AB 99

ablegen + AKK   143

ableiten + AKK + von DAT   du leitest ab, sie/er/es leitet ab leitete ab   hat abgeleitet AB 156

ablenken + AKK   AB 154

abnehmen   du nimmst ab, sie/er/es nimmt ab   nahm ab   hat abgenommen   119, 121, 124, 130

Abo = Abonnement das, -s   AB 95

abräumen + AKK   AB 99

abreisen   AB 118

abrutschen   AB 100

Absatz der, -̈e   AB 155

Abschied der (nur Singular) AB 131

Abschluss der, -̈se   92, 93

Abschnitt der, -e   AB 148

Absender der, -   AB 91

absolut   AB 77

abspülen   AB 120

abstellen + AKK   84, 85

Abteilung die, -en   34

abtrocknen + AKK   du trocknest ab, sie/er/es trocknet ab   trocknete ab   hat abgetrocknet   83, 96, 102

abwaschen + AKK   du wäschst ab, sie/er/es wäscht ab   wusch ab hat abgewaschen   83, 86

abwechseln + bei DAT   120

abwechselnd   84, 98, 119

Abwechslung die, -en   AB 130

abwechslungsreich   58

Accessoire das, -s   AB 154, AB 155

ach   39, 46, 54, 55, 63, 90, 100, 101

acht   9, 14, 61, 62, 66, 70, 91, 119

achten   AB 99, AB 122, AB 134, AB 137, AB 142

Addition die, -en   89

Adjektiv-Form die, -en   122

Adjektiv das, -e   32, 39, 122, 133, 134, 139, 142

Adresse die, -n   10, 15, 16, 17, 28, 37, 40, 41, 97

Afrika (das)   5

AG (= Aktiengesellschaft) die   6

aha   40

Ähnlichkeit die, -en   AB 89

ähnlich   16, 68, 137

ähnlich sehen + DAT   du siehst, sie/er/es sieht   sah   hat gesehen 77

Ahnung die, -en   121, 130, AB 77

Airbus der, -se   6

Airport-Friseur der, -e   6

Akk = Akkusativ der, -e   81, 88

Akkusativ-Ergänzung die, -en   33, 42, 44, 33

Akkusativ der, -e   33, 42, 44, 33, 88, 134, 142

aktiv   80

Aktivität die, -en   131, 132, 145

aktuell   31, 103, 135

Akzent der, -e   3, 12, 23, 109

Algebra die   12

Alkohol der (nur Singular)   126

alkoholfrei   127

alle   4, 12, 19, 30, 35, 37, 40, 46

Allee die, -n   AB 28

allein   57, 58, 91, 92, 93, 95, 96, 98

Alleinsein das   92

Allergie die, -n   118, 119

alles   46, 69, 74, 80, 84, 86, 89, 92, AB 17

alles Gute   AB 17

alles Liebe   106

alles Mögliche   129

allgemein   132

Alpen (Plural)   103, 111

Alpengebiet das, -e   AB 124

Alphabet das, -e   27, 74

Alphabet-Lied das, -er   16, 23

Alptraum der, -̈e   106

als   6, 26, 30, 47, 80, 91, 92, 94

also   12, 20, 27, 37, 43, 67, 84, 92

alt   18, 19, 24, 28, 40, 41, 62, 79

Alter das (nur Singular)   19, 24, 40, 41, 78, 138, AB 23

Alternative die, -n   89, 92

Altersgruppe die, -n   AB 149

altmodisch   138

Altstadt die, -̈e   111, 113

am   20, 23, 28, 49, 54, 60, 61, 80

am liebsten   6, 76

am Stück   56

Ameise die, -n   AB 122

Amerika (das) (nur Singular)   30, AB 32

an   17, 20, 21, 45, 46, 47, 53, 56

anbieten + AKK + DAT   du bietest an, sie/er/es bietet an   bot an   hat angeboten   141

anbraten + AKK   AB 144

andere   36, 38, 42, 55, 63, 78, 80, 82, AB 11

Blick der, -e   104
blond   80, 133, 134
bloß   101
Blume die, -n   AB 64
Blumenladen der, ⸚   AB 159
Bluse die, -n   135, 136, 137, 139,
   142
Blut das (nur Singular)   140
Blutdruck der (nur Singular)   118,
   119
Blütenhonig der (nur Singular)
   AB 64
Blutkreislauf der (nur Singular)
   AB 159
Boden der, ⸚   AB 36
Bodensee der   111
bohren + in der Nase   141
Bonbon das, -s   43
boomen   AB 142
Boot das, -e   106, 126
Boutique die, -n   AB 36
Branche die, -n   AB 154
Brandenburger Tor das   111
Brasilien (das)   5, 26
braten + AKK du brätst, sie/er/es
   brät briet hat gebraten   127
Bratkartoffeln (die) (Plural)   123,
   127
Brauch der, ⸚e   AB 103
brauchen + AKK   33, 34, 35, 41,
   45, 46, 50, 51
Brauerei die, -en   111
braun   104, 133, 134, 136, 140,
   142, 145
braungebrannt   AB 130, AB 159
Braunton der, ⸚e   134
Brief der, -e   88, 148, AB 46
Brieffreund der, -e   AB 90, AB 91,
   AB 104
Brieffreundschaft die, -en   AB 90,
   AB 91
Briefkasten der, ⸚   140
Briefkontakt der, -e   AB 90,
   AB 91, AB 102
bringen + DAT + AKK brachte
   hat gebracht   55, 84, 96
britisch   18, 28
Brot das, -e   45, 49, 50, 120, 123,
   127
Brötchen das, -   86, 123, 124, AB 64
Bruchbude die, -n   AB 122
Brücke die, -n   104, 105
Bruder der, ⸚   51, 77, 78, 79, 90,
   102, 144

Brüderlichkeit die (nur Singular)
   AB 142
Brühe die, -n   AB 144
Brust die, ⸚e   117
Buch das, ⸚er   36, 37, 50, 56, 74,
   80, 90, 109
Buchdruck der (nur Singular)   111
buchen + AKK   AB 118, AB 131,
   AB 144
Bücherregal das, -e   31
Buchhaltung die (nur Singular)
   AB 154
Buchhandlung die, -en   AB 131
Buchstabe der, -n   16, 21, 100, 145
buchstabieren + AKK hat
   buchstabiert   16, 27, 28, 73
Buddhismus der   27
Buffet das, -s   AB 95
bügelfrei   135
bügeln + AKK   83, 84, 86
Bumerang-Kind das, -er   94
Bumerang der, -s   94
Bundesdeutsche die/der, -n
   AB 124
Bundesland das, ⸚er   111, 112,
   144
Bundesrepublik die, -en   111
Bundesstaat der, -en   AB 124
bündig   14, 28, 42, 56, 70, 90, 102,
   116
Bungalow der, -s   AB 122
Burg die, -en   62, 111, 116
Burgenland das   AB 124
Bürgerhaus das, ⸚er   62
Bürgermeisterin die, -nen   77, 78
Burnus der, -se   AB 150
Büro das, -s   53, 59, 60, 84, 90,
   AB 36
Büro-Etage die, -n   AB 159
Bürostuhl der, ⸚e   31
Bus-Panne die, -n   113
Bus-Rundreise die, -n   103
Bus der, -se   105, 106, 113, 114,
   115
Busen der, -e   117
Business (das) (nur Singular)   136
Busrundfahrt die, -en   113
Bussi das, -s   AB 126
Butter die (nur Singular)   48, 50,
   52, 101
Butterkäse der (nur Singular)   52,
   56
Buttermilch die (nur Singular)   51
bzw. = beziehungsweise   AB 154

C

Café das, -s   59, 62, 113, 129
Calamares (Plural)   AB 95
Camembert der (nur Singular)
   48, 51, 128
Camping das (nur Singular)   103
Campingplatz der, ⸚e   AB 119
Campingurlaub der (nur Singular)
   104
Canyon der, -s   AB 118
Cappuccino der, -s   127, AB 126
Cartoon der, -s   27, 69, 89, 147
Cassette die, -n   11
Cassettenrekorder der, -   133
Cassettensymbol das, -e   74
CD-Player der, -   35, 42
CD die, -s   88, 90
Champagner der (nur Singular)
   AB 145
Chance die, -n   46, 84
Chaos das (nur Singular)   92, 95,
   100
charakteristisch   134
Charme der (nur Singular)   AB 36
Check-In der (nur Singular)   4
checken + AKK   114
Chef der, -s   58, 63, 68
Chemie die (nur Singular)
   AB 124, AB 155
Chemiewerk das, -e   111
Chile (das)   5, 66
China (das)   5, 111
Chinesisch (das)   12, 27
Chirurg der, -en   58
Christentum das   27
City die, -s   AB 11
Clique die, -n   AB 110
& Co (bei Firmennamen)   59, 70
Cola-Bier das, -e   127
Cola das oder die, -s   25, 26, 28,
   55, 121, 123, 127
Computer der, -   12, 35, 36, 37,
   40, 41, 42, 87
Computerspiel das, -e   87, 88, 144
cool   39
Cornflakes (Plural)   123
Couch die, -s   39, 62
Couchtisch der, -e   20, 30
Creme die, -s   128, 130
Curry der (nur Singular)   50
Currywurst die, ⸚e   55, 126

D

da   4, 20, 21, 23, 33, 34, 36, 38

dunkelblau *136, 142*

dunkelbraun *136*

dunkelgrün *136, 142*

dünn 121

durch 103, 106, 113, 121, 126,
  AB 11, AB 17, AB 79

Durcheinander das (nur Singular)
  AB 105

Durchsage die, -n 48

Durchschnittsfarbe die, -n AB 154

dürfen du darfst, sie/er/es darf
  durfte hat gedurft 63, 64, 68,
  69, 70, 71, 87, 89

Durst der (nur Singular) 55, 126

duschen *84, 90*

E

E-Mail die, -s 133

e.V. (= eingetragener Verein)
  AB 28, AB 63

eben *95, 141*

ebenfalls 35

echt *61*

Ecke die, -n AB 100, AB 130

effektiv *31*

egal 39, 46, 80, 89

Ehe die, -n 121

Ehefrau die, -en *79*

Ehemann der, ¨-er *79, 121*

Ehepaar das, -e AB 122, AB 140

eher *132, 134*

ehrlich 80

Ei das, -er 25, 26, 28, 39, 50, 87,
  90, 127

Eiche die, -n AB 144

eigene 58, 59, 70, 80, 81, 90, 91,
  92, AB 36

Eigenschaft die, -en 80

eigentlich 87, 89, 90, 95, 98, 99,
  100, 102

ein 17, 18, 19, 21, 22, 23, 26, 27

ein paar 137

einatmen AB 98

Einbauküche die, -n *31, 41*

Eindruck der, ¨-e AB 153

eine 11, 16, 20, 21, 22, 23, 25, 26

einfach 30, 38, 46, 63, 76, 80, 84,
  89

einfallen + DAT AB 138

einfarbig AB 154

Eingabe die, -n *131*

Eingang der, ¨-e 87

einige *85, 92, 102, 121, 122, 136*

Einkauf der, ¨-e 84, AB 63, AB 64

einkaufen 52, 74, 83, 84, 85, 86,
  99, 105

Einkaufsbummel der, - *39, 60, 68*

Einkaufsstraße die, -n *104*

Einkaufszettel der, - 50, 52

Einklang der (nur Singular) AB 138

Einkommen das, - 57, 60

einladen + AKK du lädst ein,
  sie/er/es lädt ein lud ein hat
  eingeladen 17, 106, 107, 116

Einladung die, -en AB 94, AB 151

einlösen + ein Versprechen AB 138

einmal 3, 16, 17, 18, 20, 27, 28,
  33

einmalig *115*

einpacken + AKK 80

Einreisedatum das, Einreisedaten
  27

einrichten + AKK AB 148

eins 2, 9, 14, 35, 36, 42, 46, 56

einsam 80, 82, 90

Einsamkeit die (nur Singular) *132*

Einsatz der, ¨-e *83*

einschalten + AKK du schaltest
  ein, sie/er/es schaltet ein
  schaltete ein hat eingeschaltet
  84, 85

einschlafen du schläfst ein, sie/er/es
  schläft ein schlief ein ist
  eingeschlafen 84, 85, 106, 107,
  108, 114, 116

einsetzen + AKK 80

einstellen + AKK AB 138

eintausend 29

Eintragung die, -en AB 124

Einwohner der, - 111

einzelne *134*

Einzelstück das, -en AB 36

einziehen du ziehst ein, sie/er/es
  zieht ein zog ein ist eingezogen
  68

einzige *134, AB 97*

Eis das (nur Singular) 25, 26, 43,
  44, 50, 56, 127

Eisbein das (nur Singular) *123*

Eiscreme die, -s AB 79

Eishockey das (nur Singular) *60,
  62, 65*

Eishockeyspiel das, -e 65

Eissporthalle die, -n *62*

Eiweiß das (nur Singular) *124*

elegant *136, 137, 139, 142*

Eleganz die (nur Singular)
  AB 154, AB 155

elektrisch 35

Elektronik die (nur Singular) *36*

Elektronikabteilung die, -en *36*

elf 9, 14, 63, 67

Eltern die (Plural) 63, 78, 79, 89,
  90, 91, 92, 93, 95

Elternhaus das, ¨-er *92, 102*

empfangen + AKK du empfängst,
  sie/er/es empfängt hat
  empfangen *133*

Empfänger der, - AB 91

empfehlen + DAT + AKK du
  empfiehlst, sie/er/es empfiehlt
  empfahl hat empfohlen 136,
  139, 142, AB 36

Ende das (nur Singular) 49, 54,
  64, 68, 93, 100, 106, 113

enden + auf AKK du endest,
  sie/er/es endet endete hat
  geendet *12, 134*

endlich 47, 68, 69, 84, 86, 89

Endung die, -en *37, 54, 81, 82,
  88, 96, 100, 107*

Endstadium das, Endstadien
  AB 134

Energie die, -n 40, 131, 132

energisch AB 156

eng 137

engere AB 103

Engagement das, -s AB 69

engl. = englisch 94

England (das) 14

Englisch (das) *12, 14, 18, 19, 24,
  28, 103, 115*

Englischarbeit die, -en 65, 97, 98

Englischkurs der, -e AB 113

Enkelin die, -nen 90

Enkelkinder (das) (Plural) 90

Enkelsohn der, ¨-e 90

Enkeltochter die, ¨- 90

entdecken + AKK AB 117

Entfaltung die (nur Singular)
  AB 159

entfernt AB 125

enthalten + AKK du enthältst,
  sie/er/es enthält enthielt hat
  enthalten 121, 130, 138, AB 63

entlang 20, 148

entscheiden + sich + für AKK du
  entscheidest, sie/er/es entscheidet
  entschied hat entschieden 80

entschuldigen + sich + für AKK
  entschuldigte hat entschuldigt
  4, 49, 50, 53, 98

Farbe die, -n 31, 84, 131, 132, 133, 134, 135
farbenfroh 31
Farbenlehre die (nur Singular) AB 159
Farbfernseher der, - 35
Farbmonitor der, -e 40
Farbpsychologe der, -n AB 159
Farbsystem das, -e AB 148
Farbton der, ⸚e 134
Farbtyp der, -en AB 148, AB 159
fast 12, 23, 30, 35, 37, 41, 42, 44
Fasten das (nur Singular) AB 138
Fasttag der, -e 121
faulenzen 80, 89, 106
Faust: auf eigene Faust, - 106
Fax das, -e 62, AB 46
Februar der 66
fehlen 21, 74, 100, 118, 130, 147
fehlende 66
Fehler der, - 20
Feier die, -n AB 95
feiern + AKK 80, 89, AB 103
fein AB 97
Feinkostgeschäft das, -e 51
Feinkostladen der, ⸚ 51
Feld das, -er 71, 72, 73, 143, AB 64
Feldsalat der, -e 127
feminin 12, 134, 139
Fenster das, - 86
Ferien (Plural) AB 92, AB 102, AB 115
Ferienhaus das, ⸚er AB 92
Ferienziel das, -e AB 124
Fernsehanstalt, -en 111
fernsehen du siehst fern, sie/er/es sieht fern sah fern hat ferngesehen 76, 96
Fernsehen das (nur Singular) 70, 111, AB 69, AB 79
Fernseher der, - 20, 35, 37, 45, 55, 73, 84, 88, 99
Fernsehsendung die, -en AB 134
Fernsehsessel der, - 31
Fernsehzeitschrift die, -en 43
Fernweh das (nur Singular) 131, 132
fertig 84, 86, 90, 91, 98, 99, 101, 102, AB 11
Fertiggericht das, -e AB 138
fesseln AB 154
fest 57, 60, 80, 89, 90, 125
Fest das, -e AB 50

Festhalle die, -n 62
festlegen AB 159
Festplatte die, -n 40
feststellen 121
Fete die, -n AB 103
Fett das, -e 120
Fettanteil der, -e 121
Feuerball der, ⸚e AB 150
Feuerwehr die (nur Singular) 78
Feuerwehrauto das, -s 140
Feuerzeug das, -e 43, 44, 56, 87, 90
Fieber das (nur Singular) 118, 130
Fieberzäpfchen das, - AB 131
Figur die (nur Singular) AB 137
Film-Tipp der, -s 60, 61
Film der, -e 59, 60, 62, 99, 124, 126
Filmforum das, Filmforen 62
filtern + AKK AB 150
Finanzzentrum das, Finanzzentren AB 124
finden + AKK du findest, sie/er/es findet fand hat gefunden 27, 92
finden + AKK + QUA du findest, sie/er/es findet fand hat gefunden 20, 21, 32, 33, 34, 80, 83, 89
finden + AKK + SIT du findest, sie/er/es findet fand hat gefunden 35, 36, 87, 90
Finger der, - 117, 141
Firma die, Firmen 15, 112, 129, AB 11
Fisch der, -e 49, 50, 51, 53, 62, 120, 128
Fischfilet das, -s 48
fit 106, 120
fix 105, 109, 116, 126
Fl. = Flasche 127
Flamme die, -n AB 144
Flasche die, -n 49, 52, 56, 88
1-Liter-Flasche die, -n 48
flau 126
Fleisch das (nur Singular) 49, 119, 120, 128
Fleischbällchen das, - 128
Fleischbrühe die, -n AB 144
Fleischsorte die, -n 128
Fleischspezialität die, -en AB 64
flexibel 58
Flexibilität die (nur Singular) 136
fliegen + DIR flog ist geflogen 6, 10, 60, 98, 99, 102, 106, 107

fließen + DIR du fließt, sie/er/es fließt floss ist geflossen 112, 116
Flohmarkt der, ⸚e 60, 62, 65
flott 31
Flug der, ⸚e 9, 10, 80, 81, 103, 105, 106
Flugbegleiter der, - 7
Flugbegleiterin die, -nen 6, 7, 57
Flügel der, - AB 100
Fluggast der, ⸚e AB 11
Flughafen der, ⸚ 6, 94, 106
Flughafen-Café das, -s 6
Flughafengebühr die, -en AB 118
Fluglinie die, -n AB 119
Flugpreis der, -e AB 69
Flugsteig der, -e 10
Flugticket das, -s 88
Flugzeug das, -e 87, 88, 90, 105, 106, 108, AB 11, AB 69
Flugzeugwechsel der, - 105
Flur der, -e AB 100
Fluss der, ⸚e 112, 116, 145
Flüster-Gespräch das, -e AB 129
flüstern 46
folgen + DAT folgte ist gefolgt 100
folgende 85
fördern + AKK 132
Form die, -en 37, 74, 94, 122, 135
formell 4
Formular das, -e 17, 18, 22, 23, 28
Foto das, -s 12, 14, 30, 36, 77, 113, 115, 124
Fotoapparat der, -e 35, 37
Fotoartikel der, - AB 46
Fotobörse die, -n 60, 62, 70
Fotogeschäft das, -e 113
Fotograf der, -en 57
fotografieren + AKK fotografierte hat fotografiert 115
Fotografin die, -nen 80
Fotomodell das, -e 57, 84
Frachtverkehr der (nur Singular) AB 11
Frage die, -n 3, 8, 10, 18, 28, 30, 71, 73
fragen + AKK 3, 5, 9, 15, 19, 23, 24, 32, 80, 87
Fragepronomen das, - 112
Fragesatz der, ⸚e 54
Franken der, - 29
Frankfurter der, - 6, 25, 26

geheim   AB 159

Geheimnis das, -se   132

gehen + DIR ging ist gegangen
   72, 80, 84, 87, 88, 89, 90, 93

gehen: Das geht (nicht)   34, 46, 52

gehen: Es geht um …   47

gehen: Wie geht's?   2, 8, 11, 14,
   20, 21, 26

*gehoben = Partizip Perfekt von
   „heben" AB 136*

geholfen = Partizip Perfekt von
   „helfen" 147

gehören + zu DAT   120

geht's   2, 8, 11, 14, 20, 21, 26

Geist der (nur Singular)   AB 138

gelaunt: gut gelaunt   AB 115

gelb   131, 132, 134, 140, 142

Gelb-Typ der, -en   AB 159

Geld das (nur Singular)   29, 31,
   42, 45, 47, 55, 57, 91

Geldstück das, -e   143

Gelegenheit die, -en   105, AB 46

gelingen   AB 95, AB 96

gelten + für AKK du giltst,
   sie/er/es gilt galt hat gegolten
   107

Gemälde das, -   62

gemein   47

gemeinsam   82, 148

gemischt   25

Gemüse das (nur Singular)   49,
   62, 119, 120, 128, 129

Gemüseauflauf der, -e   127

Gemüsebrühe die, -n   AB 144

Gemüsefach das, ⸚er   87, 90

Gemüsesuppe die, -n   128

gemütlich   45

genannt   111

genau   11, 14, 28, 36, 38, 42, 53, 55

genauso   35, 82

genervt   80

genial   87

*genießen + AKK du genießt,
   sie/er/es genießt genoss hat
   genossen   92, AB 64*

*genommen = Partizip Perfekt von
   „nehmen" 114*

genug   91, 92, 93, 102

Genus-Signal das, -e   134, 139

Genuss der, ⸚e   AB 64

geöffnet   46, 73

*Geographie die (nur Singular)
   112*

Gepäck das (nur Singular)   114

gerade   80, 87, 90, 91, 95, AB 11

Gerät das, -e   111, 112

Gericht das, -e   128, 129

gern   25, 49, 52, 54, 56, 60, 67, 69

gerne   20, 26, 28, 54, 55, 58, 60, 62

Gesamtbevölkerung die (nur
   Singular)   AB 124

Geschäft das, -e   73, 129

Geschäftsbereich der, -e   136

Geschäftsessen das, -   137

Geschäftsleute (Plural)   AB 118

Geschäftsreise die, -n   AB 123

Geschenk das, -e   55, 73, AB 50

Geschenkartikel der, -   AB 36

Geschichte die (nur Singular)   111

Geschichte die, -n   45, 46, 56, 75,
   84

geschieden = Partizip Perfekt von
   „scheiden" 27

Geschirr das (nur Singular)   30,
   83, 96, 102

Geschirrspülmaschine die, -n   40

geschlossen = Partizip Perfekt von
   „schließen" 113

Geschmack der (nur Singular) 126,
   AB 36

Geschmacksrichtung die, -en
   AB 64

geschnitten = Partizip Perfekt von
   „schneiden" 52, 56

Geschwister (Plural)   78, 79, 90

gesessen = Partizip Perfekt von
   „sitzen" 106, 114

Gesicht das, -er   AB 100, AB 130

*gesoffen = Partizip Perfekt von
   „saufen" 114*

Gespräch das, -e   32, 49, 53

Gesprächspartner der, -   138

Gesprächsthema das,
   Gesprächsthemen   AB 103

gesprochen = Partizip Perfekt von
   „sprechen" 113, 129

gest. = gestorben   AB 150

gestalten + AKK   AB 159

*Gestaltung die (nur Singular)
   AB 63*

Geste die, -n   23

gestern   98, 99, 102, 106, 114, 144

gestorben = Partizip Perfekt von
   „sterben" 121

gesund   120, 121, 122, 123, 127,
   130, AB 63

Gesundheit die (nur Singular)
   117, 130, 146

*Gesundheitslexikon das,
   Gesundheitslexika   AB 134*

Gesundheitsminister der, -
   AB 137

Getränk das, -e   25, 49, 112, 120,
   127, 129

Getreideprodukt das, -e   120

getroffen = Partizip Perfekt von
   „treffen" 106

getrunken = Partizip Perfekt von
   „trinken" 126

geübt   AB 79

Gewand das, ⸚er   AB 148

*Gewandtheit die (nur Singular)
   136*

*gewesen = Partizip Perfekt von
   „sein" 106*

Gewichtheber der, -   AB 140

gewillt   89

Gewinn der, -e   AB 6

gewinnen gewann hat gewonnen
   143

Gewinnzahl die, -en   AB 6

gewisse   AB 89

Gewitter das, -   AB 144

gewöhnen + sich + an AKK   95

gewöhnlich   138, 139

*gewonnen = Partizip Perfekt von
   „gewinnen" 143*

Gewürz das, -e   49, 51, 126, 128

Gewürzfarbe die, -n   AB 148

gewusst = Partizip Perfekt von
   „wissen" 121, 130

gezogen = Partizip Perfekt von
   „ziehen" 106

gießen + AKK + DIR   AB 144

Gitarre die, -n   12, 41, 65, 80

Gitarren-Musik die (nur Singular)
   62

Glas das, ⸚er   37, 84, 121, 127,
   130

Glasfront die, -en   AB 159

glatt   133

*Glaube der (nur Singular)   131,
   132*

glauben   17, 22, 23, 24, 28, 29, 30,
   35

gleich   20, 21, 23, 30, 33, 34, 36,
   37

gleiche   136, 142, 143

gleichfalls   130

*Gleichheit die (nur Singular)
   AB 142*

gleichzeitig   84

Kerl der, -e 61, 126
kerngesund AB 134
Kerze die, -n AB 98
kg = Kilogramm 52
Kick der (nur Singular) 80
Kilo das, -s 48, 56, 121, 130
3-Kilo-Paket das, -e 48, 56
Kind das, -er 4, 17, 18, 19, 24,
27, 28, 43
Kindergeburtstag der, -e 89
Kinderstunde die (nur Singular)
77
Kinderzimmer das, - 84, 132
Kindesalter das (nur Singular) 134
Kindheit die (nur Singular) 96
Kino das, -s 60, 62, 65, 69, 70,
73, 76, 113
Kinodienst der (nur Singular) 61
Kiosk der, -e 12
Kirche die, -n 107, 113, 132, 141
Kirsche die, -n AB 64
Kirschtorte die, -n 111
klappen: es klappt 84, 106, 116,
125
klar 39, 63, 90, 101, 114, 125, 134
Klasse die, -n 80, 81, 113
Klassenarbeit die, -en AB 154
Klassenzeitung die, -en 82
klassisch 135
Klavier das, -e 117
Klavierlehrerin die, -nen AB 100
Klavierzimmer das, - AB 100
Kleid das, -er AB 151
kleiden: gut gekleidet AB 155
Kleider (das) (Plural) 136, 148
Kleiderkauf der (nur Singular)
135
Kleiderschrank der, -e 84
Kleidung die (nur Singular) 138
Kleidungsstück das, -e 135, 144
klein 26, 39, 52, 82, 91, 100, 113
Kleinanzeige die, -n AB 44
Kleingedruckte das (nur Singular)
AB 122
Kleinigkeit die, -en 54, 56, AB 36
Klingel die, -n 91
klingeln 20, 21, 63, 69, 84, 86, 90,
124
klingen + QUA klang hat
geklungen 147
Klischee das, -s 138
Klo das, -s 86
Klopapier das (nur Singular) 51,
87, 88, 90

klug AB 140
Knäckebrot das, -e 123
knapp AB 36
Kneipe die, -n 53, 54, 76, 99, 113,
116, 125
Kneipenbesucher der, - AB 159
Knie das, - 117
Knoblauch der (nur Singular)
AB 145
Knoblauchbrötchen das, - 127
Koch der, -e 59
Kochbuch das, -er AB 144
kochen + AKK 83, 86, 90, 91,
117, 124, 128, AB 79
Koffer der, - 45, 148
Kognak der, -s 123
Kohlblatt das, -er AB 144
Kohle die, -n 111
Kohlehydrat das, -e 124
Kohlenhändler der, - 123
Kohlroulade die, -n AB 144
Kollege der, -n 55, 95, 102,
AB 50
Kollegin die, -nen 20, 55
Kombination die, -en AB 102
kombinieren + AKK + mit DAT
hat kombiniert 136
Kombischrank der, -e 31, AB 36
Komfort der (nur Singular)
AB 131
Komfortmodell das, -e 38
komisch 113, 147
Komma das, -s 89, 93
kommen + DIR kam ist
gekommen 4, 5, 6, 7, 8, 11, 12,
13, 14
Kommentar der, -e AB 100
Komparativ der, -e 119, 122, 130
komplett 31, 84, 103
Kompletteinrichtung die, -en
AB 36
kompliziert AB 79
Kompositum das, Komposita 145
Konferenz die, -en 99
Konfitüre die, -n AB 64
Konjunktion die, -en 89
Konkurrenz die (nur Singular) 58
können ich kann, du kannst,
sie/er/es kann 30, 36, 38, 42,
48, 49, 50, 51
könnte = Präteritum von „können"
92, 95, 96, 98, 99, 101, 102
konsequent 120
konservativ AB 154

Konservatorium das,
Konservatorien AB 100
Konsonant der, -en AB 98,
AB 128
Kontakt der, -e 54
Kontaktanzeige die, -n AB 46
kontaktfreudig
Kontinent der, -e 105
Kontrast der, -e 89, 132
kontrollieren + AKK hat
kontrolliert 140, AB 69
Konzert das, -e 60, 63, 64, 69, 70,
100, 112
Konzertkarte die, -n 99
Kopf der, -e 117, 118
Kopfsalat der, -e 51
Kopfschmerzen (der) (Plural)
105, 106, 118, 119, 124, 130
Korn der (nur Singular) AB 64
Körper der, - 117, 120
Körperteil der, -e 117, 118, 145
korrigieren + AKK 82, AB 92,
AB 126
Kosmetik die 36
Kosmetik-Industrie die (nur
Singular) AB 142
kosten + AKK du kostest, sie/er/es
kostet kostete hat gekostet
30, 33, 34, 38, 39, 40, 41, 48
Kosten (Plural) 121
kostenlos 92
köstlich AB 64
Kostüm das, -e 112, 136, 142
Kostümball der, -e 137
Kraft die, -e 132
kräftig AB 148
krank 39, 98, 99, 102, 124, 130,
144
Kranke die/der, -n AB 94, AB 134
Krankenhaus das, -er 59, 70, 125
Krankenwagen der, - 140
Krankheit die, -en 118
kraus 133
Kraut das (nur Singular) 127
Kraut das, -er AB 64
Kräuterbutter die (nur Singular)
127
Krautwickel der, - AB 144
Krawatte die, -n AB 151, AB 155,
AB 157
kreativ 80
Kreative die/der, -n AB 154
Kreis der, -e 94
Kreuzfahrt die, -en 116

Lieblingsessen das, - AB 137, AB 140

Lieblingsfach das, ¨er AB 91, AB 92

Lieblingsfarbe die, -n 47, 54, 56, 131, 132, 142

Lieblingsgericht das, -e 129

Lieblingsgetränk das, -e AB 137

Lieblingssatz der, ¨e 147

Lieblingsspielzeug das (nur Singular) 77

Lieblingswort das, ¨er 147

Lied das, -er 22, 147, 148

liefern + AKK 99, AB 64

Lieferung die, -en AB 95

liegen + SIT lag hat gelegen 84, 86, 87, 90, 104, 106, 108, AB 79

liegen lassen + AKK + SIT du lässt liegen, sie/er/es lässt liegen ließ liegen hat liegen lassen 86

Light 121, 127, 130

Light-Produkt das, -e AB 138

Likör der, -e 54

lila 136, 140

lilafarben 136

Linienmaschine die, -n 105

links 21, 23, 33, 44, 46, 50, 51, 53

Lippe die, -n AB 98, AB 129

Lire die 29, 30, 42

Liste die, -n 22, 23, 28, 37, 59, 82, 93, 141

Liter der, - 56

1-Liter-Flasche die, -n 48

Literatur die (nur Singular) AB 159

locker AB 154

lockig 133

Lohnsteuerkarte die, -n 140

Lokal das, -e 138, 139, 142

Lokführer der, - 57

Lolli der, -s 43, 56

los 27, 31, 46, 47, 63, 91, 100, 102

lösen + eine Aufgabe du löst 71

losfahren AB 92

losgegangen = Partizip Perfekt von „losgehen" 106, 108

losgehen ging los ist losgegangen AB 121

Lösung die, -en 71, 74

losziehen zog los ist losgezogen AB 109

Lottozahl die, -en AB 6

Luft die (nur Singular) 43, 44, AB 143

Luft holen AB 143

Luftballon der, -s 43, 44

Lufthansa-Information die 9

Lufthansa-Maschine die, -n AB 76

Lufthansa die 6

Luftschiff das, -e AB 11

Lunge die, -n 118

Lungenkrebs der (nur Singular) AB 134

Lust die (nur Singular) 63, 100, 124, AB 68

lustig 113, 124

M

machen + AKK 4, 11, 16, 20, 26, 27, 39, 40

Mädchen das, - 80

Magengeschwür das, -e AB 134

Magenschmerzen (der) (Plural) 118

Magentropfen (der) (Plural) AB 131

mager 130

Magerquark der (nur Singular) 51

Mahlzeit die, -en AB 79

Mai der 66

mal 20, 28, 30, 33, 34, 39, 40, 43

14mal 47

Mal: ein anderes Mal 63

malen + AKK AB 133

Malermeister der, - AB 159

Mama die, -s 13, 46, 47, 56, 77

Mami die, -s 84

man 10, 12, 16, 18, 20, 21, AB 6

manchmal 46, 58, 65, 70, 80, 93, 95, 96

mangelhaft AB 155

Manieren (die) (Plural) AB 142

Mann der, ¨er 10, 32, 39, 59

Männlein das, - AB 97

Mantel der, ¨ 20, 21, 36, 37, 109

Manufaktur die, -en 113

Märchenkönig der, -e 111

Mark die 29, 30, 33, 34, 38, 39, 40, 41

Mark die (nur Singular) 136

Markenzeichen das, - 80, 90

markieren + AKK hat markiert 2, 3, 4, 6, 8, 9, 10, 13, 17

Markise die, -n AB 150

Markt der, ¨e AB 138

Marmelade die, -n AB 64

Marokko (das) 5

März der 66, 70

Maschine die, -n 84, 132

Maschinenbau der (nur Singular) AB 124

Maschinenbauingenieur der, -e 80, 90

Maschinenschaden der, ¨ AB 122

Maske die, -n 112

maskulin 12, 134, 139

Maß das, -e 56

Massage die, -n AB 136

Material das, -ien 129

Mathe die (nur Singular) 80, 90

Mathearbeit die, -en 63, 64

matt AB 148

Mauer die, -n 148

Maus die, ¨e 40, 140

mausfarben 134

maximal AB 154

Mechaniker der, - 111

Medien (Plural) AB 154

Medikament das, -e 119

Medizin die (nur Singular) AB 134

Meer das, -e 105, 106

Mehl das (nur Singular) 50

mehr 26, 30, 47, 52, 53, 54, 56, 76, AB 6, AB 11

mehrere AB 11

mein 2, 3, 4, 8, 10, 11, 14, 39, 40

meinen 91, 121, 123, 136, 138, 142

Meinung die, -en AB 153

meiste 23, 85, 92, 107, 122, 134, 138, AB 79

meistens 37, 44, 58, 65, 70, 84, 89, 92

Meister der, - 102

Meisterwerk das, -e AB 97

Melange die (nur Singular) AB 126

Meldebehörde die, -n AB 23

melden + sich AB 159

Meldestelle die, -n 15, 17, 21

Menge die, -n 120

Mensch der, -en 57, 58, 70, 104, 111, 112, 114, AB 11

Menschheit die (nur Singular) 62

menschlich AB 156

Menü das, -s 127

merken + nichts / etwas AB 109

Merkwort das, ¨er AB 147

messen + AKK AB 134

Messer das, - 45

Messestadt die, -̈e 111

Methode die, -n 20, 21, 28

Metzgerei die, -en AB 159

Mexiko (das) 6, 7

mich 39, 55, 80, 87, 90, 100, 106

Miete die, -n 92

mieten + AKK du mietest, sie/er/es mietet mietete hat gemietet 92

Mikrowelle die, -n 35, 42, 87, 88, 90

Mikrowellenherd der, -e 35

Milch die (nur Singular) 20, 21, 28, 50, 56, 101

Milchprodukt das, -e 49, 53, 56, 120, AB 64

milchweiß 134

Militär das (nur Singular) 93

Milliarde die, -n 29, 30

Million die, -en 29, 30, 111, AB 11

Mimose die, -n AB 145

mindestens 134, AB 46

Mineralwasser das, -̈ 25, 26, 28, 50, 127, 128

Minestrone die (nur Singular) 128

Mini-Tour die, -en 10

Minute die, -n 10, 106

mir 26, 28, 38, 42, 43, 44, 45, 46

mischen: gemischtes Eis 127

Mischgewebe das, - 135

Mischung die, -en 128, 132

Miso-Suppe die, -n 128

Misserfolg der, -e AB 138

Mist der 51, 63

Mist der (nur Singular) 99, 113

mit 11, 12, 16, 17, 23, 25, 26, 27

mit 5 Jahren 121

Mitarbeiter der, - 30

Mitarbeiterin die, -nen 30

mitbringen + DAT + AKK brachte mit hat mitgebracht 54

mitfahren AB 115

mitgebracht = Partizip Perfekt von „mitbringen" 115, 136

mitgehen ging mit ist mitgegangen 84, 85

Mitglied das, -er 80, 90

mitkommen kam mit ist mitgekommen 63, 64, 70, 100

mitlernen 147

mitmachen 106, AB 28

mitnehmen + AKK du nimmst mit, sie/er/es nimmt mit nahm mit hat mitgenommen 80, 82, 90

Mitschüler der, - AB 92

Mitschülerin die, -nen AB 92

mitsingen sang mit hat mitgesungen 148

Mitspieler der, - 72

Mittag der 62

Mittagessen das, - 84, 90, 123

mittags 123, AB 79

Mittagshitze die (nur Singular) AB 150

Mitte die (nur Singular) 23, 50, 112, 116

mittel 140

Mitteleuropa (das) AB 148

Mittelmeer-Kreuzfahrt die, -en 103

Mitternacht die (nur Singular) 105

Mittwoch der, -e 67, 105, 113, AB 28

mittwochs AB 46

Mittwochsgruppe die, -n AB 28

Möbel-Fun 32, 39, 76

Möbel das, - 30, 31, 32, 34, 36, 72, 76

Möbelabteilung die, -en 36

Möbelhaus das, -̈er 30, 31, 34, 76

Möbelkauf der 31

möchten du möchtest, sie/er möchte 13, 14, 16, 26, 28, 29, 36, 39

Modalverb das, -en 64, 68, 70, 85, 93, 96, 102, 106

Mode die, -n 135

Model das, -s 123

Modell das, -e 38, 124, AB 36

modern 31, 62, 113

Modewort das, -̈er AB 127

modisch 135, 138, 139

mögen + AKK ich mag, du magst, sie/er/es mag mochte hat gemocht 132, 142, 144

möglich 114, 129, 133

Möglichkeit die, -en 64, 95, AB 28, AB 63

möglichst 67, 140

Moment der, -e 7, 20, 29, 42, 67, 88, 136

Monat der, -e 20, 26, 28, 31, 42, 65, 66, 67

Monatsschlange die, -n 66

Monitor der, -e 40

Montag der, -e 67, 100, 105, 106, 113, 125, AB 28

Montagabend der, -e 99

montags AB 46

Montagsdemonstration die, -en 111

Montagsgruppe die, -n AB 28

Mord der, -e 62

morgen 70, 106, 125, 128, AB 76, AB 79, AB 69

Morgen der, - 99

Morgen: Guten Morgen! 1, 2, 14

morgens 123, AB 77

Moschee die, -n 141

Moskitonetz das, -e 80

Most der (nur Singular) AB 64

Motorenbau der (nur Singular) 111

Motto das, -s AB 63

Mousse die, -s 128, 130

müde 89, 106, 109

Mühe die (nur Singular) AB 155

Müll der (nur Singular) 89

Mülleimer der, - 83, 86, 96

Mund der, -̈er 117, 141

Münster das, - 100

Münze die, -n 143

Museum das, Museen 60, 62, 65, 111, 112, 113

Museumsufer das 113

Musical das, -s 62, 103

Musik die (nur Singular) 11, 27, 36, 39, 51, 60, 62, 65

Musikalbum das, Musikalben 126

Musiker der, - 126

Musikstudio das, -s AB 109

Müsli das, -s 123

müssen ich muss, du musst, sie/er muss 58, 60, 63, 64, 65, 67, 68, 69

Mutter die, -̈ 45, 46, 78, 79, 84, 90, 97, 98, AB 50

Muttersprache die, -n 27

N

na 2, 11, 14, 39, 46, 54, 56, 63

Nabenschaltung die, -en 40

nach 6, 10, 13, 14, 22, 80, 84, 89

nach Hause 46, 54, 56, 89, 96

nach wie vor 35

Nachbar der, -n 17, 21, 91, 104, 111, 112, 115

Nachbarin die, -nen 17, 46

Nachbarland das, -̈er 112

nachdenken + über AKK AB 131

nachdenklich 80

nachfragen AB 63

nachher 101

nachmalen + AKK AB 133

Nachmittag der, -e 20, 62, 99, 105

nachmittags 28, 105, 113

Nachname der, -n 3, 24

Nachricht die, -en 133, 148, AB 76, AB 79

nachsprechen du sprichst nach, sie/er/es spricht nach sprach nach hat nachgesprochen 52, 108

nächste 36, 50, 51, 53, 55, 56, 67, 70

nächstmöglich 136

Nacht die, ̈-e 84, 104, 105

Nachtdienst der (nur Singular) 84

Nachteil der, -e 58

Nachtflug der, ̈-e 105

nachts 57, 58, 60, 65, 124, 126

nackt AB 97

nah AB 98

Nähe die (nur Singular) 6, 107, 116

nähen + AKK AB 97

Nähmaschine die, -n 35, 42

Nahrung die (nur Singular) AB 138

Name der, -n 2, 3, 4, 6, 8, 10, 11, 14, 15

Namenstag der, -e AB 50

Namibia (das) 5, 13, 14, 18

namibisch 18, 28

nämlich 20, 89, 91

naschen 123

Nase die, -n 117, 141

nass AB 100

Nationaltheater das 113

Natur die (nur Singular) AB 148, AB 156

natürlich 20, 36, 40, 42, 51, 52, 56, 68

Naturwissenschaft die, -en 111

neben 88, 111

nebenan 28

Nebensatz der, ̈-e 93, 121, 124, 125

Neffe der, -n 78, 79, 90

negativ 23, 82, 132

nehmen + AKK du nimmst, sie/er/es nimmt nahm hat genommen 20, 21, 26, 27, 28, 38, 42, 47

Neid der (nur Singular) 131, 132

nein 4, 5, 8, 11, 14, 18, 19, 24, 84

Nein-Frage die, -n AB 96

nennen + AKK nannte hat genannt 72, 73, 93, 106, 119, 125, 144

nervig AB 109

nervös 45, 47, 124

Nervosität die (nur Singular) AB 147

nett 16, 39, 54, 95, 102, 106, 109

neu 20, 21, 40, 43, 66, 68, 80, 81

Neugerät das, -e AB 46

Neujahr das 9, 146

neulich 115

neun 9, 14, 45, 46, 66, 70, 89, 111

Neuseeland (das) 5

neutral 58

neutrum 12, 134, 139

nicht 10, 15, 17, 18, 19, 20, 21, 23

nicht-alkoholisch 127

nicht-trennbar 85, 90

Nichte die, -n 79, 90

Nichtraucher der, - AB 144

nichts 49, 63, 68, 80, 89, 95, 104, 106

Nichts zu danken. 49

nie 58, 65, 70, 84, 86, 96, 108, 113

Niederlage die, -n 80

Niederlande die (Plural) 5

Niederösterreich (das) AB 124

niedlich AB 97

niedrig AB 138

niemals AB 11

niemand 46

Niere die, -n AB 141

noch 3, 5, 16, 17, 18, 20, 26, 27

Nom. = Nominativ 81

Nomen das, - 12, 23, 32, 33, 37, 43, 81, 82

Nominativ der, -e 28, 33, 37, 78, 112, 134, 139, 142

Nordamerika (das) 5

Norden der (nur Singular) 111, 112

nördlich 112

Nordosten der AB 124

nordöstlich 116

Nordpol der 16, 28

Nordroute die, -n 104

Nordwesten der AB 124, AB 125

normal 84, 85, 121, 124, 130

normalerweise AB 103

Normalschein der, -e AB 6

Note die, -n 80, 89, 92

Notenständer der, - AB 100

notfalls AB 103

notieren + AKK hat notiert 43, 61, 62, 121

Notiz die, -en 40, 58, 65, 74, 80, 82, 92, 105

Notwendigkeit die, -en 64

November der 66

Nudel die, -n 120

null 9, 14

Null-Diät die, -en AB 138

Nummer die, -n 9, 10, 16, 25, 27, 62, 112, 120

nur 20, 30, 31, 33, 34, 35, 40, 42, AB 6, AB 11

Nuss die, ̈-e AB 64

nutzen + AKK AB 46, AB 63

nützlich 14, 28, 42, 56, 70, 74, 90, 102

O

o.k. = okay 20, 27, 70

oben 23, 46, 50, 51, 53, 56, 80

Ober der, - 54

Oberösterreich (das) AB 124

Obst das (nur Singular) 49, 62, 119, 120, 123

Obstler der (nur Singular) AB 64

Obstsaft der, ̈-e AB 64

Obstsalat der, -e 127

Obstsorte die, -n AB 64

obwohl 92, 93, 100, 102, 145

obwohl-Satz 93, 100, 102, 121, 124

oder 8, 10, 11, 15, 16, 20, 21, 25

ofenfrisch AB 64

offen 136

öffentlich 140

offiziell AB 155

öffnen + AKK du öffnest, sie/er/es öffnet öffnete hat geöffnet 20

oft 37, 49, 53, 54, 58, 59, 60, 65

oh 84, 136

ohne 32, 33, 37, 47, 53, 81, 82, 84, AB 11

Ohr das, -en 117

Ohrring der, -e AB 155

okay 86, 113

Oktober der 66, 70

Oktoberfest das 111, 145

Öl das, -e 52, 128, 130

Oma die, -s AB 95

Onkel der, - 79, 89, 90

Opa der, -s AB 68

Schauspieler der, -   57, 59, 126
Schauspielerin die, -nen   AB 69
Schauspielhaus das, ̈er   62
Scheck der, -s   88, 99, 141
scheinen   AB 100
Scheiß-Ausländer der, -   113
schenken + DAT + AKK   44, 55, 56
Schicht die, -en   126
schick   31, 32, 39, 42, 109, 138, 139
schicken + DAT + AKK   AB 36, AB 46
Schiff das, -e   103
schilf-kariert   135
schilfgrün   136, 142
Schilling der, -e   29, 30, 42
schimpfen + mit DAT   126
Schinken der, -   45, 50, 128
Schinkenbrot das, -e   25, 26
Schlachtplatte die, -n   127, 128
schlafen   du schläfst, sie/er/es schläft schlief hat geschlafen   84, 107, 114, 116, 124, 141
schlagen + AKK   AB 100
Schlange die, -n   AB 131
schlank   120
Schlankheits-Diät die, -en   AB 138
schlecht   32, 39, 124, 126, 140
schließen + AKK   AB 98
schließlich   106
schlimm   84, 148, AB 77, AB 79
Schloss das, ̈er   111, 113
Schlosspark der, -s   AB 126
Schluss der (nur Singular)   AB 93, AB 131
Schluss: Schluss machen   68
Schlüssel der, -   145
Schmand der (nur Singular)   AB 64
schmecken + QUA   AB 145, AB 153
Schmerz der, -en   67, 118
Schmerztablette die, -n   AB 131
Schmuck der (nur Singular)   AB 154
schmutzig   141
Schnaps der, ̈e   114
Schnapsen das (nur Singular)   AB 126
Schnee der (nur Singular)   140
Schneegestöber das, -   127, 128
schneiden + AKK   AB 108
schnell   24, 43, 53, 58, 84, 86, 100, 101, AB 11

Schnell-Imbiss der, -e   123
Schnitzel das, -   127
Schnupfen der (nur Singular)   118
Schokolade die, -n   12, 48, 50, 123, 127, 128, 130
Schokoriegel der, -   43, 46, 88
schon   6, 18, 19, 20, 21, 26, 28, 35
schön   30, 32, 33, 38, 42, 51, 52, 69, AB 23
Schorle die, -   127
Schrank der, ̈e   31, 39
Schrebergarten der, ̈   80
Schreck der (nur Singular)   AB 156
schrecklich   89
schreiben + AKK   schrieb hat geschrieben   5, 12, 16, 17, 18, 28, 38, 41
Schreibtisch der, -e   AB 36
Schreibwaren die (Plural)   36
Schreibzeug das (nur Singular)   80, 81, 90
schreien   schrie hat geschrien   46, 84, 141
schriftlich   AB 122
Schriftsteller der, -   111, AB 79
Schritt der, -e   92
Schublade die, -n   AB 99
Schuh der, -e   141
Schühlein das, -   AB 97
Schuld die (nur Singular)   AB 97
schuldig   61
Schule die, -n   59, 62, 83, 84, 90, 109, 124, 141
Schüler der, -   80, 90
Schülerin die, -nen   80, 90, 123
Schulfreundin die, -nen   84
Schulnote die, -n   AB 155
Schulschluss der (nur Singular)   84
Schulter die, -n   117
schütteln + AKK   AB 145
Schutz der (nur Singular)   AB 150, AB 159
Schutzengel der, -   61
Schützling der, -e   AB 154
Schwäche die, -n   80
Schwager der, ̈   78, 79, 90, 126
Schwägerin die, -nen   79, 90
schwanger   95, 102
schwarz   133, 140, 141, 142, 148
Schweden (das)   30
Schwein das, -e   127
Schweiz die   5, 29, 30
Schweizer der, -   AB 159

schwer   76, 80, 147, 148, AB 68
Schwester die, -n   78, 79, 90, 95, 100
Schwiegereltern (Plural)   90
Schwiegermutter die, ̈   90
Schwiegersohn der, ̈e   90
Schwiegertochter die, ̈   90
Schwiegervater der, ̈   90
schwierig   75, 109, 147
Schwimmbad das, ̈er   AB 112, AB 122
schwimmen   schwamm ist geschwommen   69, 103, 119, 130, AB 69
sechs   9, 14, 29, 61
See der, -n   105, 111, 112, 116
Seehafen der, ̈   111
Seenlandschaft die, -en   AB 124
sehen: ähnlich sehen + DAT   du siehst, sie/er/es sieht sah hat gesehen   77
Sehenswürdigkeit die, -en   103, 104, 106
Sehnsucht die, ̈e   AB 159
sehr   11, 32, 39, 40, 41, 42, 49, 51
Seide die (nur Singular)   137, 142
Seiden-Krawatte die, -n   135
Seidenbluse die, -n   136, 142
Seidenschal der, -s   AB 155
sein + EIN   ich bin, du bist, sie/er/es ist, wir sind, ihr seid, sie sind war ist gewesen   2, 3, 4, 5, 6, 7, 8, 9, 10, 11
sein + SIT   15, 17, 20, 24, 40, 68
sein + QUA   18, 20, 34, 39, 69, 77, 80, 83
seit   6, 80, 82, 91
seit 3 Jahren   80
seit dem 3. Oktober 1990   111
Seite die, -n   23, 28, 132
Sekretärin die, -nen   59, 95, 99
Sekt der (nur Singular)   AB 94, AB 135
Sektor der, -en   AB 154
selber   AB 117
selbst   58
selbstbewusst   AB 159
selten   65, 70, 106, AB 69
Semester das, -   AB 92
senden + DAT + AKK   du sendest, sie/er/es sendet sendete hat gesendet   136
Sendung die, -en   133
Senegalese der, -n   AB 159

Wohnsituation die (nur Singular)
AB 106

Wohnstudio das, -s   62

Wohnung die, -en   19, 20, 21, 24,
28, 39, 41, 68

2-Zimmerwohnung die, -en   91

Wohnungstür die, -en   17, 20, 21

Wohnwagen der, -   35, 37, 42

Wohnzimmer das, -   20, 21

wollen ich will, du willst, sie/er will
wollte 63, 64, 68, 69, 70, 92, 95,
96, AB 63

Wollteppich der, -e   31, 36

Wort das, -er   12, 27, 37, 43, 46,
47, 54, 72

Wortakzent der, -e   22, 43, 85,
108, 113

Wörterbuch das, -er   12, 54, 56,
64, 88, 107, 147

Wortkarte die, -n   AB 102, AB
134, AB 151

Wortliste die, -n   12, 22, 38, 74,
107, 147

Wortschatzarbeit die (nur Singular)
AB 104

Wunder das, -   AB 124, AB 134,
AB 148

wunderbar   16, 113, 114

wunderschön   111

wundervoll   39

Wunsch der, -e   52, 56, 64

wünschen + DAT + AKK   AB 95,
AB 103, AB 152

wünschen: Sie wünschen?   52

wurde = Präteritum von „werden"
95, 96, 102, 121, 130

Würfel der, -   71

Würfelzucker der, -   121, 130

Wurfholz das, -er   94

Wurst die, -e   56, 119, 126

Würstchen das, -   25, 26, 50, 54,
124, 127

Wurstwaren die (Plural)   49

wütend   140

X

x-mal   27

Y

Yuppie der, -s   138, 139, 142

Z

z. B. = zum Beispiel   85, 111, 143

Zahl die, -en   9, 14, 22, 73, 74

Zahlenangaben die (Plural)   42

zahlreich   111

Zahn der, -e   115

Zahnarzt der, -e   99

Zahnpasta die, Zahnpasten   115

Zank der (nur Singular)   AB 140

zart AB 150, AB 148

zartgeräuchert   AB 64

ZDF das   111

zehn   9, 14, 66, 70

Zehnmarkschein der, -e   88

Zeichen das, -   111, 112

auszeichnen + AKK du zeichnest
aus, sie/er/es zeichnet aus
zeichnete aus hat ausgezeichnet
136

Zeichnung die, -en   141

Zeigefinger der, -   AB 114

zeigen + DAT + AKK   80, 84,
115, 136, 137, 142

Zeile die, -n   10, 24, 41, 53, 65,
76, 89, 100

Zeit die, -en   6, 40, 42, 45, 52, 57,
58, 62

Zeitangabe die, -n   67, 70

Zeitform die, -en   106

zeitlich   124, 125

zeitlos   AB 36

Zeitschrift die, -en   36, 88

Zeitschriftenverlag der, -e   111

Zeitung die, -en   36, 37, 50, 59,
70, 111

Zeitungsanzeige die, -n   AB 108

Zeitungsausschnitt der, -e   AB 100

Zeitungsbericht der, -e   111

zentral   AB 11

Zentrale die, -n   111

Zentrum das, Zentren   27, 111,
AB 11

Zeppelin der, -e   16, 27

Zettel der, -   5, 20, 21, 45, 55

Zeug das (nur Singular)   115

ziegelrot   AB 150

ziehen + die Aufmerksamkeit auf
AKK zog hat gezogen   132

Ziel das, -e   73, AB 63

ziemlich   91, 109, 116

Zigarette die, -n   12, 43, 44, 50,
96

Zimmer das, -   68, 91, 95, 98

2-Zimmerwohnung die, -en   91

Zitat das, -e   AB 138

zögern   80, 92

Zoll der   40

Zoo der, -s   60

zu   6, 11, 12, 13, 17, 20, 21, 22

zu Besuch   17, 20

zu dritt   78, 80, 88, 100, 107, 109,
137

zu Hause   84

zu wenig   55

zu zweit   6, 11, 12, 13, 29, 38, 39,
40

zubereiten + AKK   84 AB 95,
AB 96, AB 144

Zucker der (nur Singular)   20, 21,
28, 50

zudecken + AKK   AB 144

zuerst   38, 52, 53, 87, 93, 143

zufällig   AB 159

zufrieden   47

Zug der, -e   116, 129

zugleich   132, AB 11

zuhören + DAT   80, 84, 85, 86,
90, 92

Zukunft die (nur Singular)   80, 82,
90, 92, 140, 146, AB 11

Zukunftspläne (der) (Plural)
AB 92, AB 102

zum (= zu dem)   4, 17, 20, 21, 23,
28, 31, 44

zunächst   AB 159

zunehmen du nimmst zu, sie/er/es
nimmt zu nahm zu hat
zugenommen   124

Zungenbrecher der, -   AB 158

zuordnen   AB 148

zur (= zu der)   52, 60, 62, 68, 70,
72, 74

zurück   84, 87, 90, 92, 95, 100, 102

zurückbringen + AKK brachte
zurück, hat zurückgebracht
AB 95

zurückfahren + DIR du fährst
zurück, sie/er/es fährt zurück
fuhr zurück ist zurückgefahren
106, 115

zurückfliegen + DIR flog zurück
ist zurückgeflogen   94, 114

zurückgeben + DAT + AKK du
gibst zurück, sie/er/es gibt zurück
gab zurück hat zurückgegeben
44, 49, 56

zurückgeflogen = Partizip Perfekt
von „zurückfliegen"   114

zurückgehen + DIR ging zurück
ist zurückgegangen   71, 87

zurückhaltend   80

Buchstaben und ihre Laute

einfache Vokale

a	[a]	dann, Stadt
a, aa, ah	[aː]	Name, Paar, Fahrer
e	[ɛ]	kennen, Adresse
	[ə]	kennen, Adresse
e, ee, eh	[eː]	den, Tee, nehmen
i	[ɪ]	Bild, ist, bitte
i, ie, ih	[iː]	gibt, Spiel, ihm
ie	[jə]	Familie, Italien
o	[ɔ]	doch, von, kommen
o, oo ,oh	[oː]	Brot, Zoo, wohnen
u	[ʊ]	Gruppe, hundert
u, uh	[uː]	gut, Stuhl
y	[y]	Gymnastik, System
	[yː]	Typ, anonym

Umlaute

ä	[ɛ]	Gäste, Länder
ä, äh	[ɛː]	spät, wählen
ö	[œ]	Töpfe, können
ö, öh	[øː]	schön, fröhlich
ü	[y]	Stück, Erdnüsse
ü, üh	[yː]	üben, Stühle

Diphthonge

ei, ai	[aɪ]	Weißwein, Mai
eu, äu	[ɔy]	teuer, Häuser
au	[aʊ]	Kaufhaus, laut

Vokale in Wörtern aus anderen Sprachen

ant	[ã]	Restaurant
ai, ait	[ɛː]	Portrait
ain	[ɛ̃]	Refrain, Terrain
au	[o]	Restaurant
äu	[ɛːʊ]	Jubiläum
ea	[iː]	Team, Jeans
ee	[iː]	Darjeeling, Meeting
eu	[eːʊ]	Museum
	[øː]	Friseur, Ingenieur
ig	[aɪ]	Design
iew	[juː]	Interview
on	[õ]	Saison, Bonbon
oa	[oː]	Toaster
oo	[uː]	cool, Cartoon
ou	[aʊ]	Couch, Outfit
	[ʊ]	Tourist, Souvenir
	[uː]	Tour, Route
u	[a]	Curry, Punk, Puzzle
y	[ɪ]	City, Hobby, Party

einfache Konsonanten

b, bb	[b]	Bier, Hobby
d	[d]	denn, einladen
f, ff	[f]	Freundin, Koffer
g	[g]	Gruppe, Frage
h	[h]	Haushalt, geheim
j	[j]	Jahr, Projekt
	[dʒ]	Jeans, Job
k, ck	[k]	Küche, Zucker
l, ll	[l]	Lampe, alle
m, mm	[m]	mehr, Kaugummi
n, nn	[n]	neun, kennen
p, pp	[p]	Papiere, Suppe
r, rr, rh	[r]	Büro, Gitarre, Rhythmus
s, ss	[s]	Eis, Adresse
	[z]	Sofa, Gläser
ß	[s]	heißen, Spaß
t, tt, th	[t]	Titel, bitte, Methode
v	[f]	verheiratet, Dativ
w	[v]	Wasser, Gewürze
x	[ks]	Infobox, Text
z	[ts]	Zettel, zwanzig

am Wortende / am Silbenende

-b	[p]	Urlaub
-d	[t]	Fahrrad, Landkarte
-g	[k]	Dialog, Flugzeug
nach -i-	[ç]	günstig, Kleinigkeit
-r	[ɐ]	Mutter, vergleichen

Konsonantenverbindungen

ch	[ç]	nicht wichtig, China
	[x]	Besuch, acht
	[k]	Chaos, sechs
-dt	[t]	Stadt, verwandt
ng	[ŋ]	langsam, Anfang
nk	[ŋk]	danke, Schrank
qu	[kv]	Qualität, bequem
sch	[ʃ]	Tisch, schön

am Wortanfang / am Silbenanfang

st	[ʃt]	stehen, verstehen
sp	[ʃp]	sprechen, versprechen

Konsonanten in Wörtern aus anderen Sprachen

c	[s]	City
	[k]	Computer, Couch
ch	[ʃ]	Chance, Chef
j	[dʒ]	Jeans, Job
ph	[f]	Alphabet, Strophe
-t- *vor* ion	[ts]	Lektion, Situation
v	[v]	Varieté, Verb, Interview

Quellenverzeichnis

Umschlagfoto mit Alexander Aleksandrow, Manuela Dombeck, Anja Jaeger, Kay-Alexander Müller und Lilly Zhu:
Arts & Crafts, Dieter Reichler, München

Seite	1:	Foto: Flughafen Frankfurt Main AG (FAG-Foto S. Rebscher)
Seite	4:	Fotos: Arts & Crafts, Dieter Reichler, München
Seite	6:	Fotos 1, 3, 4, 6: Arts & Crafts, Dieter Reichler, München; 2, 5: Deutsche Lufthansa AG, Pressestelle, Köln
Seite	12:	Stichwort „Gitarre" aus: Wahrig, Deutsches Wörterbuch, Bertelsmann Lexikon Verlag
Seite	13:	Foto: Arts & Crafts, Dieter Reichler, München; Cartoons: Wilfried Poll, München
Seite	18:	Fotos: Gerd Pfeiffer, München
Seite	25:	Foto: Arts & Crafts, Dieter Reichler, München
Seite	27:	Cartoon: Wilfried Poll, München
Seite	30:	Fotos: IKEA Deutschland, Niederlassung Eching
Seite	31:	Sofa, Fernsehsessel, Bürostuhl: Prospektmaterial; Bücherregal, Kombischrank, Designer-Tisch, Stehlampe: hülsta, D-48702 Stadtlohn; Doppelbett: dormiente GmbH, Am Zimmerplatz 3, D-35452 Heuchelheim; Einbauküche, Teppich: IKEA Deutschland, Niederlassung Eching
Seite	32:	Foto: Arts & Crafts, Dieter Reichler, München; Fotos: Leolux Möbelfabrik, Krefeld; TeppichKibek GmbH, Taufkirchen; Ikea Deutschland Verkaufs-GmbH, Eching
Seite	34:	Glastisch, Kombiregal, Schreibtisch: Segmüller Promotion-Team, Friedberg; alle anderen: KARE Designhaus, München
Seite	41:	Fotos oben: Gerd Pfeiffer, München; Mitte: Arts & Crafts, Dieter Reichler, München; Cartoon: Wilfried Poll, München
Seite	55:	Cartoon: © Vito von Eichborn GmbH & Co Verlag KG, Frankfurt am Main, Januar 1991
Seite	57:	Nina Ruge (Breuel-Bild), Jürgen Klinsmann (bonn-sequenz), Claudia Schiffer (Stephan Rumpf): Süddeutscher Verlag, Bilderdienst, München; Jim Rakete (Markus Beck), Jochen Senf (Rolf Ruppenthal): dpa, München; Andi Weidl: H. und M. Leuthel Pressedienst, Nürnberg; Stewardess: Deutsche Lufthansa AG, Pressestelle, Köln; Fremdenverkehrsamt München (G. Reiter)
Seite	58:	Foto: Goggi Strauß, Essen mit freundlicher Genehmigung von Jim Rakete
Seite	60:	Foto unten: Fußballfans: Bavaria Bildagentur, Gauting (Mühlberger)
Seite	69:	Cartoon: Wilfried Poll, München
Seite	72:	Fotos: in Nr. 12: MHV-Archiv (Dieter Reichler); in Nr. 28: IKEA Deutschland, Niederlassung Eching; in Nr. 20: KARE Designhaus, München
Seite	77/78:	Fotos: Silke Hilpert, München
Seite	83:	Cartoon: Wilfried Poll, München
Seite	84:	Text aus: Stern 45/94, Petra Schnitt/STERN, Picture Press, Hamburg; Fotos: Michael Wolf/VISUM, Hamburg
Seite	89:	Cartoon: Peter Gaymann, © CCC Arno Koch, München
Seite	94:	Foto C: Andrea Mahlknecht, Landshut
Seite	101:	Cartoon: Erich Rauschenbach, © CCC Arno Koch, München
Seite	103:	Foto links, oben rechts: René Grimm, München; Mitte, unten: Erna Friedrich, Ismaning; rechts unten: PhotoPress, Stockdorf (Seve)
Seite	104:	Foto A, D, E: Erna Friedrich, Ismaning; B: Bavaria Bildagentur, Gauting (Picture Finders); C, F: PhotoPress, Stockdorf (Schöfmann, Fuhrmann)
Seite	105:	Foto rechts: Erna Friedrich, Ismaning
Seite	107:	Wörterbuchauszüge aus: Langenscheidts Großwörterbuch Deutsch als Fremdsprache, München, 1998
Seite	114:	Fotos: Tourismus-Zentrale Hamburg
Seite	115/129/141.	Cartoons: © Tom Körner, Berlin
Seite	117:	Abbildung: Zirkusleute von Karl Hofer, Museum Folkwang, Essen
Seite	120:	Abbildung: DGE-Ernährungskreis, © Deutsche Gesellschaft für Ernährung e.V., Frankfurt/Main
Seite	122:	Fotos: 2x Mitte: dpa, Zentralbild Berlin (Harry Melchert, Carsten Rehder); links: Otto Versand, Hamburg; rechts: EMI Köln (Frank Bender)
Seite	123:	Grafik oben aus: Spiegel special Nr. 4/1996, Spiegel-Verlag, Hamburg
Seite	126:	Liedtext: Horst-Herbert Krause/Diether Krebs, Musik: Juergen Triebel © by Edition Accord Musikverlag GmbH. Hamburg; Foto: EMI Köln (Frank Bender)
Seite	128:	Foto oben: dpa (Brakemeier); Foto 1, 3, 4: MHV-Archiv; 2: Spanisches Fremdenverkehrsamt (Francisco Ontañoñ), Frankfurt/Main; 5: IKEA Deutschland Verkaufs-GmbH & Co.; 6: Kikkoman Trading Europe, Düsseldorf
Seite	131/133:	Fotos Typberatung: Südwest Verlag, München
Seite	135:	Fotos: Quelle Schickedanz AG & Co., Fürth
Seite	136:	Foto: Siegfried Kuttig, Lüneburg
Seite	144:	Foto links oben: Tourismus-Zentrale Hamburg; Mitte: Siegfried Kuttig, Lüneburg; rechts unten: Erna Friedrich, Ismaning
Seite	145:	Foto Mitte links: Helga Schmid, Forstinning; Mitte rechts: Tierbildarchiv Angermayer, Holzkirchen; Siegfried Kuttig, Lüneburg

Arts & Crafts, Dieter Reichler, München: Seiten 80, 91, 100, 105 links, 118, 123, 124
Manfred Tiepmar/Rosa-Maria Dallapiazza/Eduard von Jan, Frankfurt/Main: Seiten 79, 82, 96, 107, 108, 119, 121, 137, 147
Werner Bönzli, Reichertshausen: Seiten 87, 88, 94 (A,B,D), 124, 135, 137 oben

Wir haben uns bemüht, alle Inhaber von Bild- und Textrechten ausfindig zu machen. Sollten Rechteinhaber hier nicht aufgeführt sein, so wäre der Verlag für entsprechende Hinweise dankbar.